Ordnungspolitische Dialoge

Herausgegeben von
Bernhard Seliger, Jüri Sepp und Ralph Wrobel

Band 6

PETER LANG

Arbeitsmarktentwicklung und -regulierung

Stefan Kolev / Bernhard Seliger / Jüri Sepp /
Ralph Wrobel (Hrsg.)

Arbeitsmarktentwicklung und -regulierung

Zwischen Fachkräftemangel und Migration

PETER LANG

Bibliografische Information der Deutschen Nationalbibliothek
Die Deutsche Nationalbibliothek verzeichnet diese Publikation in der Deutschen Nationalbibliografie; detaillierte bibliografische Daten sind im Internet über http://dnb.d-nb.de abrufbar.

Umschlagabbildung: Bundesagentur für Arbeit, Erfurt © Ralph Wrobel

ISSN 1868-7989
ISBN 978-3-631-73810-8 (Print)
E-ISBN 978-3-631-74393-5 (E-Book)
E-ISBN 978-3-631-74394-2 (EPUB)
E-ISBN 978-3-631-74395-9 (MOBI)
DOI 10.3726/ b13152

Peter Lang – Berlin · Bern · Bruxelles · New York · Oxford · Warszawa · Wien

www.peterlang.com

Vorwort

> „Die Aussage ‚Arbeit sei eine Ware', wird oft in die Nähe der Sklaverei gerückt, als unvereinbar mit der menschlichen Würde angesehen. (...) Dem Individuum die Freiheit zu geben, seine Arbeitsleistung selbst, nach eigenen Vorstellungen, einzusetzen, ist [aber] ein Bestandteil der klassisch-liberalen Ökonomie. Daher ist es von essentieller Bedeutung, dass gesellschaftliche Institutionen diese Freiheit nicht beschneiden."[1]
>
> Rüdiger Soltwedel (1986)

Der Arbeitsmarkt stellt traditionell in vielen marktwirtschaftlich organisierten Gesellschaften einen Ausnahmebereich dar. Während grundlegende Prinzipien der Marktwirtschaft wie ungehinderter Marktzugang, Vertragsfreiheit und Wettbewerb allgemein Zustimmung finden, werden sie auf dem Arbeitsmarkt dennoch nicht angewandt. Stattdessen wird dieser besonders stark reglementiert, um übergeordnete Ziele wie die Menschenwürde, das Recht auf Persönlichkeitsentfaltung oder den Schutz der Gesundheit der Arbeitnehmer zu gewährleisten. Ebenso sollen durch Eingriffe in den Arbeitsmarkt gesellschaftliche Normen wie soziale Sicherheit oder soziale Gerechtigkeit erreicht werden. Da die Arbeitskraft die einzige handelbare Ware ist, welche an ein menschliches Individuum gebunden ist, sind diese Eingriffe grundsätzlich auch nachvollziehbar und verständlich. Auf der anderen Seite darf aber nicht vergessen werden, dass es sich auch bei dem Arbeitsmarkt um einen Markt handelt, bei dem die Preisbildung durch Angebot und Nachfrage zustande kommt.

So können staatliche Eingriffe in den Arbeitsmarkt auch kontraproduktiv wirken. Wenn beispielsweise die Löhne im Niedriglohnsektor durch einen Mindestlohn über das Gleichgewicht erhöht werden, kann dies gerade in konjunkturellen Abstiegsphasen zu erhöhter Arbeitslosigkeit in diesem Bereich führen. Wenn durch starke Kündigungsschutzmaßnahmen Arbeitsmärkte unflexibel werden, werden Arbeitgeber nur vorsichtig Neueinstellungen vornehmen oder auf andere Instrumente wie z.B. Zeitarbeit oder befristete Arbeitsverträge zurückgreifen. Dann gibt es „Insider", welche über einen sicheren Arbeitsplatz verfügen,

1 Soltwedel, Rüdiger (1986/1988): Die Arbeitsmarktverfassung, in: K. Hohmann et al. (Hrsg.): Grundtexte zur Sozialen Marktwirtschaft (Band 2): Das Soziale in der Sozialen Marktwirtschaft, Stuttgart: Gustav Fischer Verlag, 1988, S. 235–249, Zitat auf S. 236.

aber auch „Outsider“, die nur geringe Chancen haben, einen solchen jemals zu erlangen. Diese Fehlentwicklungen werden dann gerne dem Markt angelastet und „Marktversagen“ attestiert. Dabei handelt es sich lediglich um Folgen der staatlichen Eingriffe.

Als Resultat wird auch von den Anbietern und Nachfragern auf dem Arbeitsmarkt die Funktionsweise als Markt häufig nicht mehr wahrgenommen. Wenn z.B. heute gerade im Osten der Bundesrepublik Deutschland von einem eklatanten Fachkräftemangel gesprochen wird, wird gerne übersehen, dass in dieser Region auch die Reallöhne deutlich geringer als in vielen Teilen Westdeutschlands sind. Dem „Fachkräftemangel“ könnte daher mit simplen Lohnerhöhungen begegnet werden. Stattdessen wird aber lieber nach staatlichen Maßnahmen gerufen.

Eine solche staatliche Maßnahme, welche den Fachkräftemangel zumindest vorübergehend verringern kann, ist die Zuwanderung zusätzlicher Arbeitskräfte. Deshalb wurde die große Zuwanderungswelle der Jahre 2015 und 2016 auch von großen Teilen der deutschen Wirtschaft positiv gesehen. Dem wissenschaftlichen Beobachter ist aber klar, dass Zuwanderung nicht gleich eine Zunahme des qualifizierten Arbeitsangebotes ist, sondern zunächst einmal eine Belastung für die Sozialsysteme darstellt. Ebenso muss sich Zuwanderung nicht unbedingt positiv für Regionen oder Sektoren mit Fachkräftemangel auswirken, denn es ist völlig unklar, in welchen Sektoren oder Regionen die Zuwanderer sich letztendlich niederlassen werden.

Sowohl Wirtschaftspolitiker als auch Unternehmer / Arbeitgeber stehen deshalb heute vor besonderen Herausforderungen. Wie weitgehend sollen Arbeitsmärkte reguliert werden? Welche Eingriffe in das Marktgeschehen bringen mehr positive Effekte für die Gesellschaft als Kosten? Ab wann wird ein Arbeitsmarkt unflexibel und funktioniert einfach nicht mehr? Wie sollen sich Unternehmen auf die Veränderungen des Marktes wie einerseits die Verringerung des Arbeitskräfteangebots durch den demografischen Wandel, aber andererseits massive Arbeitskräftezuwanderung nach Deutschland einstellen? Wie sollen sie auf die staatlichen Regulierungen und Maßnahmen reagieren? Dieser Band versucht zumindest auf einige dieser Fragen ein paar Antworten zu finden. Er gliedert sich daher in vier Bereiche. Zunächst werden die aktuellen Probleme des Fachkräftemangels und der Immigration in Deutschland untersucht. In einem zweiten Abschnitt wird dann auf sektorale Arbeitsmärkte in Europa fokussiert. Diese beiden Kapitel folgen insbesondere einer volkswirtschaftlichen Sichtweise. Stattdessen betrachtet der dritte Abschnitt über Employer Branding und Personalbedarfsdeckung die aktuelle Arbeitsmarktproblematik aus betriebswirtschaftlicher Sicht. Im vierten Abschnitt folgt zudem noch eine internationale Arbeitsmarktanalyse.

Der erste Abschnitt beginnt mit einer Analyse der Arbeitsmarkt- und Wirtschaftsentwicklung in Ostdeutschland durch Michael Behr. Wie er darstellt, bringen Transformationsprozesse Probleme wie Arbeitslosigkeit und Veränderungen in der Demografie mit sich. Wie er am Beispiel Sachsen deutlich macht, bedeutet das wirtschaftlich schwierige Phasen: Abwanderung, ein Mangel an Geburten, Frühverrentung, Alterung und Nachwuchsmangel. Nichtsdestotrotz birgt das Bundesland Sachsen seiner Auffassung nach ein großes Entwicklungspotenzial durch ein gutes Bildungssystem, eine ausgezeichnete Hochschul- und Forschungslandschaft, sowie eine gut ausgebaute Infrastruktur. Wie Behr aufzeigt, hat gerade Sachsen wegen des Rückgangs des Erwerbspersonenpotenzials die Chance, ein besonders attraktives Bundesland für Erwerbstätige jeden Alters zu werden.

Im zweiten Kapitel dieses Abschnittes fokussiert Ralph Wrobel auf die zunehmende demografische Lücke und den daraus resultierenden Fachkräftemangel in Deutschland. Dabei stellt er v.a. die Frage, ob die aktuelle Zuwanderung nach Deutschland eine Lösung dieser Probleme darstellt. Wie er feststellt, sind die in der Flüchtlingskrise 2015 zugewanderten Menschen durchgehend jung und zum großen Teil gebildet. Ihre Integration stellt Deutschland aber kurzfristig vor enorme Herausforderungen. Durch den Multiplikatoreffekt der Zuwanderung wird die demografische Lücke zudem ebenso wenig geschlossen wie der Fachkräftemangel dadurch beseitigt werden kann. Die Zuwanderungspolitik in Deutschland muss daher seiner Auffassung nach zukünftig aktiv gestaltet werden. Er schlägt deshalb ein kombiniertes angebots- und nachfrageorientiertes Punktesystem im Rahmen eines Zuwanderungsgesetzes ohne Quotenregelung vor, denn aus ordnungspolitischer Sicht müssen die Regeln der Zuwanderung ex ante bekannt und transparent für jedermann sein.

In den beiden nächsten Kapiteln werden die Zusammenhänge von Fachkräftemangel, demografischer Lücke und Immigration aus ordnungstheoretischer Sicht betrachtet. Der demografische Wandel wird vielfach als Gefahr oder gar Katastrophe geschildert. Stefan Kolev versucht Gegenargumente zu formulieren, warum es auch viele positive Effekte des Wandels geben kann. Seine zentrale Frage lautet, wie der demografische Wandel und der Individualismus in den westlichen Gesellschaften gegenwärtig und künftig zusammenhängen und dabei besonders inwieweit der demografische Wandel zu einem Mehr an Individualismus im Westen und im Rest der Welt führen kann.

Clemens Schneider versucht im folgenden Kapitel unter besonderer Berücksichtigung der Schriften von Friedrich August von Hayek und seines intellektuellen Umfelds zu verdeutlichen, inwiefern auf die Forderung nach Integration der Vorwurf des „Konstruktivismus“ zutrifft, den Hayek den Verfechtern der

Zentralverwaltungswirtschaft macht. Darüber hinaus begründet er, warum in einer Offenen (Karl Popper) oder Großen (Hayek) Gesellschaft auf eine Steuerung von Verhaltensweisen, Lebensgewohnheiten und ähnlichem verzichtet werden sollte und weshalb die spontane Ordnung auch außerhalb der Sphäre des Ökonomischen das erfolgreichste Modell zur Entwicklung einer Gesellschaft ist. Schließlich werden von ihm einige konkrete Vorschläge gemacht, wie ein Gelingen des Zusammenlebens von Zuwanderern und einheimischer Bevölkerung ermöglicht werden kann.

Im Abschnitt „Sektorale Arbeitsmärkte in Europa" untersuchen zunächst Monika Paradowska und Joost Platje die zentralen Herausforderungen für den Europäischen Arbeitsmarkt im Transportsektor. Wie sie deutlich machen, ist dieser Sektor von grundlegender Bedeutung für eine Marktwirtschaft. Als die größten Herausforderungen für die kommenden Jahrzehnte identifizieren sie die alternde Gesellschaft, die geringe Attraktivität der Arbeitsplätze sowie die Dominanz von Männern in diesem Sektor. Das könnte aber negative Konsequenzen auf die gesamte wirtschaftliche Entwicklung der EU haben. Deshalb sei ein Umdenken in der Europäischen Arbeitsmarktpolitik für diesen Sektor notwendig.

Sabina Kauf betrachtet hingegen die Unternehmensanforderungen an die Logistikspezialisten und die akademische Ausbildung der Logistiker. Wie auch sie feststellt, hat die Logistik in den letzten Jahren einen erheblichen Bedeutungsanstieg erfahren. Dieser Trend wird nicht nur in den Unternehmen, sondern auch an den Hochschulen deutlich. Für die Unternehmen spielen jedoch nicht nur die Kenntnisse und Kompetenzen der Logistiker eine wichtige Rolle, sondern auch die Kenntnis über logistische Grundsätze und Verhaltensregeln im Unternehmen. Kreativität, Innovationsgeist und Entschlossenheit sind als Eigenschaften wichtiger denn je. Da die Logistik verschiedene Bereiche betrifft, ist interdisziplinäres Wissen aus den Bereichen Wirtschaft und Technik unabdingbar.

Bartosz Bartniczak und Michał Ptak fokussieren in ihrem Beitrag hingegen auf „Grüne Jobs" im Sektor der erneuerbaren Energien. Dazu stellen sie zunächst die Frage, was „Grüne Jobs" überhaupt sind. Wie sie deutlich machen, ist ihr Entstehen in umweltfreundlichen Sektoren das zentrale Kriterium. Demnach wächst die Anzahl dieser Arbeitsplätze in letzter Zeit kontinuierlich an. Im Sektor der erneuerbaren Energien sind es EU-weit bereits mehr als 1,1 Millionen, davon alleine ein Drittel in Deutschland. Auch in Polen nimmt die Anzahl der Arbeitsplätze in diesem Sektor kontinuierlich zu, liegt aber nur bei 35.000. Als zentrales Problem für die Zukunft sehen die Autoren eine Transformation der „Grünen Jobs" in nachhaltig wirkende Arbeitsplätze.

Im betriebswirtschaftlich orientierten Abschnitt „Employer Branding und Personalbedarfsdeckung“ stellt Angela Walter zunächst das Konzept des „Employer Branding“ als Personalstrategie für die Rekrutierung und Bindung von Fachkräften der sogenannten Generation Y in kleinen und mittelständischen Unternehmen (KMU) am Beispiel von Sachsen vor. Wie sie darstellt, entstand auch in Sachsen die scheinbar paradoxe Situation, dass Unternehmen Fachkräfte suchen und gleichzeitig Fachkräfte auf der Suche nach attraktiven Beschäftigungsmöglichkeiten sind. Der Fokus ihres Beitrages liegt auf der Frage, inwiefern Employer Branding als personalwirtschaftliche Strategie auch in regionalen KMU geeignet ist, diese Problematik zu entschärfen. Ein wichtiger Ausgangspunkt für die Gestaltung der Arbeitgeberattraktivität sind ihrer Meinung nach Informationen über relevante Erwartungen junger Akademiker der Generation Y an den Arbeitgeber, die Gegenstand einer von ihr durchgeführten empirischen Studie an der Westsächsischen Hochschule Zwickau waren.

Auch Ruey Komulainen untersucht die Bedeutung des „Employer Branding“ für KMU, allerdings mit besonderem Fokus auf die IT-Industrie in Finnland. Wie eine von ihr durchgeführte empirische Untersuchung deutlich macht, hat Employer Branding durchaus positive Effekte auf die Entscheidung von Studierenden, sich bei einem bestimmten kleinen oder mittelgroßen Arbeitgeber zu bewerben. Die Korrelation zwischen instrumentalem und symbolischem Nutzen des Employer Branding zur Attrahierung der Studierenden ist jedoch schwach. Deshalb ist das Konzept für KMU in der finnischen IT-Branche nicht besonders effektiv.

Sandro Freudenberg und Sandra Stephan erarbeiten in ihrem Beitrag konkrete Handlungsempfehlung für eine erfolgreiche Personalbedarfsdeckung in Unternehmen. Das „mismatch“ auf dem deutschen Absolventenmarkt begründen sie u.a. mit starren Unternehmensstrukturen, veralteten Personalmarketingmodellen und Generationenkonflikten, welche eine zeitgemäße Anpassung an die Dynamik des Arbeitsmarktes verhindern. Aufgrund der Herausforderung des demografischen Wandels ist ein Umdenken im Personalmanagement zwingend erforderlich. Instrumente zur Bewusstmachung und Reduzierung von Alters-, Gender- und Herkunftsdiskriminierung werden dringend benötigt. Damit sind ihrer Auffassung nach – auch kurzfristige – Lösungen des Fachkräftebedarfs möglich. Des Weiteren sollte der Gesetzgeber den Rahmen für internationale Personalaustauschsysteme schaffen, die der heute gleichzeitig existierenden hohen Arbeitslosigkeit und dem Fachkräftemangel in verschiedenen Teilen Europas entgegenwirken. Damit schließen die Autoren dieses Abschnittes alle an die volkswirtschaftlichen Überlegungen im ersten Buchabschnitt an.

Im letzten Abschnitt „Internationale Arbeitsmarktanalysen" untersuchen Jüri Sepp, Helje Kaldaru und Uku Varblane die Entwicklung und Typologie der Beschäftigungsstrukturen in OECD Ländern. Dabei fokussieren sie insbesondere auf den Tertiarisierungsprozess in dieser Ländergruppe. Sie nutzen dabei eine Cluster-Analyse, um Ähnlichkeiten in der Branchenstruktur verschiedener Länder darzustellen. Dafür werden Daten aus den Jahren 2000 bis 2009 genutzt. Wie dadurch deutlich wird, sind die Arbeitsmärkte auch im internationalen Bereich zahlreichen Veränderungen unterworfen. Ganz außergewöhnlich ist die Untersuchung von Seo Byung-Chul und Bernhard Seliger, welche den nordkoreanischen Arbeitsmarkt unter besonderer Berücksichtigung des Bildungssystems und des Kooperationsprojektes Kaesong Industriepark untersuchen. Wie sie feststellen, sind die nordkoreanischen Arbeiter durchaus nicht schlecht ausgebildet, aber durch Ideologie und die hierarchischen Strukturen in Nordkorea gehemmt. Der südkoreanische Einfluss über den 2016 geschlossenen Industriepark hatte daher positiven Einfluss auf die Entwicklung des Landes.

Die meisten der in diesem Band veröffentlichten Texte wurden im Rahmen des 6. Ordnungspolitischen Dialogs, einer internationalen Konferenz zum Thema Arbeitsmarktentwicklung und -regulierung, am 28. bis 30. Oktober 2015 an der Westsächsischen Hochschule in Zwickau (WHZ) im Rahmen einer Plenarsitzung und mehrerer Workshops vorgestellt und diskutiert. Die Herausgeber des Bandes danken daher auch an dieser Stelle insbesondere den Sponsoren der Konferenz: der Industrie- und Handelskammer Chemnitz, der Aktionsgemeinschaft Soziale Marktwirtschaft und dem Hochschulverein Mentor e.V. Dank gilt ebenfalls der Fakultät Wirtschaftswissenschaften der WHZ, hier speziell dem Dekan Prof. Dr. Stephan Kassel, sowie der Universität Tartu, Estland. Ebenso danken wir Prof. Dr. Angela Walter von der Fakultät Wirtschaftswissenschaften der WHZ für ihre aktive Tätigkeit als Mitveranstalterin der Konferenz, sowie den Mitarbeiterinnen, Mitarbeitern und studentischen Hilfskräften der WHZ für ihr enormes Engagement, ohne das diese Konferenz nicht so ein Erfolg hätte werden können.

PD Dr. habil. Bernhard Seliger
Prof. Dr. Jüri Sepp
Prof. Dr. Stefan Kolev
Prof. Dr. Ralph Wrobel

Universität Witten/Herdecke, Deutschland
Universität Tartu, Estland
Westsächsische Hochschule Zwickau, Deutschland

Inhalt

Fachkräftemangel und Immigration in Deutschland

Michael Behr

Arbeitsmarkt- und Wirtschaftsentwicklung in Ostdeutschland: Herausforderungen, Probleme und Strategien für Sachsen

1. Problemstellung

Transformationsprozesse bringen zahlreiche Probleme mit sich. Dazu gehören Arbeitslosigkeit und Veränderungen in der Demografie. Dies konnte auch in den Neuen Bundesländern in den letzten fünfundzwanzig Jahren festgestellt werden. Sachsen ist ein sehr gutes Beispiel dafür. Noch heute sind die Probleme der Transformation in Bundesländern wie Thüringen und Sachsen deutlich. Ziel dieser Arbeit ist, zu zeigen, wie man mit diesen Schwierigkeiten umgehen kann und wo Potenzial zur Verbesserung besteht. Dies soll anhand des Beispiels Sachsen als eine Erzählung in vier Akten ausgeführt werden. Dabei beschreibt der erste Akt die Tragödie zu Beginn des Transformationsprozesses, der zweite Akt die Auferstehung Sachsens als ein „Phönix aus der Asche", der dritte Akt „Licht am Ende des Tunnels" und der vierte Akt einen Ausblick auf die Chancen für Sachsen.

2. Erster Akt: Die Tragödie zu Beginn

Keine Frage: am Anfang stand der Transformationsschock. Während das Institut der deutschen Wirtschaft (zitiert nach Handelsblatt vom 27. Februar 1990) noch im Februar 1990 davon ausging, dass es in der (damaligen) DDR keine nennenswerte Arbeitslosigkeit geben würde, weil man, am westdeutschen Wirtschaftswunder der 50er Jahre orientiert, mit jährlichen Wachstumsraten von 7,5 % rechnete, und der Strukturwandel der Wirtschaft durch neue Arbeitsplätze kompensiert werden würde, wurden die Menschen in den neuen Ländern zu Zeugen einer beispiellosen Deindustrialisierung. Durch den massiven Arbeitsplatzabbau im verarbeitenden Gewerbe, aber auch im Staatssektor und in der Landwirtschaft, gingen zwischen 1990 und 1994 etwa 40 % der Arbeitsplätze verloren. Obwohl insbesondere im Dienstleistungssektor, dem Handel, der Bauwirtschaft, dem Handwerk und dem KFZ-Gewerbe zahlreiche neue Arbeitsplätze entstanden, konnte der immense Arbeitsplatzverlust nicht kompensiert werden.

Trotz starker Interventionsmaßnahmen des Staates in den Arbeitsmarkt, dem massiven Einsatzes arbeitsmarktpolitischer Instrumente (insbesondere ABM,

Strukturanpassungsmaßnahmen und „Kurzarbeit 0") sowie einer beispiellosen Frühverrentung älterer Arbeitnehmer, verharrte die Arbeitslosigkeit auf einem sehr hohen Niveau. Mitte der 90er Jahre schien sich die Lage zu verbessern, hier verzeichnen die neuen Länder sogar positive Zuwanderungssalden. Mit dem Einbruch der Bauwirtschaft, die in einigen Regionen zwischenzeitlich die Zahl der verbliebenen Industriearbeitsplätze erreichte, und einem steten, wenn auch gegenüber den unmittelbaren Nachwendejahren verlangsamten, Rückgang, insbesondere an SV-pflichtig Beschäftigten, verblieb die Arbeitslosenquote, mit teilweise mehr als 20 %, auch zwischen 1995 und 2005 auf einem sehr hohen Niveau. Die Erfahrung von Arbeitslosigkeit wurde in dieser Zeit zu einem Massenphänomen und zugleich, was Stigmatisierungseffekte ausbremste, als Kollektivschicksal empfunden.

Im Jahresdurchschnitt 2005 sind beispielsweise in Sachsen 402.000 Menschen arbeitslos (das sind 20%). Ostdeutschland - auch Sachsen - entwickelt sich in dieser Zeit zu einer gekränkten, ausgrenzenden, unzufriedenen und gespaltenen „Überlebensgesellschaft". Es etabliert sich eine verständliche, aber doch eigentümliche *„rette sich wer kann"* - Mentalität, in der auch viele Unternehmenslenker nur bestrebt sind, irgendwie auch morgen noch auf dem Markt zu sein. Dies kann auch als eine *„Ein-Generationen-Überlebensgesellschaft mit eingeschränkter Zukunftsfähigkeit"* bezeichnet werden (Behr 2003). 40-jährige Beschäftigte sprachen in Interviews davon, dass ihr Ziel darin bestehe, sich bis zur Rente *„durchzubärmeln"* und 50-jährige Unternehmenslenker sahen im Interview ihre Zukunftsherausforderung darin, auch morgen noch schlicht zu existieren und am Markt einigermaßen bestehen zu können. Betriebskollektive richteten sich gleichsam in einem *Normalitätsrefugium* ein und bildeten nach außen hin geschlossene Überlebensgemeinschaften (Behr 2000b).

Diese *sozialen Brennstoffzellen* bilden eine personalpolitisch selbstgenügsame Einheit mit dem Ziel, keine Mitglieder zu verlieren, aber auch keine Arbeitskräfte von außen mehr hereinzulassen. Ein Unternehmer äußert zu dieser Zeit:

> „Ich möchte nie wieder jemand entlassen müssen, ich stelle nur im äußersten Notfall neues Personal ein, wenn ich ganz sicher bin, den Auslastungsstand zu halten. Meine jetzigen Leute kenne ich alle persönlich, oft auch die Familien, ich tue alles um die zu halten."

Umgekehrt tun die *Bleiberbelegschaften* alles, um dabei zu bleiben: harter Arbeitseinsatz, lange Arbeitszeiten, spontane Überstunden, Wochenendarbeit, niedrige Entlohnung. Dieser Träger eines spezifischen, robusten und aufopferungsbereiten Leistungscharakters der Arbeit kann zugespitzt als „ostdeutscher Arbeitsspartaner" (Behr 2000a und 2014) bezeichnet werden: Verzicht auf Mitbestimmung, Gewerkschaften und Partizipation inklusive.

Das Ergebnis waren hoch effektive Leistungsgemeinschaften mit zunehmend besserer Performance auf den Zuliefermärkten. Aber die Schließungsmechanismen auf dem Arbeitsmarkt waren unerbittlich: „Wer drin ist, bleibt drin, wer draußen ist, bleibt draußen“, so hat es Burkart Lutz einmal formuliert. Und das galt für ältere Arbeitnehmer, zum falschen Zeitpunkt Entlassene, genauso wie für junge Menschen, die auch mit einer guten Ausbildung keinen Zugang in die ostdeutsche Arbeitswelt bekamen. Besonders hart ist der Arbeitsmarkt für Frauen in diesen Jahren. Frauen waren noch häufiger und länger arbeitslos als Männer. Nach einer – meist schulischen – Ausbildung fanden sie noch deutlich seltener eine Beschäftigung als junge Männer, die häufiger von der positiven Übernahmebilanz der dualen Ausbildung profitierten.

In dieser Zeit geht die Einwohnerzahl Sachsens von 4,9 Mio. im Jahr 1990 auf etwa 4,05 Millionen Ende 2012 zurück. Nach den aktuellen Bevölkerungsvorausberechnungen wird die Einwohnerzahl im Freistaat bis 2025 auf 3,6 bis 3,8 Mio. zurückgehen, was einem Gesamtverlust von fast ¼ der Einwohner oder mehr als 1,1 Mio. seit der Wende entspricht (Statistisches Landesamt des Freistaates Sachsen 2015).

Das Durchschnittsalter der Sachsen stieg in diesem Zeitraum von 39,4 Jahren (1990) auf 46,6 Jahre (2012). Allein durch Wanderungsverluste verlor Sachsen 445.000 Einwohner. Fast 60 % der Wanderungsverluste gehen auf das Konto der 18- bis 35-Jährigen. Der Schatz der geburtenstarken Jahrgänge aus den 80er Jahren wird von der Wirtschaft Sachsens überwiegend nicht geborgen und trägt schließlich in Westdeutschland zu einer veritablen Verjüngung und einem Anstieg des Anteils junger Frauen bei, sowie dazu, dass Fachkräfteengpässe in zahlreichen Branchen geschlossen werden. 1990 lebten 885.000 Kinder und Jugendliche unter 15 Jahren in Sachsen, 2005 waren es nur noch 436.000 (inzwischen sind es 496.000). Heute sind eine halbe Million Sachsen (504.000 bzw. 12,4%) älter als 75 Jahre, 2013 waren es erst 369.000 bzw. 7,7% (Statistisches Landesamt des Freistaates Sachsen 2015). Die Prozesse, die hier beschrieben wurden, sind in folgender Tabelle zusammengefasst:

Tabelle 1: Planungsparadoxien im gesellschaftlichen Transformationsprozess

Prozesse	**Kurzfristeffekte**	**Spätfolgen**
Kinderverzicht	Erhalt der (weiblichen) Erwerbsfähigkeit	Demografische Lücke
Frühverrentung	Arbeitsmarktentlastung	Blockierter Generationenaustausch
Ausländerrücksendung	Arbeitsmarktentlastung	Ethnische Homogenität

Prozesse	Kurzfristeffekte	Spätfolgen
Abwanderung	Arbeitsmarktentlastung	Nachwuchs- und Fachkräftemangel
Reduzierung eigener F&E	Kosteneinsparung	Verlust der Fähigkeit zu radikaler Innovation
Inkrementelle Innovation im Kundenauftrag	Schnelle Integration in gesamtdeutsche Wertschöpfungsketten	
Stärkung von Akzeptanztugenden in Überlebensgemeinschaften	Durchsetzungsstarke Geschäftsführer, loyale Mitarbeiter („Arbeitsspartaner")	Demokratiedefizite im Unternehmen, blockierte Modernisierung

Quelle: Behr (2009, Planungsparadoxien) S. 78.

In gewisser Weise haftet der Entwicklung in den neuen Ländern oft etwas Tragisches an, weil viele Probleme gerade dadurch entstanden sind, dass man sie zu vermeiden suchte. Unterschiedlich schnell wirkende Spätfolgen sind oft das Ergebnis von rationalen Kriseninterventionen und zwar von Individuen, Wirtschaftsakteuren und politisch Verantwortlichen. Ein besonders interessanter – und sofort wirkender – Problemvermeidungsmechanismus ist der Kinderverzicht. In allen postsozialistischen Gesellschaften brechen die Geburtenzahlen ein. Aber nirgendwo wirkt die „demografische Vollbremsung" so massiv wie in Ostdeutschland. Die Zahlen sind bekannt. Nur so viel: Der letzte intakte DDR-Jahrgang 1988 ist fast drei Mal so stark wie der schwächste Geburtsjahrgang aller Zeiten, der 1993er Jahrgang.

Dabei verhalten sich junge Paare wie kluge Unternehmer, die in Umbruchzeiten auf ein zentrales Handicap verzichten: auf Kinder. Tatsächlich können Frauen über 40, die ihre Kinder aus dem Gröbsten heraushaben, genauso erfolgreich sein wie junge Frauen, die ganz auf Kinder verzichten. Schwierig sind die Zeiten für diejenigen, die in einem ungünstigen Moment Mütter geworden sind. Junge Frauen mit Kindern geraten in eine arbeitsmarktkritische Sandwich-Position zwischen diesen beiden begünstigteren Familienkonstellationen – die ohne Kleinkinder und die Kinderlosen. Ebenso erweist sich die Frühverrentung (etwa 1,4 Mio. Vorruheständler bis 1994 in ganz Ostdeutschland) mit einem starken Entlastungseffekt auf dem Arbeitsmarkt relativ schnell als Chancenkiller für junge Leute, weil der Generationenaustausch über fast 10 Jahre zum Erliegen kommt und damit eine wichtige Säule des Personalbedarfs, nämlich der Ersatzbedarf, ausbleibt. Schließlich bleibt das Renteneintrittsalter nicht bei 56 Jahren stehen. Ebenso wird die Abwanderung zunächst begrüßt und von den Arbeitsagenturen, damals noch Arbeitsamt genannt, sogar finanziell unterstützt, dann aber als

Problem erkannt. Die Rücksendung von Ausländern hat natürlich auch zur Entlastung auf dem Arbeitsmarkt beigetragen, aber eben nicht zur Verbesserung der Integrationsfähigkeit. Perspektivisch könnte der Arbeitskräftemangel durch die geringe Attraktivität des Ostens für Ausländer verschärft werden.

Die Bilanz des ersten Aktes lässt sich wie folgt zusammenfassen: Sachsen weist eine unverändert hohe Arbeitslosenquote auf und besitzt einen negativen Wanderungssaldo. Neben den niedrigen Geburtenraten verliert Sachsen ständig an Einwohnern. Die alternde Bevölkerung des Bundeslandes, ebenso wie ein drohender Fachkräftemangel, könnte zu einer „chronischen Schrumpfungsrezession“ führen. Die unzufriedenen Arbeitnehmer in Sachen hindern zunehmend die Entwicklung des Freistaates, welche gegenüber der Westdeutschlands nicht wächst. Würde man den Freistaat als eine Aktiengesellschaft betrachten, wäre die Empfehlung der Analysten in dieser Zeit sicher diese gewesen: Keine Sachsen-Aktien kaufen!

3. Zweiter Akt: Phönix aus der Asche

Zu den erfreulichen Effekten des hartnäckigen Kämpfens um Marktanteile gehört, dass die Industrie in den Freistaaten Thüringen und Sachsen – entgegen dem gesamtdeutschen Trend – wieder wächst. Waren in Sachsen in den Betrieben > 50 Mitarbeiter im Jahr 2003 noch 224.000 Menschen beschäftigt, waren es im Jahr 2014 bereits wieder 270.600. Das ist ein Anstieg um 21 %. Nimmt man alle Beschäftigten des Bergbaus und des verarbeitenden Gewerbes sind es sogar 337.000 Beschäftigte. Das sind 17 % der Beschäftigten, was dem Durchschnitt der Bundesrepublik entspricht. Der Anteil der sächsischen Industriebeschäftigten an allen deutschen Industriebeschäftigten steigt in den letzten 10 Jahren von 4,1 % auf 4,7 % (IHK Leipzig 2015, S. 9). Seit 2005 wirkt diese späte Ernte der Transformationserfolge belebend auf den Arbeitsmarkt. Denn mit der Reindustrialisierung und dem entsprechenden Aufbau von Arbeitsplätzen steigt auch die beschäftigungsrelevante Nachfrage nach Personal in den unternehmensnahen Dienstleistungen. Man kann sagen, dass inzwischen alle Wirtschaftsbereiche stabile Nachfrager nach Beschäftigung sind, das gilt für den Wertschöpfungskern, zu dem man auch Forschungseinrichtungen zählen kann, ebenso wie für das Handwerk, den Handel, die sonstigen Dienstleistungen und die Gesundheits- und Sozialwirtschaft.

Die Arbeitslosigkeit geht in Sachsen stark zurück. Aktuell sind in Sachsen eben nicht mehr 300.000 Menschen arbeitslos, sondern mit Stand Juni 2015 nur noch 161.648 Menschen – Tendenz sinkend. Dabei geht die Arbeitslosigkeit in Sachsen, wie in den anderen ostdeutschen Bundesländern, seit Jahren doppelt so stark zurück wie in den alten Bundesländern. Eine robuste Fachkräftenachfrage aus den Unternehmen und die demografische Entlastung bewirken diesen schnellen Rückgang der Arbeitslosigkeit. Auch wenn die Zahl der Arbeitslosen noch über dem Bundesdurchschnitt liegt, befindet sich Sachsen inzwischen im Mittelfeld aller Bundesländer und besitzt eine niedrigere Arbeitslosenquote als Länder wie Bremen und Nordrhein-Westfalen (vgl. Abb. 1).

Abbildung 1: Arbeitslosenquote nach Bundesländern im September 2015

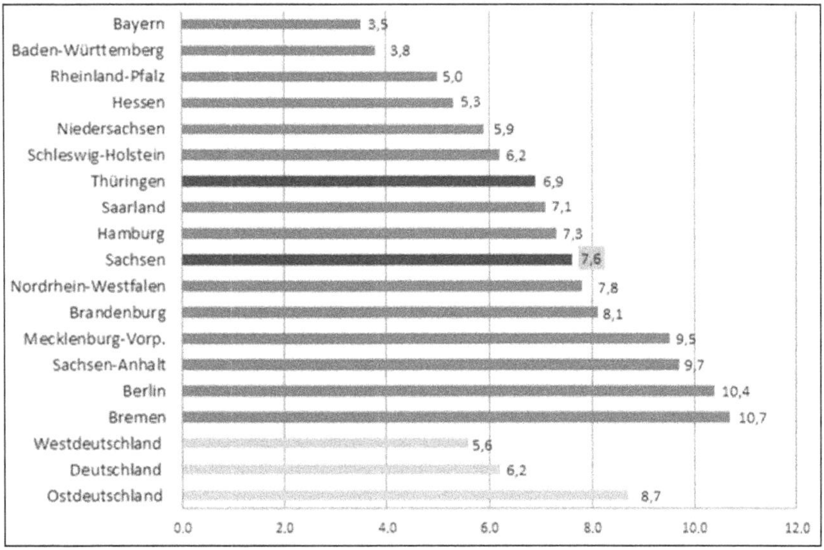

Quelle: eigene Darstellung, Daten der Bundesagentur für Arbeit.

Nicht selbstverständlich ist, dass mit zurückgehender Arbeitslosigkeit auch die Erwerbstätigen- und die Beschäftigtenquoten zunehmen. Genau dies aber ist der Fall. Sachsen gelingt es, sein Beschäftigungspotenzial immer besser in den Arbeitsmarkt zu integrieren, so dass das Delta zwischen Nachfrage und Angebot immer geringer wird.

Inzwischen liegen Sachsens Männer bei der Beschäftigungsquote, also dem Anteil der sozialversicherungspflichtig Beschäftigten in der Altersgruppe der 15- bis 65-Jährigen, auf Platz 4 unter allen Bundesländern; bei den Frauen belegt Sachsen sogar Platz 1. Nirgendwo ist die Beschäftigungsquote höher als in Sachsen. Und auf Platz zwei und drei stehen nicht etwa Bayern und Baden-Württemberg, sondern Thüringen und Brandenburg (vgl. Abb. 2 und 3).

Abbildung 2: Beschäftigungsquoten der Männer nach Bundesländern

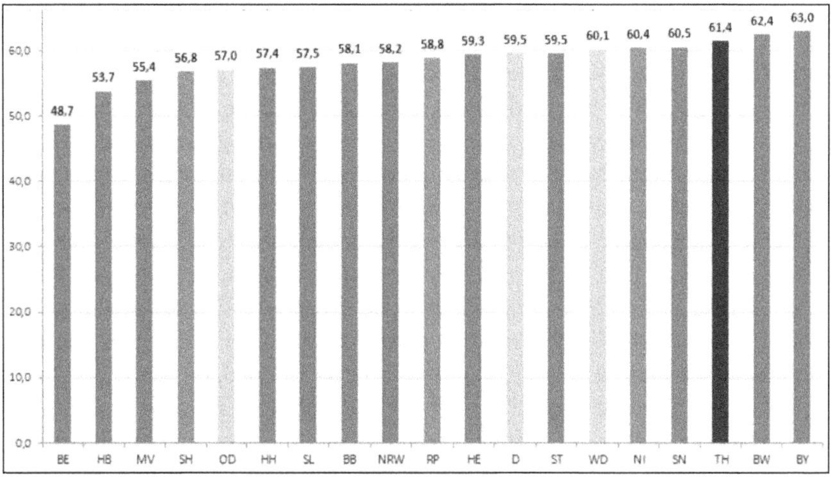

Quelle: eigene Darstellung, Daten der Bundesagentur für Arbeit.

Abbildung 3: Beschäftigungsquoten der Frauen nach Bundesländern

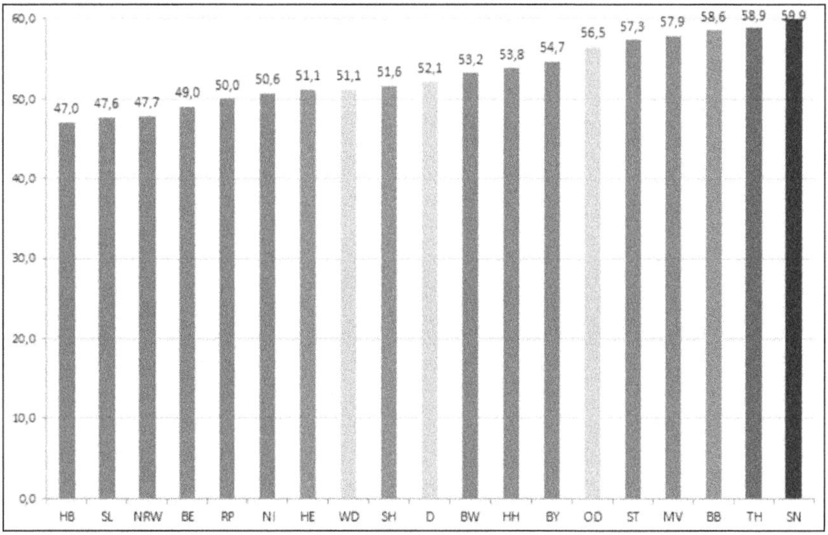

Quelle: eigene Darstellung, Daten der Bundesagentur für Arbeit.

Besonders deutlich wird die erfreuliche beschäftigungspolitische Bilanz der neuen Länder, wenn man sowohl die Entwicklung der Arbeitslosigkeit als auch die Entwicklung der Beschäftigungsquote betrachtet. Während der Abstand zwischen den Ost- und Westländern bei der Arbeitslosigkeit immer geringer wird, setzen sich praktisch alle ostdeutschen Bundesländer, angeführt von Sachsen und Thüringen, immer mehr über die Westländer hinweg. Gerade bei der Beschäftigung der Frauen erkennt man einen Modernisierungsvorsprung der ostdeutschen Länder. Durch die zunehmend bessere Erschließung von Potenzialen auf dem Arbeitsmarkt, insbesondere bei den Frauen und den älteren Arbeitnehmern – auch hier liegt Sachsen mit an der Spitze –, konnte der erwartete Fachkräftemangel nach hinten verschoben werden. Sachsen, wie auch die anderen ostdeutschen Bundesländer, konnten trotz Rückgang der Einwohnerzahl und noch deutlich stärkerem Rückgang des Erwerbspersonenpotenzials Beschäftigung aufbauen. Damit entwickeln sich die Beschäftigungssysteme Ostdeutschlands gleichsam gegen die demografische Laufrichtung dynamisch. Ob dies von Dauer sein wird ist unbekannt, jedoch ist die gefürchtete „Schrumpfungsrezession“ vorerst ausgeblieben.

Abbildung 4: Situation der Länder 2014 (Frauen)

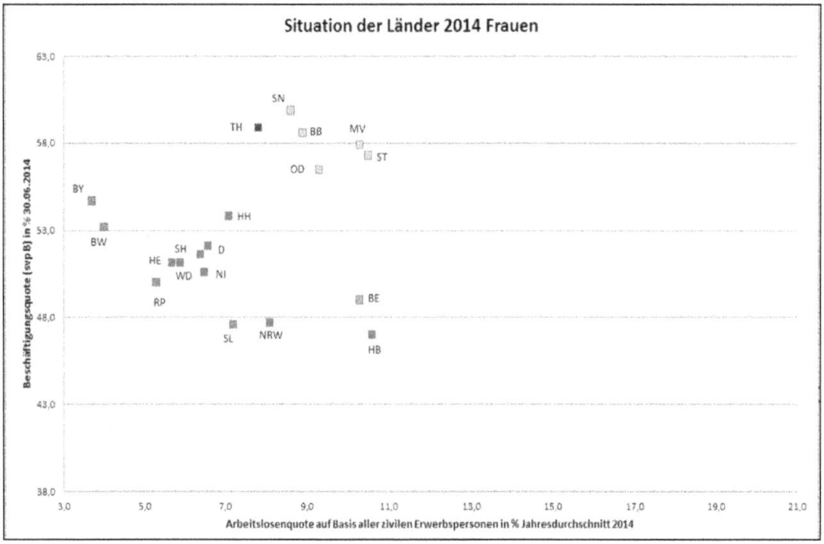

Quelle: eigene Grafik, Daten der Bundesagentur für Arbeit.

Mit Blick auf die Bilanz Mitte des dritten Jahrzehnts lässt sich Kapitel zwei wie folgt zusammenfassen: Sachsen hat starke Zuwachsraten in der Wirtschaft und vor allem in der Industrie und weist zunehmend geringere Arbeitslosenzahlen auf. Zudem dürfte der Freistaat im Jahr 2015 das fünfte Mal in Folge einen positiven Wanderungssaldo haben. Zudem sind steigende Geburten zu verzeichnen. Nach den aktuellen Zahlen zur Geburtenentwicklung in Deutschland ist Sachsen mit 1,57 Kindern pro Frau das Bundesland mit der höchsten Geburtenrate aller Bundesländer. Danach kommt Thüringen mit 1,55 Kindern pro Frau. NRW beispielsweise hat nur eine Geburtenrate von 1,48 und das Saarland mit 1,35 die niedrigste Geburtenrate. Interessanterweise führen die Bundesländer mit der höchsten Geburtenrate auch das Ranking der Beschäftigungsquoten an. Auch dies ist ein Indikator für einen Modernisierungsvorsprung der ostdeutschen Länder gegenüber Westdeutschland. Sachsen bietet einen der besten Arbeitsmärkte für Ausbildungsplatzbewerber und verliert deutlich weniger (junge) Einwohner als erwartet. In einigen Branchen konnten sich die Betriebe bei starker Ausbildungsbeteiligung und hohen Übernahmequoten von Azubis teilweise sogar wieder verjüngen. Zudem profitiert Sachsen stark von der Rückwanderung aus den alten Bundesländern. Ein Hinweis auf die attraktiven Arbeits- und Lebensbedingungen für junge Familien. Daraus müsste sich die Empfehlung ableiten: Sachsen-Aktien kaufen!

4. Dritter Akt: Der Tunnel am Ende des Lichts?

Die gut ausgebaute Infrastruktur, moderne Industriebetriebe, ausgezeichnetes Bildungssystem, starke Universitätsstandorte, hervorragende Sozial- und Kinderbetreuungsinfrastruktur, inzwischen die höchste Geburtenrate aller Länder lassen schlussfolgern, dass der Aufbau Ost ebenso positiv wie der Mindestlohn wirkt und eine Symbiose mit Traditionselementen aus Vorwendezeiten eingeht: praxisorientiere Ausbildung und Forschung, qualifizierte Erwerbstätigkeit von Frauen sowie die robusten und systemunabhängigen ursächsischen Tugenden wie Improvisationsgeschick, Problemlösungskompetenz, Pragmatismus, Optimismus und Tüftlertum.

Allerdings muss befürchtet werden, dass die Ökonomie durch einen mächtigen Gegner ausgebremst wird: die Demografie. Sachsen ist innerhalb Europas eine der Regionen, in der ein besonders hoher Fachkräftebedarf auf ein besonders niedriges Angebot an Arbeitskräften trifft. Den Prognosen zufolge verringert sich das Erwerbspersonenpotenzial in Sachsen zwischen 2015 und 2030 um mehr als 10%. Wenn es nicht gelingt allein den rentenbedingten Ersatzbedarf zu decken, droht eine nachhaltige Schwächung der Wettbewerbsfähigkeit der Wirtschaft sowie ein Qualitätsverlust der sozialen Infrastruktur.

Der Freistaat Sachsen hat seine endogenen Potenziale zwar noch nicht vollständig erschlossen, angesichts der Tatsache jedoch, dass auf zwei Renteneintritte nur eine potentielle Nachwuchskraft kommt, muss befürchtet werden, dass es absehbar zu einem Ende des Beschäftigungswachstums kommen wird und die Zahl der Arbeitsplätze und damit der Steuerzahler und Konsumenten im Freistaat rückläufig sein wird. Schon heute kann man sehen, dass der Westen, obwohl hier die Arbeitslosigkeit kaum noch zurückgeht, höhere Wachstumsraten beim BIP aufweist als Ostdeutschland, letztlich ein Indiz für die bereits heute wirkende Demografieschwäche. Ernstzunehmender als die pure Quantität des verfügbaren Arbeitskräfteangebots ist der drohende Verlust an Qualität in der Bearbeitung von Aufträgen. Obwohl Sachsen im Vergleich zu Thüringen mehr Großunternehmen aufweist, besteht auch Sachsens Rückgrat der Wirtschaft aus leistungsstarken, flexiblen und kleinen mittelständischen Unternehmen, die Qualität zu vernünftigen Preisen anbieten. Dieser Produktionstyp, der inzwischen sehr viel öfter dem Produktionsparadigma der „flexiblen Spezialisierung" als dem der viel zitierten „verlängerten Werkbank" entspricht, ist massiv auf qualifizierte Facharbeiter und anwendungsorientierte Ingenieure angewiesen.

Abbildung 5: Erwerbspersonenpotenzial 2015–2030 in den Bundesländern

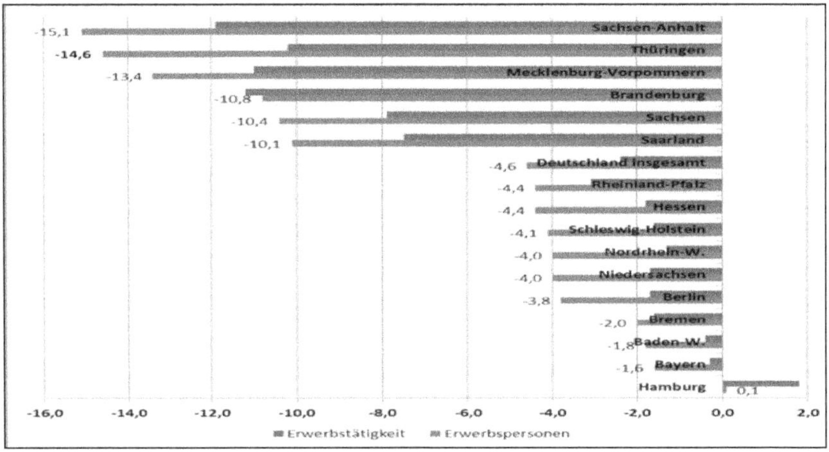

Quelle: Statistisches Bundesamt, eigene Darstellung.

Der Fachkräftewohlstand der Vergangenheit hat diesen Wettbewerbstyp begünstig, weil Humankapital für eine qualifikations- und qualitätsorientierte mittelständisch geprägte Wirtschaftsstruktur weit mehr verfügbar war als Geld für eine kapitalintensive Großproduktion. Fehlt dieser Erfolgsfaktor Ost ist Qualität, Flexibilität und hohe Reagibilität auf sich verändernde Kundenwünsche nicht mehr in dem Maße möglich, wie es in der Vergangenheit der Fall war. Das kann am Ende dazu führen, dass man jenen hart erkämpften Status in den Wertschöpfungsketten verliert, auf den man als – im Vergleich zu den mittelosteuropäischen Bewerbern – Hochlohnland angewiesen ist. Jedenfalls ist das Risiko eines demografisch-ökonomischen Teufelskreises nicht unrealistisch, es sei denn man aktiviert sehr viel stärker als in der Vergangenheit exogene Potenziale. Zu denen gehören durchaus die Rückwanderer, die zunehmend den Weg aus Bayern und Baden-Württemberg wieder nach Sachsen finden – erfreulicherweise gerade in die ländlichen Regionen, wie das Leipziger Leibnitz-Institut für Länderkunde 2013 herausgefunden hat (Nadler / Wesing 2013).

Erfreulicherweise finden gerade Studierende aus Westdeutschland ihren Weg vermehrt in die attraktiven Universitäts- und Hochschulstandorte im Freistaat. Aber ohne Zuwanderung aus dem Ausland werden wir den Fachkräftebedarf in Sachsen nicht befriedigen können. Gerade der ländliche Raum, in dem es gegenwärtig kaum Ausländer gibt, wird mit Blick auf die verschiedensten Industriebranchen, dem Handwerk, der Landwirtschaft, vor allem auch der Pflegewirtschaft stark auf den Zuzug und die Integration von Migranten angewiesen sein. Bei allen Problemen, die es im Zusammenhang mit der Bewältigung der aktuellen Flüchtlingswelle gibt, liegen auch viele Chancen für den Freistaat. Wenn man sich die vorliegenden Studien zum Fachkräftebedarf anschaut (nach der Fachkräftestudie des Freistaats Thüringen aus dem Jahr 2013 beträgt der Bedarf 280.000 Fachkräfte bis 2025, wobei rund 80% des Bedarfs auf Absolventen mit klassischer Berufsausbildung fallen), muss man erwarten, dass die Qualifikationsengpässe weniger in den akademischen Berufen erfolgen als im mittleren Qualifikationssegment, wobei besonders gewerblich-technische Berufe in Industrie und Handwerk sowie Pflegeberufe in der Sozialwirtschaft betroffen sein werden.

Abbildung 6: Demografisch-ökonomischer Teufelskreis

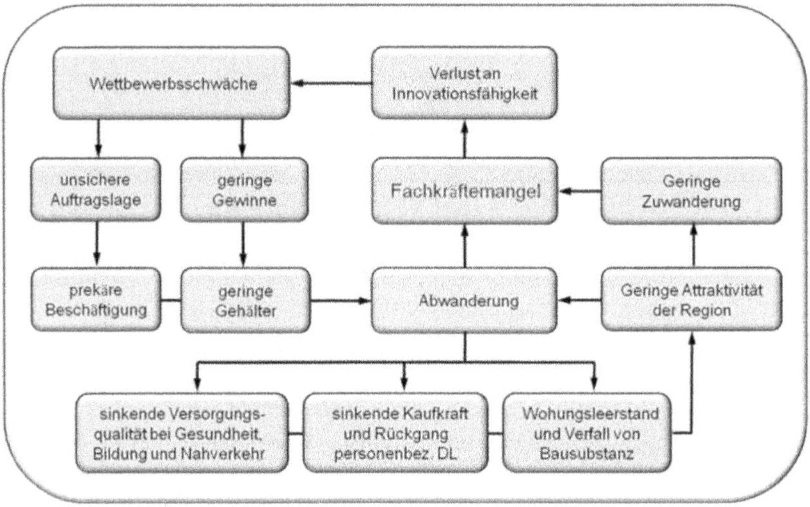

Quelle: eigene Darstellung.

Abbildung 7: Sicherung der Fachkräftebasis in Zeiten des quantitativen Rückgangs von Erwerbspersonen

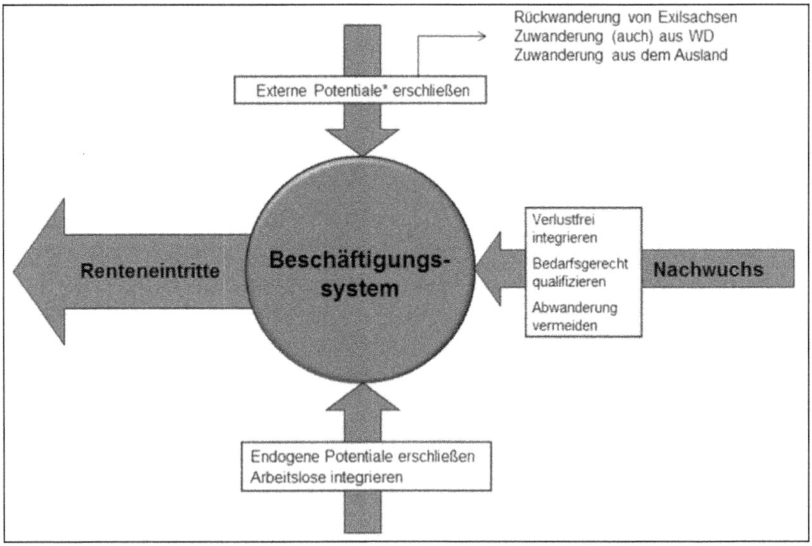

Quelle: eigene Darstellung.

Allerdings muss man eben auch den paradoxen Befund festhalten, der für alle ostdeutschen Länder gilt: Dort, wo der objektive Bedarf an Zuwanderung am größten ist, ist die politische und soziokulturelle Orientierung in der Bevölkerung und Teilen der Politik am geringsten entwickelt. Das kann zu einem zweiten Paradox führen, dass, wenn die anerkannten Asylbewerber freie Wohnortswahl haben und in Deutschland bleiben, in die Bundesländer migrieren werden, wo es bereits viele Menschen aus ihrem Herkunftsland gibt und nicht zwingend dahin, wo theoretisch der Fachkräftebedarf am größten ist. Sozialintegration ist für die Menschen oft zunächst wichtiger als Arbeitsmarktintegration, zumal die Schritte in den Arbeitsmarkt über ein komplexes Berufsbildungssystem oft sehr langwierig sind.

Rechtsextreme Parteien, die AfD und Bewegungen wie PEGIDA und weit verbreitete Ressentiments gegenüber Ausländern, die sich oft in dem viel gehörten Satz äußern: „Es ist gut, dass wir hier in Sachsen noch unter uns sind", haben dem Image des Freistaats wie dem Osten insgesamt sehr geschadet. Wenig erfreulich in diesem Zusammenhang sind die aktuellen Ergebnisse des Thüringen-Monitors, einer breit angelegten Befragung von Thüringern, die seit 2000 durchgeführt wird. Danach stimmen regelmäßig mehr als die Hälfte der Befragten der Aussage zu: „Die Bundesrepublik ist durch die vielen Ausländer in einem gefährlichen Maß überfremdet". Auch wenn man den suggestiven Charakter der Fragestellung kritisieren kann, gibt das Votum wenig Hinweis auf ein besonders ausländerfreundliches Klima. 62 % der Befragten finden, dass Muslime in Deutschland zu viele Forderungen stellen und nur 47 % der Befragten glauben, dass die in Deutschland lebenden Muslime die im Grundgesetz fixierten Werte teilen (Best et al. 2015; S. 89).

Die ethnische Homogenisierung des Ostens durch Rücksendung von Ausländern in die Heimatländer nach der Wende und durch einen Arbeitsmarkt, der bald ein viertel Jahrhundert wie eine Zuwanderungsbarriere gewirkt hat, ist eine schwere Hypothek für den weiteren Aufbau Ost.

Vergleichen wir Sachsen einmal mit einem ganz normalen, nicht besonders wirtschaftsstarken Bundesland wie Niedersachsen hinsichtlich wichtiger Demografiemerkmale im Jahr 2014, sieht man wie stark der Unterschied heute schon ist: Durchschnittsalter der Sachsen 46,7, der Niedersachsen 44,4 Jahre. Altersquotient 62,8 zu 51,8 und Jugendquotient: 30,8 zu 35,4 (Statistisches Bundesamt 2015). Die Prognose sieht für Niedersachsen bereits deutlich besser aus, viel besser ist sie in Hamburg, Bayern, Hessen und Baden-Württemberg, alles Länder mit starkem Zustrom aus den anderen Bundesländern. Die größte Gefahr für Ostdeutschland besteht darin, als Schrumpfungsregion mit starker Alterung der Bevölkerung,

Ausländerfeindlichkeit und rückgebauter Infrastruktur wahrgenommen zu werden. Das wäre fatal. Die Empfehlung des Analysten wäre dann wohl: Sachsen-Aktien verkaufen.

5. Vierter Akt: Noch ist Sachsen nicht verloren. Ein Positivszenario?

Die sächsische Wirtschaft ist nicht nur dort stark, wo alle es vermuten, nämlich in Dresden, Leipzig und Chemnitz-Zwickau, sondern vielfach im sogenannten ländlichen Raum. Dort gibt es eine ganze Menge Potenzial in der Provinz, wettbewerbsstarke Firmen und aufgeräumte, historisch bedeutende Kleinstädte mit Mittelzentrumscharakter und attraktive Dörfer.

Potenzial in der Provinz zeichnet sich durch eine hohe Industriedichte, Mittelzentren im ländlichen Raum, gute sozial-räumliche Infrastruktur und kleinere Forschungseinrichtungen aus. Durch den hohen Industriebesatz besteht das Potenzial steigender Löhne und Gehälter. Tatsächlich steigt das Einkommensniveau in Sachsen wie in Thüringen aktuell stärker als in Westdeutschland. Neben dem Mindestlohn, der generell in Ostdeutschland viel stärker auf das Einkommensniveau wirkt als in Westdeutschland, beobachten wir einen Einkommensanstieg in den Regionen mit starker Fachkräftenachfrage und einer hohen Wechseldynamik auf den regionalen berufsfachlichen Arbeitsmärkten. Immer mehr Menschen kündigen freiwillig, weil sie sich in einem anderen Unternehmen verbessern können. Laut IAB-Betriebspanel kündigt inzwischen jeder dritte Arbeitnehmer in Sachsen und Thüringen freiwillig. Im Jahr 2005 waren dies gerade einmal 13 %. Erfreulich ist in jedem Fall die Dynamik in der Beschäftigungsnachfrage auch in den unternehmensbezogenen Dienstleistungen. Davon haben bereits in den letzten 10 Jahren besonders stark die Frauen profitiert (IAB Betriebspanel).

Nachteile indes sind die starke Nachwuchskräftelücke, die geringe Bekanntheit von Unternehmen („Hidden-Champions") und die geringe Bekanntheit der Region. Die sächsischen Großstädte sind zwar Empfehlungsadressen für das ganze Land, zugleich aber gefährliche Magneten, die Binnenwanderungsprozesse zulasten des ländlichen Raums bereits heute auslösen.

Mit der dynamischen Nachfrage nach qualifiziertem Personal im verarbeitenden Gewerbe, den unternehmensnahen Dienstleistungen, der Gesundheits- und Pflegebranche und einem robusten Bedarf an Arbeitskräften im Handwerk, den Bauberufen und dem gesamten Dienstleistungssektor verbessern sich die Einmündungschancen gerade für junge Menschen, weil immer mehr ältere Erfahrungsträger ausscheiden und Arbeitsplätze für den Nachwuchs freimachen.

Da die mittlere Generation einen relativ kleinen Anteil darstellt, sind weniger potenzielle Konkurrenten um Aufstiegspositionen vorhanden als in Westdeutschland, wo man nicht nur mit den Einheimischen, sondern auch mit Abgewanderten aus den Neuen Bundesländern konkurriert. Erfreulicherweise bleiben die jungen Leute aus guten Gründen heute wieder vermehrt in den Neuen Ländern, auch in Sachsen, nicht nur weil die Ausbildungs- und Studierbedingungen auf einem hohen Niveau sind, sondern weil es eben inzwischen auch die Beschäftigungsmöglichkeiten gibt. Junge Leute können heute weit mehr durchsetzen als noch vor Jahren. Und das gilt auch für das Thema Vereinbarkeit von Beruf und Familie. Es ist demnach logisch, dass der Wanderungssaldo in Thüringen heute insgesamt positiv ist, vor allem bei den unter 25-Jährigen. Wer Kinder hat, hat immer ein Argument mehr nach Sachsen zu kommen – wegen der guten öffentlichen Betreuungssituation und einer betrieblichen Kultur der Arbeit, bei der es selbstverständlicher ist, dass Frauen, auch wenn sie zwei Kinder haben, weiter qualifiziert berufstätig sein wollen. Und wer bereits Kinder hat, Kinder plant und schon in Sachsen lebt, hat ein Argument mehr dort zu bleiben. Sachsen hat also die Chance zum Land der schnellen Karrieren zu werden.

Abbildung 8: Typische Altersstruktur in ostdeutschen Betrieben

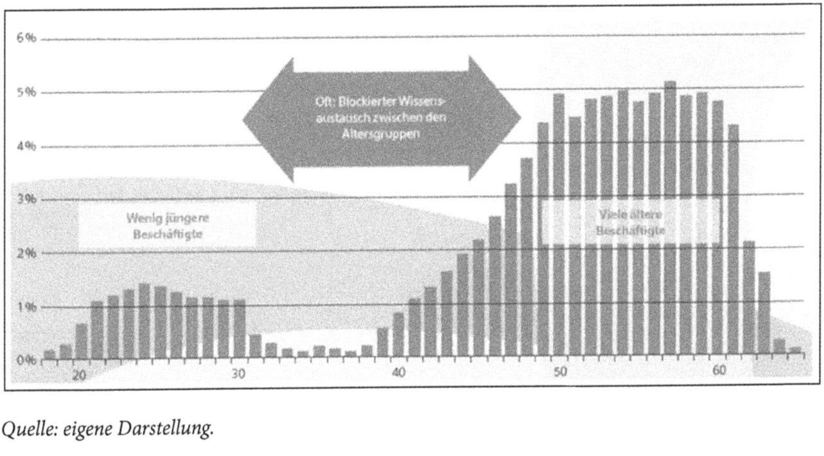

Quelle: eigene Darstellung.

Allerdings wird es zunehmend wichtiger, die Positivbotschaften auch zu kommunizieren und Mitteldeutschland als Chancenregion, als Region der guten Kinderbetreuung, der bezahlbaren Wohnmöglichkeiten und der attraktiven Lebenswelt zu vermarkten. Dazu müssen allerdings einige Herausforderungen angegangen werden, wie den Wissenstransfer Alt-Jung zu organisieren,

Jugendappeal der Unternehmen und der Kulturangebote zu erhöhen, Internetperformance auf junge Menschen auszurichten, Arbeitskulturen und Mitbestimmungsstrukturen zu modernisieren (Behr et al 2008) und durch stärkere Tarifbindung das Lohnniveau zu erhöhen. Wichtig wird auch für klassische Berufsausbildung zu werben, da der größte Fachkräftemangel eher in den Facharbeiterberufen entstehen wird, als bei Bachelor- oder Masterabsolventen (Fachkräfteperspektive 2025: 2013). Der Akademisierungstrend hat den Universitäten und Fachhochschulen geholfen, ihre Studierendenzahlen im demografischen Wandel zu stabilisieren, umso stärker ist der Rückgang bei den Ausbildungsplatzbewerbern (die Zahl unbesetzter Ausbildungsplätze in Industrie und Handwerk nimmt in den letzten Jahren deutlich zu).

Abbildung 9: Der Zusammenhang zwischen Ökonomie und Demografie

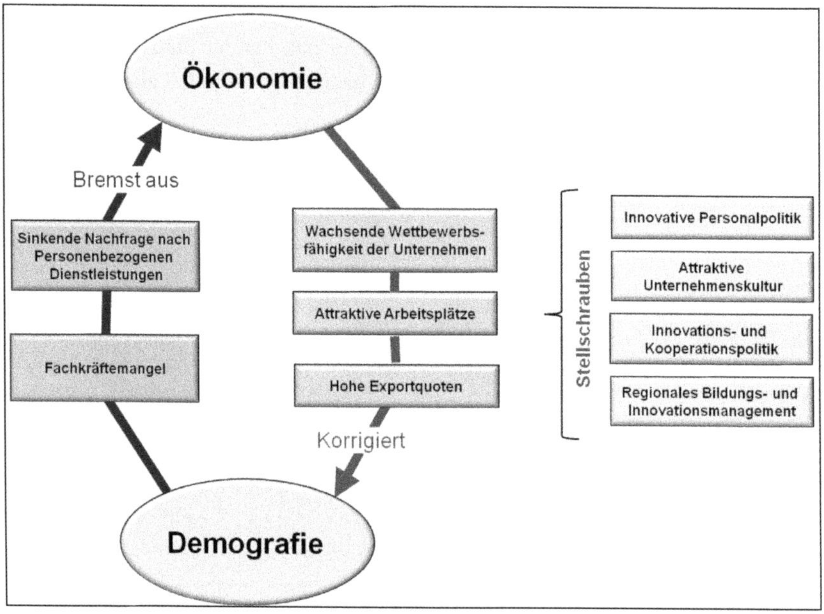

Quelle: eigene Darstellung.

Eine demografisch-ökonomische Abwärtsspirale (vgl. Abb. 9) kann demnach vermieden werden. Statt eines demografisch-ökonomischen Teufelskreises ist gleichsam auch ein ökonomisch-demografischer Engelskreis möglich, denn die Demografie ist keine unabhängige Variable. Sie ist selbst abhängig von

Rahmenbedingungen. Und dazu gehört vor allem: attraktives Arbeitsplatzangebot, Einmündungs-, Teilhabe- und Entwicklungschancen.

Neben Technik und Talenten wird in Sachsen das dritte T immer wichtiger: Toleranz, und wenn man es umschreiben will: Optimismus, Integrationsfähigkeit, Weltoffenheit, soziale Lebensart, Humor und Weitsicht[1]. All das hatte Sachsen in seinen guten historischen Phasen noch immer ausgezeichnet.

Abbildung 10: Demografische Chance statt demografischer Falle

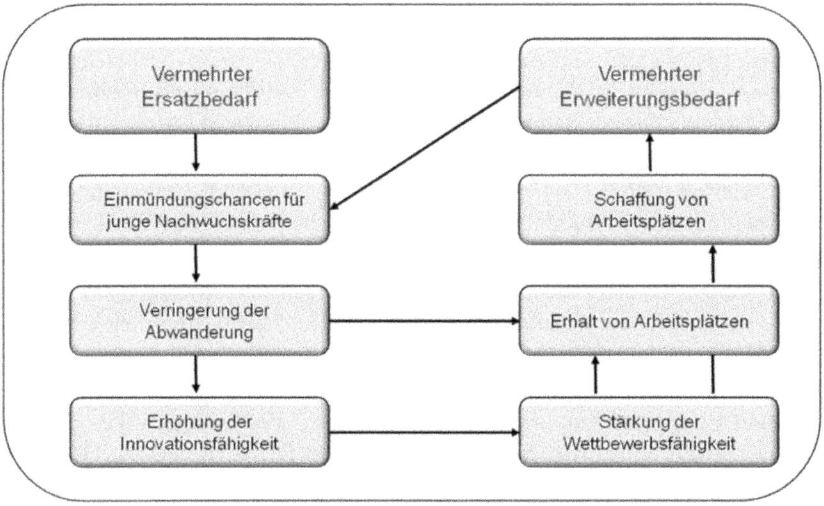

Quelle: eigene Darstellung.

6. Zusammenfassung

Nach eingehender Betrachtung der demografischen Entwicklung sowie des Arbeitsmarktes des Bundeslandes kann festgestellt werden, dass Sachsen trotz vermeintlicher Schwierigkeiten wie Abwanderung, Fachkräftemangel und (zurückgehender) Arbeitslosigkeit immer noch und schon wieder ein sehr attraktives Bundesland ist. Positive Entwicklungen sind in den Bereichen der Geburtenrate, der Verfügbarkeit von Ausbildungsplätzen und der zunehmenden Beschäftigungsquote zu verzeichnen, was dem gesamten Arbeitsmarkt- und der Wirtschaftsentwicklung

1 So jedenfalls die einflussreiche These des amerikanischen Ökonomen Richard Florida, der auf die hohe Bedeutung von Toleranz gerade gegenüber Randgruppen für die Herausbildung kreativer Milieus hinweist.

Ostdeutschlands zugutekommt. Obwohl Sachsen einige Herausforderungen, wie zum Beispiel die Bewältigung der demografischen Hypotheken, zu bewältigen hat, so hat das Land in der Vergangenheit schon oft bewiesen, dass jedes Problem durch eine gute Strategie, kluge Politik und harte Arbeit gelöst werden kann.

Literaturverzeichnis

Behr, Michael (2000a) Ostdeutsche Arbeitsspartaner. Die politische Meinung. Monatsschrift zu Fragen der Zeit, Nr. 369, August 2000, S. 27–38.

Behr, Michael (2000b) Tradition und Dynamik, Beschäftigungsmuster, Rekrutierungsstrategien und Ausbildungsverhalten im Prozess der betrieblichen Konsolidierung, in: Burkart Lutz, et al. (Hrsg.): Bildung und Beschäftigung in Ostdeutschland. Band 1, Berlin: Berliner Debatte Wissenschaftsverlag, S. 87–146.

Behr, Michael (2003) Die Unternehmen in Ostdeutschland – zwischen Generationenfalle und Fachkräftemangel, in: Sächsische Hefte, Heft 3/2003, S. 5–13.

Behr, Michael (2009) Planungsparadoxien im gesellschaftlichen Transformationsprozess. Ostdeutschland als prognostisches Dauerproblem, in: Mittelweg 36. Zeitschrift des Hamburger Instituts für Sozialforschung, Heft 6/2009, S. 64–81.

Behr, Michael (2014) Das Ende des Arbeitsspartaners – Die ostdeutsche Gesellschaft ist geprägt von „entbehrungsfreudigen" Beschäftigten. Für die Zukunft taugt das nicht, in: Berliner Republik. Das Debattenmagazin, Heft 5/14, S. 41–45.

Behr, Michael; Engel, Thomas; Hinz, Andreas (2008) Blockierte Modernisierung ostdeutscher Unternehmenskulturen als Standortrisiko. Wie die Erosion des Nachwendepaktes die weitere Konsolidierung der Industrie gefährdet. In: Rainer Benthin / Ulrich Brinkmann (Hrsg.): Unternehmenskultur und Mitbestimmung. Betriebliche Integration zwischen Konsens und Konflikt, Frankfurt: Campus, S. 259–283.

Best, Heinrich, et al. (2015) Politische Kultur im Freistaat Thüringen. Ergebnisse des Thüringen-Monitors 2015, herausgegeben von der Thüringer Staatskanzlei.

Fachkräfteperspektive Thüringen 2025. Abschätzung des Arbeitskräftebedarfs in Thüringen bis zum Jahr 2025. Studie im Auftrag des Thüringer Arbeitsministeriums 2013.

IAB Betriebspanel (http://www.iab.de/de/erhebungen/iab-betriebspanel.aspx/).

IHK Leipzig (2015) Statistischer Bericht: I. Quartal 2015 (www.leipzig.ihk.de).

Nadler, Robert; Wesling, Mirko (2013) Zunehmende Rückwanderung von Arbeitskräften nach Ostdeutschland (http://aktuell.nationalatlas.de).

Statistisches Bundesamt (2015) Durchschnittsalter in den Bundesländern 2014 (https://www.destatis.de/DE/ZahlenFakten/GesellschaftStaat/Bevoelkerung/Bevoelkerungsstand/Bevoelkerungsstand.html).

Statistisches Landesamt des Freistaates Sachsen (2015) Demografische Entwicklung: Entwicklungstrends (http://www.demografie.sachsen.de/21742.htm).

Ralph Wrobel

Der Deutsche Arbeitsmarkt zwischen Fachkräftemangel und Immigration: Ordnungspolitische Perspektiven in der Flüchtlingskrise

1. Immigration als Thema der Ordnungspolitik

Alleine im Jahre 2015 sind etwa 1,1 Mio. Menschen als Bürgerkriegsflüchtlinge und Asylsuchende nach Deutschland eingewandert, Das ist die höchste Zahl seit 1950.[1] Damit ist Deutschland endgültig zum Einwanderungsland geworden. Allerdings mangelt es immer noch an einer umfassenden Regulierung der Einwanderung durch ein transparentes, an ordnungsökonomischen Ansätzen orientiertes Einwanderungsgesetz. Die derzeitige Immigration nach Deutschland verläuft deshalb chaotisch und ungeordnet. Andererseits werden in Deutschland immer mehr Probleme der demografischen Entwicklung und des Fachkräftemangels diskutiert. Es stellt sich daher die Frage, welche Beitrag die Ordnungsökonomik zur Lösung dieser Probleme leisten kann.

In der klassischen Literatur der deutschen Ordnungsökonomik finden sich kaum Bemerkungen über die Wanderung von Arbeitskräften und Migration. So stellt Walter Eucken zwar die Bedeutung von offenen Märkten für die Wettbewerbsordnung ausführlich dar, erwähnt aber die Wanderung von Arbeitskräften mit keinem Wort.[2] Lediglich Walter Röpke, widmet dem Thema in seinem 1945 erschienenen Werk „Internationale Ordnung“ ein ganzes Kapitel. Darin drückt er erstmalig das Spannungsfeld zwischen Freiheit und Ordnung der internationalen Wanderungen aus ordnungsökonomischer Sicht aus. So soll grundsätzlich Freiheit der Wanderung herrschen:

> „Das wirksamste Mittel, international Unterschiede des Bevölkerungsstatus auszugleichen und damit das internationale Bevölkerungsproblem zu lösen, besteht zweifellos darin, alle Aus- und Einwanderungsschranken aufzuheben und so die völlige Freizügigkeit der Menschen über den ganzen Erdball hin herzustellen.“[3]

1 Vgl. BMI (2016).
2 Vgl. Eucken (1950), S. 264 – 270.
3 Röpke (1945), S. 153.

Dabei bezieht sich Röpke aber auf das damals relevante Problem der Überbevölkerung und Emigration.[4] Die modernen Probleme der demografischen Lücke und des Fachkräftemangels, wie sie heute diskutiert werden, sind ihm noch fremd. Obwohl er aus ökonomischer Sicht eine freie Wanderung von Arbeitskräften bevorzugt, sieht er jedoch auch berechtigte Schranken:

> „...jedes Land wird das Recht haben müssen, seine geistige und politische Tradition vor einem Zustrom von Einwanderern zu schützen, die sie durch Assimilationsunfähigkeit oder schon durch ihre bloße Masse in Frage stellen könnten."[5]

Wie Röpke in einer späteren Ausgabe seines Werkes weiter schreibt, besteht im Falle von Massenmigration nicht nur das Recht, sondern sogar die Verpflichtung eines jeden Staates diese Zuwanderung in qualitativer Hinsicht zu kontrollieren, um das geistige Erbe, die politischen Traditionen, den ethischen und sprachlichen Charakter sowie die soziale Struktur zu schützen.[6] Im Gegensatz zum internationalen Handel, der grundsätzlich immer und in jedem Maße wünschenswert ist, ist die Wanderung von Menschen daher anders zu beurteilen. Sie steht offensichtlich in einem Konflikt zwischen ökonomischer Effizienz des internationalen Ausgleichs von Arbeitskräften einerseits und dem Problem einer kulturellen und sozialen Integration von Zuwanderern.

Betrachtet man die praktische Ordnungspolitik in der frühen Bundesrepublik, fällt ebenso auf, dass sich trotz der jahrhundertealten Aktualität des Themas Migration niemand intensiv mit der Thematik beschäftigt hat. Das mag an der Zeit und ihren besonderen Umständen gelegen haben. Erst die Jahre 1945/46 brachten erste große Wanderungsströme aus dem Osten nach Westdeutschland, denn durch die Vertreibung der Deutschen aus den Ostgebieten des Deutschen Reiches kam es zu einer Bevölkerungsverschiebung von mehreren Millionen Menschen.[7] Dies war aber eine erzwungene Wanderung. Dann, nach dem Wiederaufbau, in der Zeit des Wirtschaftswunders wurden nicht nur Zuwanderer aus der DDR in der Bundesrepublik willkommen geheißen, sondern seit 1955 auch sog. „Gastarbeiter" aktiv angeworben. Doch auch für Ludwig Erhard stellte die Anwerbung derselben nur eine kurzfristige Maßnahme dar, um durch die Anwerbung billiger Arbeitskräfte das Lohnniveau niedrig zu halten. Der Zweck war also nicht die Organisation einer nachhaltigen Zuwanderung, sondern eine temporäre Überbrückung konjunktureller und demografischer Engpässe. Die Angeworbenen sollten zudem v.a.

4 Vgl. Straubhaar (2005), S. 280.
5 Röpke (1945), S. 155.
6 Vgl. Röpke (1959), S. 147–148.
7 Vgl. BMI (2014), S. 12.

weniger attraktive und schlechter bezahlte Tätigkeiten übernehmen.[8] Deutschland wurde explizit nicht als Einwanderungsland gesehen.

Wie wir heute wissen, ist internationale Wanderung von Arbeitskräften grundsätzlich wirtschaftlich effizient, da sie zu einer international optimalen Allokation des Produktionsfaktors Arbeitskraft führt.[9] Gerade die Migration von qualifizierten Arbeitskräften stellt dabei einen Gradmesser für die Attraktivität von gesellschaftlichen Systemen dar.[10] Für Deutschland könnte Immigration von Qualifizierten im Zeitalter des demografischen Wandels und eines immer häufiger angesprochenen Fachkräftemangels sogar enorme Vorteile bedeuten. Wie Straubhaar (2002, S. 111) deutlich macht, ist eine nationale Isolierung von Arbeitsmärkten im Zeitalter der Globalisierung ohnehin nur noch ein „Anachronismus".

Dennoch kann eine massenhafte internationale Wanderung von Menschen nicht das Ziel der Wirtschaftspolitik sein, denn Wanderung führt parallel auch zu Kosten, nicht nur für die Wandernden selber, sondern auch für die Menschen abgebenden sowie die aufnehmenden Gesellschaften. Es ist deshalb Ziel dieser Arbeit zu untersuchen, inwieweit die derzeitige Immigration nach Deutschland überhaupt einen positiven Effekt in Bezug auf Probleme wie die demografische Entwicklung und den Fachkräftemangel hat, oder ob sie eher eine Belastung für die Gesellschaft darstellt. Dafür werden nach einer kurzen Analyse des deutschen Arbeitsmarktes die Chancen und Risiken der derzeitigen Wanderungsströme untersucht. Abschließend wird versucht, auf Basis ordnungsökonomischer Überlegungen einen Rahmen für die Zuwanderung nach Deutschland zu entwickeln, der zukünftig eine möglichst freie aber regelgebundene Wanderung ermöglicht.

2. Fachkräftemangel und demografische Lücke – der deutsche Arbeitsmarkt

Allgemein lässt sich ein Fachkräftemangel als ein Aufeinandertreffen einer hohen Stellenvakanz mit gleichzeitig niedriger Arbeitslosenquote definieren.[11] (Vgl. Abb. 1) Zwar liegt in Deutschland derzeit die Arbeitslosenquote auf einem historischen Tiefstand, von Vollbeschäftigung ist das Land jedoch noch immer weit entfernt. Der Stellenindex der Bundesagentur für Arbeit (BA-X) – ein Indikator für die Nachfrage nach Arbeitskräften in Deutschland – ist seit Oktober 2015 von 202 Punkten allerdings auf 227 Punkte im März 2017 gestiegen. Die BAA

8 Vgl. Teymouri (2012), S. 110–111.
9 Vgl. Straubhaar (2005), S. 283.
10 Vgl. dazu z.B. die grundlegende Arbeit von Hirschman (1974).
11 Vgl. Constant / Tien (2011), S. 11.

begründet das mit einer positiven Grundtendenz der Konjunktur und einer damit verbundenen Suche von Unternehmen nach neuen Mitarbeiterinnen und Mitarbeitern. Ebenso würden die verbesserten Beschäftigungschancen zu einem häufigeren Arbeitsplatzwechsel der Beschäftigten und einer höheren Vakanz bei der Stellenbesetzung führen.[12]

Abb. 1: Definition von Fachkräftemangel

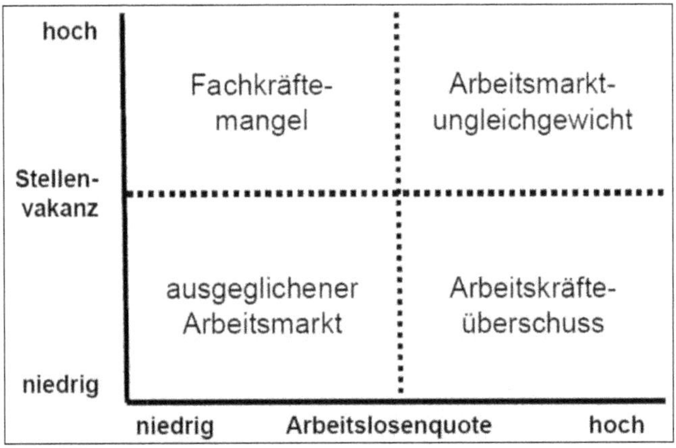

Quelle: Constant / Tien (2011), S. 12.

Ein flächendeckender Fachkräftemangel ist somit derzeit in Deutschland nicht zu beobachten. Anzeichen für einen grundlegenden Fachkräftemangel wäre ein sichtbarer Reallohnanstieg. Die allgemeine Lohnentwicklung ist aber in den letzten Jahren in Deutschland weit hinter der in den meisten anderen EU-Ländern zurückgeblieben. Auch der relativ hohe Anteil zeitlich befristeter Arbeitsverhältnisse junger Arbeitnehmer zeigt, dass die Konkurrenz um den qualifizierten Nachwuchs in den letzten Jahren nicht sehr intensiv war.[13] Im Jahre 2014 konnte ein Reallohnanstieg zwar beobachtet werden, auffällige Lohn- oder Gehaltssprünge in einzelnen Branchen, die auf einen Fachkräftemangel hinweisen würden, konnten dabei aber nicht beobachtet werden.[14]

---

12 Vgl. BAA (2015) und BAA, (2017).

13 Vgl. Bosch et al. (2011), S. 584.

14 Vgl. Vollmer (2015), S. 32.

Der deutsche Arbeitsmarkt befindet sich hingegen in einer besonders robusten Verfassung. Wie Abb. 2 zeigt, ist die Arbeitslosenquote in Deutschland seit 2005 von 11,7% auf 6,1% im Jahr 2016 zurückgegangen und hat damit den niedrigsten Stand seit Jahrzehnten erreicht. Da sich Deutschland seit einiger Zeit in einer Phase guter konjunktureller Entwicklung befindet, ist es zudem normal, dass das Verhältnis von Vakanzen zu Arbeitssuchenden deutlich ansteigt. Die Ursachen für die in den letzten Jahren vermehrt auftretenden Spannungen im deutschen Arbeitsmarkt sind daher konjunktureller und struktureller Natur, als auf den demografischen Wandel zurückzuführen. Das Arbeitsangebot sinkt noch nicht in Deutschland, ganz im Gegenteil, aufgrund steigender Erwerbsbeteiligung von Frauen und Älteren sowie zunehmender Immigration ist es sogar auf einen historischen Höchststand gestiegen.[15] Die Zahl der sozialversicherungspflichtig Beschäftigten stieg so z.B. zwischen 1999 und 2014 von 27.418.361 auf 30.174.505, also um fast 3 Mio. Beschäftigte an. (Vgl. Abb. 3)

Abb. 2: Arbeitslosenquote in Deutschland 1992–2016 in %

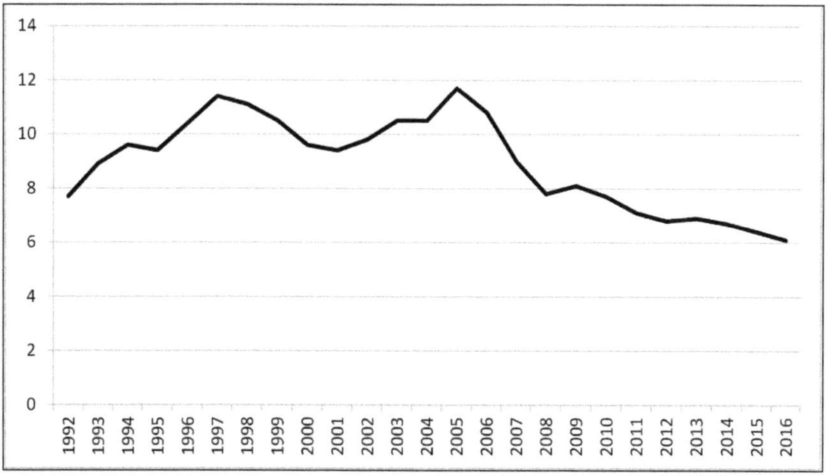

Quelle: Destatis (online: https://www.destatis.de/DE/ZahlenFakten/Indikatoren/LangeReihen/Arbeitsmarkt/lrarb001.html, Zugriff am 9.6.2017)

15 Vgl. Brücker et al. (2013), S. 8.

Abb. 3: Sozialversicherungspflichtig Beschäftigte in Deutschland 1999–2014

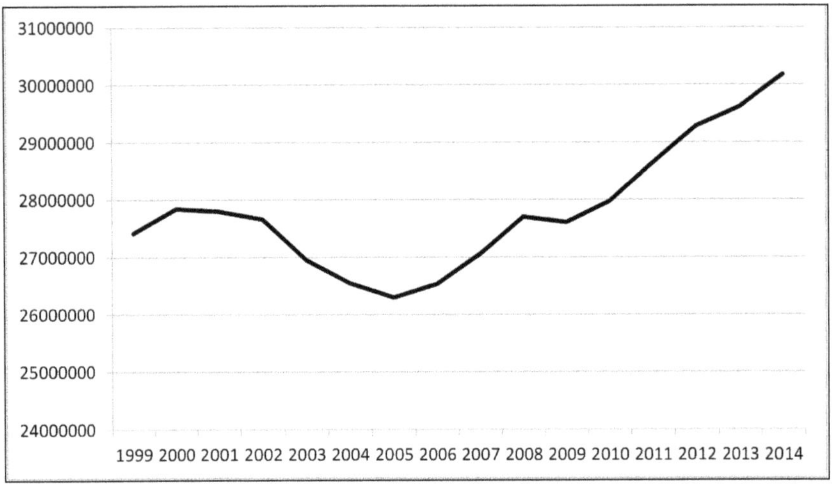

Quelle: Destatis (online: https://www.destatis.de/DE/ZahlenFakten/GesamtwirtschaftUmwelt/Arbeitsmarkt/Erwerbstaetigkeit/TabellenBeschaeftigungsstatistik/Insgesamt.html, Zugriff am 13.11.2015)

Dennoch kann bei einer hohen Arbeitslosenquote gleichzeitig auch ein Fachkräftemangel bestehen. Aufgrund von Informations- und Suchkosten sowie andere Friktionen kommt es zu einem sektoralen oder regionalen „Mismatch", einem Ungleichgewicht auf dem Arbeitsmarkt.[16] So lassen sich Tendenzen zu einem Fachkräftemangel in Deutschland derzeit durchaus nachweisen. Engpässe gibt es allerdings erst in einigen Branchen und Regionen. Wie Demary / Seyda (2013) zeigen, kann ein Fachkräftemangel seit einiger Zeit in verschiedenen Gesundheitsberufen (z.B. Ärzte, Kranken- und Altenpfleger) aber auch in Berufen mit technischem Hintergrund (z.B. Maschinen- und Fahrzeugtechnik) ausgemacht werden. Auch in verschiedenen Regionen Ostdeutschlands besteht aufgrund der Abwanderung junger Fachkräfte zunehmend ein Mangel. In anderen Bereichen, z.B. dem der Sozial- und Geisteswissenschaftler, besteht hingegen sogar ein Fachkräfteüberschuss.[17] Eine hohe Anzahl offener Stellen muss jedoch nicht gleich einen Fachkräftemangel widerspiegeln, sondern kann durchaus

16 Vgl. Bosch et al. (2011), S. 587.
17 Vgl. Vollmer (2015), S. 20.

auch ein Indikator schlechter Arbeitsbedingungen oder unzureichender Lohnangebote sein.[18]

Dies kann jedoch nicht als Entwarnung interpretiert werden. So ist zwischen kurzfristigen Problemen bei der Besetzung offener Stellen und den langfristigen Phänomenen des demografischen Wandels zu unterscheiden. Wie die Statistiken deutlich machen, ist Deutschland seit Jahren durch eine zunehmende demografische Lücke gekennzeichnet. Während im Jahr 1964 auf dem Höhepunkt des Babybooms der Nachkriegsjahre noch 1.357.304 Kinder in Deutschland geboren wurden, ist die Zahl im Jahre 2013 auf 682.069 gesunken. Seit 1972 hat es auf dem Territorium des wiedervereinigten Deutschlands zudem in jedem Jahr mehr Sterbefälle als Geburten gegeben. Diese Entwicklung schlägt sich auch bereits auf den Ausbildungs- und Arbeitsmarkt durch. Da die geburtenstarken Jahrgänge der 1950er und 60er Jahre in absehbarer Zeit das Rentenalter erreichen werden, stellt sich somit die Frage, wie eine Fachkräftebasis in Deutschland langfristig erhalten werden kann.[19] Gemäß Berechnungen des Economix-Instituts wird Deutschland unter den heutigen Bedingungen bis 2050 einen Rückgang der Erwerbspersonen um ca. 8 Mio. zu verzeichnen haben. Parallel wird die Alterung der Erwerbspersonen rasch voranschreiten. Nur bei einem stetigen Anstieg der Geburtenziffern auf 1,9 Kinder pro Frau, einer kontinuierlichen Zuwanderung von etwa 200.000 Personen pro Jahr sowie einem weiteren Anstieg der Erwerbsbeteiligung von Frauen und Älteren ließe sich diese Tendenz deutlich verringern.[20]

In einem Bericht aus dem Jahre 2013 zeigt die OECD z.B. auf, dass in Deutschland in den nächsten beiden Dekaden in den von KMU geprägten Gesundheits- und Handwerkssektoren Fachkräfte fehlen werden. Auch die Bundesagentur für Arbeit geht davon aus, dass bis 2025 ein Fachkräftebedarf in Höhe von 5,4 Mio. Menschen in Deutschland entstehen wird, von denen 800.000 aus dem Ausland gewonnen werden sollten.[21] Aufgrund unterschiedlicher demografischer Entwicklungen in einzelnen Regionen Deutschlands wird der zu befürchtende Fachkräftemangel auch regional sehr unterschiedlich ausfallen. So sind Trennlinien zwischen West- und Ostdeutschland, städtischen Zentren und ländlichen Regionen sowie zwischen Bayern und Baden-Württemberg sowie den restlichen westdeutschen

18 Vgl. Bosch et al. (2011), S. 584.
19 Vgl. Vollmer (2015), S. 16.
20 Vgl. Vogler-Ludwig et al. (2015), S. 19.
21 Vgl. OECD (2013), S. 42–47.

Flächenstaaten erkennbar.[22] Ein Fachkräftemangel – so wie er derzeit bereits in einigen Regionen und Branchen wahrgenommen wird – kann in Deutschland damit mittelfristig auch in anderen Bereichen erwartet werden.

Hierbei stellt sich natürlich die Frage, ob ein Rückgang der Wohn- und Arbeitsbevölkerung in Deutschland überhaupt ein Problem darstellt. Würden die Pro-Kopf-Einkommen weiter steigen, könnte die gesamte Problematik vernachlässigt werden. Es besteht jedoch die Gefahr einer Negativspirale. Diese könnte durch den Restrukturierungsbedarf der Wirtschaft und eine Verlagerung von Produktionsstätten ins Ausland ausgelöst werden, was wiederum eine Abwanderung leistungsfähiger Arbeitskräfte ins Ausland zu Folge hätte. Spätestens dann käme auch das deutsche Sozialversicherungssystem ins Wanken. Das alles könnte einen schwierigen und konfliktreichen Anpassungsprozess mit sich bringen. Wie das Beispiel Japan zeigt, lassen sich dann auch Innovationsvorsprünge nicht unbedingt halten.[23] Letztendlich ist eine solche Negativspirale natürlich nicht sicher, ebenso wie die langfristigen Auswirkungen des demografischen Wandels sich kaum seriös voraussagen lassen. Vor dem Hintergrund der demografischen Entwicklung in Deutschland sind wirtschaftspolitische Maßnahmen jedoch in jedem Fall zu diskutieren, um einem zukünftigen Fachkräftemangel entgegenzuwirken. Dabei ist insbesondere der Zuwanderung große Aufmerksamkeit zu widmen.

3. Immigration

3.1 Immigration nach Deutschland

Neben 9,5 Mio. Vertriebenen und 3,5 Mio. Spätaussiedlern nahm die Bundesrepublik Deutschland in den vergangenen Jahrzehnten auch mehrere Millionen Ausländer auf. Dazu gehören v.a. die „Gastarbeiter“ und ihre Familien. Dem ersten Anwerbeabkommen mit Italien im Jahre 1955 folgten bis 1968 Abkommen mit fünf weiteren Ländern Südeuropas sowie der Türkei und Marokko. Diese Zuwanderungswelle endete mit dem Anwerbestopp im Jahre 1973. Ab Ende der 1980er Jahre nahm dann der Zuzug von Asylsuchenden an Bedeutung zu.[24] Im Jahre 2014 lebten gemäß Ausländerzentralregister (AZR) etwa 7,6 Millionen

---

22 Vgl. Vogler-Ludwig et al. (2015), S. 20.

23 Vgl. ebd., S. 161.

24 Vgl. BMI (2014), S. 13–14. Zu den Anwerbeverträgen sowie dem Anwerbestopp 1973 vgl. auch Hinte (2012), S. 3–4.

Ausländer in Deutschland. Ihr Anteil betrug damit etwas weniger als 10% der Gesamtbevölkerung.[25] Deutschland ist damit faktisch seit 1945 ein Einwanderungsland. Zumindest in den letzten Jahren stellt sich Deutschland auch als typisches Einwanderungsland für Arbeitsmigranten dar. Die Wirtschaftskrise in den südlichen EU-Ländern, die Öffnung der Arbeitsmärkte für Zuwanderer aus den neuen EU-Mitgliedssaaten im Osten Europas wie auch die besonders günstige Beschäftigungsentwicklung im Land haben sowohl die Push als auch die Pull Kräfte auf die Migrationsströme verstärkt, was zu einer erneuten Einwanderungswelle geführt hat. Im Jahre 2011 wurde zudem die vollständige Arbeitnehmerfreizügigkeit für Osteuropäer aus der EU eingeführt, für Bulgaren und Rumänen kam sie 2014.[26] Alleine zwischen 2010 und 2013 sind per Saldo 1,2 Millionen zusätzliche Menschen eingewandert, von denen ca. eine Million im Alter von 18 bis 65 waren. Etwa 700.000 von ihnen standen dem Arbeitsmarkt auch tatsächlich zur Verfügung.[27] Die meisten Personen mit Migrationshintergrund stammten 2012 aus der Türkei (18,3%), Polen (9,4%) sowie der Russischen Föderation (7,4%), gefolgt von anderen Ländern aus Süd- und Osteuropa.[28]

Neben der Zuwanderung aus anderen EU-Staaten innerhalb des Binnenmarktes gewinnt dabei die Zuwanderung aus den sog. Drittstaaten immer mehr an Bedeutung, insbesondere auch deshalb, weil sie durch Anpassung rechtlicher Rahmenbedingungen gesteuert werden könnte.[29] Im Jahre 2015 eskalierte die Zuwanderung nach Deutschland in Form von Flüchtlingsströmen aus Syrien, Afghanistan, Afrika und den Westbalkanstaaten. Diese Zuwanderungswelle kann auf wirtschaftliche Gründe, wie unterschiedliche Pro-Kopf-Einkommen, aber v.a. auch auf politische Einflüsse, wie den Bürgerkrieg in Syrien, mangelnde Rechtssicherheit und Stabilität, unzureichenden Minderheitenschutz oder fehlende Freiheitsrechte in vielen Staaten der Welt zurückgeführt werden.

25 Vgl. BMI (2014), S. 29.
26 Vgl. Brenke / Neubecker (2013), S. 6–11.
27 Vgl. Vollmer (2015), S. 18.
28 Vgl. Gathmann et al. (2014), S. 166.
29 Vgl. Vollmer (2015), S. 5.

Abb. 4: Zu- und Abwanderung in Deutschland 1991–2015

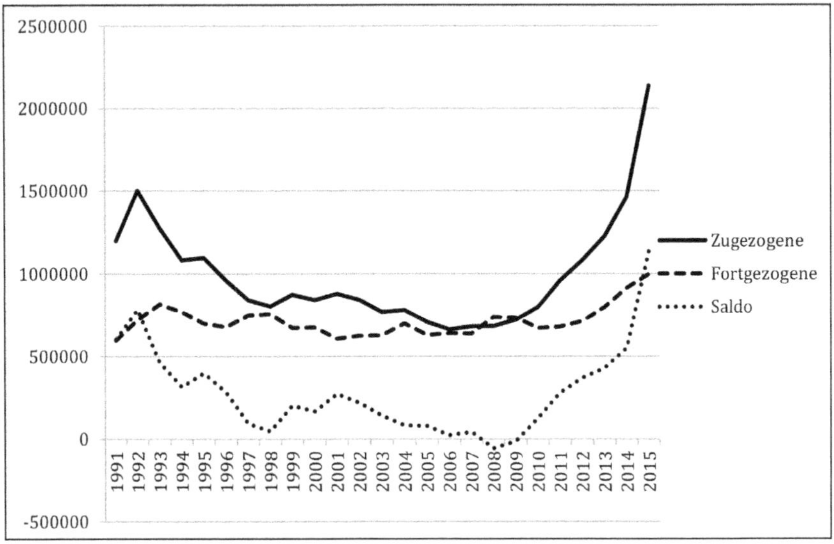

Quelle: Destatis (online: https://www.destatis.de/DE/ZahlenFakten/GesellschaftStaat/Bevoelkerung/Wanderungen/Tabellen/WanderungenAlle.html, Zugriff: 9.6.2017.)

Bereits seit 2009 steigt die Anzahl der Zuwanderer nach Deutschland deutlich an (vgl. Abb. 4) Bis 2014 waren die meisten Zuwanderer aber Europäer oder sogar EU-Bürger. 2014 wanderten z.B. insgesamt 1.149.045 Personen nach Deutschland ein. Davon kamen die meisten aus Rumänien (156.440 Personen), Polen (143.760), Bulgarien (63.140), Ungarn (48.063) und Italien (43.676). Diesen Einwanderern standen gerade einmal 69.658 syrische Bürgerkriegsflüchtlinge gegenüber. Syrien nahm damit im Jahr 2014 nur den dritten Platz unter den Herkunftsländern der Zuwanderer ein.[30] Im Verlauf des Jahres 2015 sind – neben der EU-Binnenwanderung – ca. 1,1 Million Menschen als Asylsuchende nach Deutschland eingewandert. Seitdem werden sie systematisch erfasst. Ein großer Teil von ihnen konnte direkt nach der Einreise keinen Asylantrag stellen.[31] Das BAMF registrierte dementsprechend in diesem Jahr bis inkl. November insgesamt nur 425.035 Asylanträge (davon 392.028 Erstanträge). Im Zeitraum von Januar bis November 2015 wurden vom BAMF davon nur 240.058 Entscheidungen gefällt. Dabei lag

30 Vgl. BAMF (2015c), S. 73.
31 Vgl. Gutschker (2015), FAZ (2015) und BMI (2016).

die Gesamtschutzquote – als Flüchtling (§ 3 Abs. 1 AsylG, Art. 16 a GG) für alle Herkunftsländer zwar bei 45,8 % (109.905 positive Entscheidungen), insgesamt 355.914 Verfahren waren Ende November 2015 jedoch noch anhängig.[32] Daher bilden die Statistiken des BAMF nur einen Teil der tatsächlichen Zuwanderung im Jahr 2015 ab. Das Bild scheint jedoch einen guten Querschnitt zu bieten:

Abb. 5: Asylbewerberzahlen in Deutschland 2005–2015 – Erst- und Folgeanträge

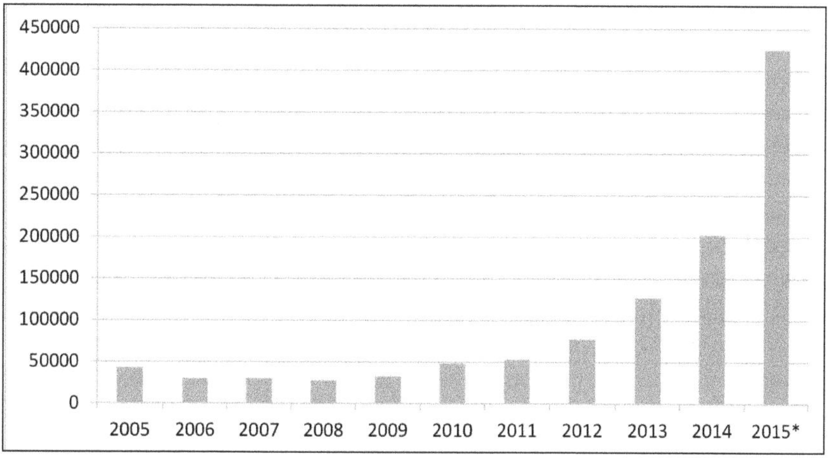

*2015 bis Nov.
Quelle: BAMF (2015b) S. 3

Im Zeitraum Januar bis November 2015 kamen die meisten Asylanträge aus Syrien (132.564 Erstanträge) mit einer Steigerungsrate von 288,2 % gegenüber dem Vorjahr, sowie aus Albanien (51.945 Erstanträge) und dem Kosovo (32.997 Erstanträge), was Steigerungsraten von 644,5 % bzw. 503,9% gegenüber dem Vorjahr entspricht. Im Verlauf des Jahres kam es allerdings zu starken Verschiebungen der Herkunftsländer. So standen im November 2015 weiterhin Syrien mit über 30.000 Erstanträgen an erster Stelle der Herkunftsländer von Asylbewerbern, gefolgt von Afghanistan mit ca. 5.000 und dem Irak mit ca. 4.400 Menschen. Die Asylsuchenden aus den sog. Westbalkanländern (Albanien, Serbien, Mazedonien, Kosovo, Bosnien und Herzegowina, Montenegro) nahmen hingegen deutlich ab. Dies wird mit der geringen Anerkennungsquote für Asylbewerber aus diesen Ländern (0,0–0,4%) zusammenhängen, welche langsam auch in die Länder

32 Vgl. BAMF (2015a), S. 5–7.

hineinkommuniziert wird.[33] Die Struktur der Zuwanderung hat sich demnach im Jahr 2015 massiv verändert, auch wenn noch keine endgültigen Zahlen vorliegen. Wie auch immer, die derzeitige Immigration nach Deutschland kann als der beste empirische Beleg für die relative Attraktivität Deutschlands im Wettbewerb um mobile Produktionsfaktoren angesehen werden.

3.2 Chancen und Risiken der Zuwanderung

3.2.1 Chancen: Struktur der Zuwanderung und ihre Effekte

Grundsätzlich sind Arbeitskräftewanderungen aus ökonomischer Sicht zunächst einmal positiv zu bewerten, da sie zu einem Ausgleich des weltweiten Arbeitsangebots führen. Damit ist Migration ein Arbitragephänomen, das dazu beiträgt, Lohnunterschiede auf den Märkten auszugleichen. Immigration führt aus makroökonomischer Sicht zur Stabilität des Lohnniveaus, erhöht aber zugleich die Beschäftigung und Nachfrage. Damit stellt sich die freie Wanderung als notwendige Bedingung für das Wachstum des Sozialproduktes in einer Volkswirtschaft dar.[34] Da Zuwanderer den Pool an Humankapital erhöhen, steigt die Kapitalrentabilität, was wiederum zu Wirtschaftswachstum führt. Zuwanderer bringen zudem Vielfalt und stärken damit die Innovationsfähigkeit eines Landes, Fachkräfte stärken die wirtschaftliche Entwicklung und schaffen damit zusätzliche Arbeitsplätze und Wachstum.[35] Dies ist der Multiplikatoreffekt der Zuwanderung. Einheimische profitieren daher auch von Zuwanderung, allerdings betrifft dies die Bezieher höherer Einkommen tendenziell eher als die von geringen Einkommen oder Zuwanderer früherer Generationen.[36]

Aus arbeitsmarktpolitischer Sicht kann Immigration zudem als schnell wirkende arbeitsmarktpolitische Therapie verstanden werden, die den Arbeitskräftebedarf einer Volkswirtschaft kurzfristig zu decken hilft. Damit verlangsamt sie aber einen vielleicht notwendigen Strukturwandel. Man kann Zuwanderung daher auch als eine „Droge" für schrumpfende Gesellschaften verstehen. Für diese ist es einfacher das notwendige Humankapital zu importieren, als es selber herzustellen.[37] Wie aus den Zahlen des BAMF bzgl. der Asylerstantragsteller aus dem Jahr 2015 hervorgeht ist die überwiegende Zahl der Immigranten sehr jung oder jung. (Tab. 1) Gut ein Viertel (26,3%) ist unter 16 Jahren alt, insgesamt

33 Vgl. BAMF (2015a), S. 7 und BAMF (2015b), S. 5.
34 Vgl. Straubhaar (2005), S. 283–284.
35 Vgl. Zimmermann (2011), S. 5.
36 Vgl. Gathmann et al. (2014), S. 163–167.
37 Vgl. Vogeler-Ludwig et al. (2015), S. 165.

29,3% sind zwischen 16 und unter 25. Insgesamt sind ca. 70% jünger als 30 Jahre. Dem stehen lediglich 0,5% Menschen über 65 Jahren, also im Rentenalter, gegenüber.

Tab. 1: Asylerstanträge Januar bis November 2015 nach Altersgruppen

Altersgruppe	**absolut**	**in %**
bis unter 16 Jahren	103.107	26,3%
von 16 bis unter 18 Jahren	17.964	4,6%
von 18 bis unter 25 Jahren	97.000	24,7%
von 25 bis unter 30 Jahren	60.070	15,3%
von 30 bis unter 35 Jahren	41.826	10,7%
von 35 bis unter 40 Jahren	27.922	7,1%
von 40 bis unter 45 Jahren	18.113	4,6%
von 45 bis unter 50 Jahren	11.316	2,9%
von 50 bis unter 55 Jahren	6.657	1,7%
von 55 bis unter 60 Jahren	3.807	1,0%
von 60 bis unter 65 Jahren	2.101	0,5%
65 Jahre und älter	2.145	0,5%
Insgesamt	392.028	100,0%

Quelle: BAMF (2015b) S. 10.

Die registrierten Asylbewerber des Jahres 2015 bringen somit eine hervorragende Altersstruktur mit nach Deutschland. Der ganz überwiegende Teil ist so jung, dass er in Deutschland seine Schul- und Berufsausbildung durchmachen, ein Leben lang Steuern und Sozialabgaben zahlen kann, bevor er selber in Rente geht. Diese Zuwanderung kann demnach helfen, das Schrumpfen der deutschen Bevölkerung zu verlangsamen, komplett verhindern kann sie es aber auch nicht. Der kurzfristige Verjüngungseffekt kann langfristig verpuffen, wenn auch die Zuwanderer älter werden und ihre Geburtenrate nicht dauerhaft über der der autochthonen Bevölkerung liegt. Die Bedeutung der Zuwanderung für die Verjüngung der Bevölkerungsstruktur und die Reduzierung eines möglichen Fachkräftemangels wird daher häufig überschätzt.[38]

Auch verteilt sich der Zugewinn durch die Immigration in der Gastgesellschaft u.U. ungleich. Deshalb wird häufig befürchtet, dass es durch Zuwanderung auf dem Arbeitsmarkt zu Verdrängungseffekten für einzelne Mitglieder der Gesellschaft kommen kann. Außerdem könnte es durch die Zuwanderung zu einer

38 Vgl. Straubhaar (2013), S. 318–319.

erhöhten Konkurrenz um Sozialleistungen und öffentliche Güter zwischen der autochthonen und der zuwandernden Bevölkerung kommen.[39] Wie bereits Röpke (1959, S. 143) deutlich macht, ist die Meinung, dass Immigration zu konkreten Lohnsenkungen und erhöhter Arbeitslosigkeit führen muss, aber ein Irrtum. Dieser beruht auf der Prämisse, dass das Arbeitsangebot eine fixe Größe sei, welche wie ein „Kuchen" unter den Beteiligten verteilt werden könnte. Stattdessen ist zu sehen, dass dieser „Kuchen" durch die zusätzliche Nachfrage der Immigranten auch vergrößert werden kann. Eine starke Senkung des Lohnniveaus in Deutschland ist durch die Zuwanderung somit nicht zu erwarten. Wie Berechnungen auf Basis von Wanderungsdaten der 1980er und 1990er Jahre ergeben haben, führt eine Steigerung der Einwanderung um 1% der Erwerbsbevölkerung – was einer Nettozuwanderung von ca. 400.000 Menschen entspricht – gerade einmal zu einer kurzfristigen Verringerung des Durchschnittslohns um 0,1%.[40] Werden gezielt Fachkräfte mit Engpassqualifikationen für den deutschen Arbeitsmarkt gewonnen, ist bereits kurzfristig mit positiven Effekten der Zuwanderung zu rechnen. Doch auch in anderen Fällen führt Zuwanderung langfristig eher zu einem Steigen der Löhne der Autochthonen.[41] Zuwanderung kann daher langfristig auf jeden Fall positiv bewertet werden.

Es kommt daher auf die Qualifikationen der Zuwanderer an. Sind sie eher gut ausgebildet oder in der Lage Lücken im Angebot des deutschen Arbeitsmarktes zu füllen, ist ein positiver Effekt der Zuwanderung zu erwarten. Schlecht oder falsch Qualifizierte könnten hingegen zu einer Konkurrenz für entsprechend qualifizierte Autochthone werden.[42] Im Jahr 2014 kamen insgesamt nur 27.102 Personen, die vom BAMF als „Fachkräfte" oder „Hochqualifizierte" eingestuft wurden, regulär, z.B. über die BlueCard u.ä., nach Deutschland.[43] Interessant ist daher das Ergebnis einer Auswertung von 100.000 Asylanträgen durch das BAMF im Sommer 2015. Da bei der Antragstellung zum Asyl auch Angaben zur Bildung und Ausbildung erfragt werden, konnte das Amt zumindest in einer Stichprobe erste Zahlen herausfinden, die einen Aufschluss über die Qualifizierung der Zuwanderer des Jahres 2015 bieten.

---

39 Vgl. Straubhaar (2005), S. 283–284.

40 Vgl. Gathmann et al. (2014), S. 163–167. Ähnliche Ergebnisse präsentieren Geis / Kemeny (2014), S. 18.

41 Vgl. Geis / Kemeny (2014), S. 18.

42 Vgl. Straubhaar (2013), S. 320–321.

43 Vgl. BAMF (2015c), S. 90.

Tab. 2: Qualifikation von Asylbewerbern 2015 und autochthoner Bevölkerung

Qualifikationsniveau	**Asylbewerber 2015** (Stichprobe von ca. 100.000 Personen)	**Asylbewerber aus Syrien 2015**	**Bevölkerung in Dtl.***
Hochschulabschluss	13,0%	ca. 25 %	18,0%
Gymnasialabschluss	18,0%	ca. 25 %	28,8%
Mittelschulabschluss	30,0%	ca. 25 %	22,7%
Grundschulabschluss	24,0%	ca. 17 %	33,8%
Kein Schulabschluss	8,0%	ca. 8%	3,6%

* in % allgemeiner Schulausbildung, Hochschulabschluss in % nach beruflichem Bildungsabschluss, *Quellen: Stichprobe des BAMF, Ergebnisse zitiert nach Gutschker/Rasche (2015), autochthone Vergleichsgruppe nach Destatis (https://www.destatis.de/DE/ZahlenFakten/GesellschaftStaat/BildungForschungKultur/Bildungsstand/Tabellen/Bildungsabschluss.html (Zugriff am 22.12.2015)*

Aufgrund unterschiedlicher Kategorisierungen sowie aufgrund des Stichprobencharakters der Daten für die Asylbewerber im Jahr 2015 sind die Zahlen in Tabelle 2 nur sehr bedingt vergleichbar. Es fällt aber auf, dass sich unter den Asylbewerbern relativ viele sehr gut bis gut ausgebildete Personen befinden (31% mit Gymnasial- oder Hochschulabschluss), was in etwa der Abiturientenquote unter der deutschen Wohnbevölkerung entspricht. Unter syrischen Asylbewerbern scheint diese Quote mit ca. 50% sogar noch deutlich höher zu sein.[44] Da bei der Erhebung der Daten ca. 60% der Syrer zudem angaben aus guten oder sogar sehr guten wirtschaftlichen Verhältnissen zu stammen, muss man davon ausgehen, dass es gerade die gut ausgebildete Mittelschicht des Landes ist, die nach Deutschland emigriert. Damit kommt es für Syrien zu einem „Brain Drain" und damit zu einer Abwärtsspirale bei der Entwicklung der Bevölkerung abgebenden Gesellschaft. Die Kosten der Emigration für Syrien sind damit kaum abschätzbar.

Insgesamt kann daher gesagt werden, dass die derzeitige Zuwanderung nach Deutschland viele mittel- bis langfristige Chancen enthält. Die Zuwanderer sind überwiegend jung und gut ausgebildet. Damit können sie die demografische Entwicklung der Überalterung zumindest dämpfen und bei entsprechender Ausbildung auch Engpässe auf dem Arbeitsmarkt auszugleichen helfen. Da Zuwanderer

44 Vgl. Gutschker / Rasche, (2015).
Andere Schätzungen, z.B. des ifo-Institutes München, gehen hingegen nur von einem Anteil von 6,0% Hochschulabsolventen aus Syrien aus und weisen zudem auf die in vielen Fällen nicht gleichwertigen Abschlüsse aus den Emigrationsländern hin.

aber eher in wirtschaftlich dynamische Regionen ziehen, ist eine Behebung der demografischen Lücke sowie des Fachkräftemangels in wirtschaftlich schwachen Regionen durch Zuwanderung eher unwahrscheinlich.[45] In der Vergangenheit entschlossen sich z.B. nur ca. 10% der Arbeitsmigranten in Deutschland für die neuen Bundesländer. Gerade in den strukturschwachen Regionen kommt es zudem zu dem Dilemma, dass ausgegrenzte, immobile Deutsche mit geringem Selbstwertgefühl auf leistungsbereite Immigranten treffen. Die daraus entstehende Ausländerfeindlichkeit verstärkt aber noch die bestehenden Standortnachteile.[46]

Zur Beseitigung der Effekte des demografischen Wandels sind deshalb weitere Maßnahmen notwendig. Dazu gehören v.a. eine Familienpolitik, welche die Geburtenrate dauerhaft erhöht, die Integration von bisher nicht Erwerbstätigen, v.a. Frauen und Älteren, sowie die Weiterbildung der vorhandenen Arbeitskräfte. Wie z.B. die Länder Frankreich und Schweden zeigen, ist es durchaus möglich mehr Kinder bei einer gleichzeitig höheren Erwerbsquote von Frauen zu erreichen. Es kommt dabei insbesondere auf weitere Fortschritte bei der Vereinbarkeit von Familie und Beruf als auch auf eine grundlegende Umgestaltung der Familienpolitik darauf an. Erst wenn sich die Zwei- oder Dreikindfamilie zum neuen Leitbild durchsetzt, kann die demografische Lücke langfristig geschlossen werden und der Fachkräftemangel ebenso langfristig verhindert werden.[47] Allerdings kann durch den Multiplikatoreffekt der Zuwanderung mit zusätzlichem Wirtschaftswachstum und zunehmendem Wohlstand gerechnet werden. Die Immigration nach Deutschland hat demnach insgesamt viele positive Effekte.

3.2.2 Risiken: Integration in den deutschen Arbeitsmarkt

Die Integration der Zuwanderer stellt Deutschland kurzfristig aber auch vor große Herausforderungen. Ein geringes Durchschnittsalter und eine hohe Qualifikation im Heimatland sagen nichts über die Möglichkeiten der Integration der Flüchtlinge in den deutschen Arbeitsmarkt und die deutsche Gesellschaft aus. Inwieweit die Ankömmlinge seit 2015 in beiden Bereichen integrierbar sind, hängt von vielen Faktoren ab. Von besonderer Bedeutung sind Kenntnisse in der deutschen Sprache. Das BAMF bietet daher verstärkt Sprach- und Integrationskurse

45 Vgl. Gathmann et al. (2014), S. 159.
46 Vgl. Siegert et al. (2013), S. 3 und 14.
47 Vgl. Vogeler-Ludwig et al. (2015), S. 162.

für „Asylbewerber mit guter Bleibeperspektive", d.h. Personen aus Syrien, Irak, Iran und Eritrea, an. Die Anforderungen an das Lehrpersonal wurden zudem im Spätsommer 2015 herabgesetzt, um mehr Lehrkräfte in den entsprechenden Kursen zur Verfügung zu haben.[48] Ob diese Anstrengungen jedoch ausreichend sind, ist abzuwarten.

Zwar können einzelne Personengruppen, die keine EU-Bürger sind, zu einem Integrationskurs verpflichtet werden, das Erreichen der Ziele des Kurses stehen aber in keinem Zusammenhang mit dem Aufenthaltstitel. Im Zeitraum von 2005 bis 2014 waren so nur 29,9% bis 54,4% der Teilnehmer an Integrationskursen dazu verpflichtet. Im Jahr 2014 konnten immerhin 211.321 Personen an einem Integrationskurs teilnehmen.[49] Wie schwierig und zeitintensiv diese Integrationsarbeit ist, zeigen zudem die Ergebnisse der Sprachtests. Der „Gemeinsame Europäische Referenzrahmen" für den Spracherwerb unterscheidet die Stufen „Elementare Sprachverwendung" (A1: Einstieg, A2: Grundlagen), „Selbständige Sprachverwendung" (B1: Mittelstufe, B2: gute Mittelstufe) und „Kompetente Sprachverwendung" (C1: fortgeschrittene Kenntnisse, C2: exzellente Kenntnisse). Die Aufnahme eines Studiums in Deutschland setzt i.d.R. Deutschkenntnisse der Stufe C1 voraus, eine berufliche Tätigkeit im akademischen Bereich wird ebenso einzustufen sein, sofern die Tätigkeit nicht in englischer Sprache auf dem gleichen Niveau geleistet werden kann. In den Integrationskursen des BAMF 2014 erreichten aber nur 56,9% der Teilnehmer das Niveau B1, 34,5% A2. 8,8% der Kursteilnehmer verblieben unter dem A2-Niveau. Obwohl das BAMF dies als „Spitzenergebnis" bewertete,[50] bedeutet es doch, dass die meisten Zuwanderer auf einem schlechten oder mittelmäßigen Niveau deutsch sprechen. Gute oder sehr gute Deutschkenntnisse stehen aber in einem signifikanten positiven Zusammenhang mit einer höheren Wahrscheinlichkeit erwerbstätig zu sein, ein höheres Einkommen zu erzielen und entsprechend der fachlichen Qualifizierung tätig sein zu können.[51]

Entscheidend für den Integrationserfolg ist, dass die Zuwanderer im Aufnahmeland tatsächlich erwerbstätig werden. Menschen mit Migrationshintergrund sind in Deutschland aber seit Jahren relativ schlecht in den Arbeitsmarkt integriert. Teilweise weisen sie erheblich geringere Erwerbsquoten als die autochthone Bevölkerung auf, selbst dann, wenn sie vergleichbare Qualifikationen nachweisen

48 Vgl. dazu www.bamf.de.

49 Vgl. BAMF (2015c), S. 114–115.

50 Vgl. BAMF (2015c), S. 123.

51 Vgl. IAB / DIW (2014), S. 1124, ebenso Brücker et al. (2014), S. 1148.

können. Dabei stellen i.d.R. nicht die Motivation und Qualifikation das zentrale Problem dar, sondern sprachliche Defizite.[52] Dabei zeigen sich auch zwischen den Herkunftsländern erhebliche Unterschiede. So waren in den letzten Jahren in Deutschland die meisten EU-Ausländer, auch Rumänen, kaum häufiger arbeitslos als Autochthone. Hingegen muss für Flüchtlinge aus dem Nahen Osten konstatiert werden, dass diese in den letzten Jahren überproportional von Arbeitslosigkeit betroffen waren.[53]

Das Problem kann durch eine Analyse der Ergebnisse des Mikrozensus von 2011 deutlich gemacht werden. Wie Berechnungen des DIW ergaben, war die Erwerbslosenquote fast aller Gruppen von Ausländern oder Menschen mit Migrationshintergrund in diesem Jahr höher als derjenige von Deutschen ohne Migrationshintergrund (5,3%). Lediglich die Zugezogenen aus Nord- und Westeuropa (EU) konnten mit 4,4% noch geringere Erwerbslosenquoten aufweisen. Vermutlich handelt es sich bei diesem Personenkreis um besonders qualifizierte Arbeitskräfte, deren Integration in den deutschen Arbeitsmarkt völlig ohne Probleme möglich war. Über dem Durchschnitt von 6,0% lagen hingegen alle Personengruppen, welche aus Süd- und Osteuropa stammten oder Deutsche mit Migrationshintergrund (zwischen 6,9 und 11,8%). Völlig abgeschlagen mit Erwerbslosenquoten von 13,4% und 15,4% finden sich hingegen Zugezogene aus europäischen Ländern außerhalb der EU bzw. Zugezogene aus nicht europäischen Ländern. Auch bei der Betrachtung der Erwerbsquoten bieten ein ähnliches Bild: Wiederum sind es die zugezogenen Nord- und Westeuropäer, die mit 69,9% die höchste Erwerbsquote aufweisen, die geringste Erwerbsquote weisen hingegen mit 46,8% die Zugezogenen aus nicht-europäischen Ländern auf. Auch Deutsche mit Migrationshintergrund und Ausländer ohne eigene Migrationserfahrung weisen ähnliche Quoten auf. Zieht man hingegen den Anteil der Personen in Ausbildung mit in Betracht, ändert sich das Bild deutlich. Deutsche mit Migrationshintergrund, Ausländer ohne Migrationserfahrung und die ab 2010 zugewanderten Südeuropäer liegen alle über dem Durchschnitt von 80,5%. Es handelt sich demnach um Gruppen mit einem besonders hohen Anteil von jungen Menschen. Weiterhin abgeschlagen liegen jedoch die Zugezogenen aus europäischen Ländern außerhalb der EU (insgesamt 59,2%) sowie aus nicht europäischen Ländern (insgesamt 63,6%). (vgl. dazu Tab. 3)

52 Vgl. Straubhaar (2013), S. 323–324.
53 Vgl. Gathmann et al. (2014), S. 169–170, ebenso Kostmann (2015), S. 27.

Tab. 3: Erwerbslosen-, Erwerbstätigen- und Ausbildungsquoten nach Staatsangehörigkeit und Migrationserfahrung 2011

Staatsangehörigkeit / Migrationshintergrund	Erwerbslosen-quote*	Erwerbstäti-genquote**	Personen in Ausbildung
Zugezogene Nord- und Westeuropäer aus der EU	4,4%	69,9%	7,9%
Deutsche ohne Migrationshintergrund	**5,3%**	**67,5%**	**14,3%**
Osteuropäer aus EU-Staaten, zugezogen ab 2004	6,9%	65,7%	13,1%
Südeuropäer zugezogen vor 2010	8,1%	68,4%	5,1%
Deutsche mit Migrationshintergrund, eingebürgert	8,8%	48,1%	33,6%
Bulgaren und Rumänen, zugezogen vor 2007	9,0%	61,6%	15,3%
Ausländer ohne eigene Migrationserfahrung	10,8%	48,0%	37,2%
Osteuropäer aus EU-Staaten, zugezogen vor 2004	11,1%	62,8%	7,8%
Südeuropäer zugezogen ab 2010	11,3%	51,7%	31,8%
Bulgaren und Rumänen, zugezogen ab 2007	11,3%	56,7%	17,6%
Zugezogene aus europ. Ländern außerhalb der EU	13,4%	51,9%	7,3%
Zugezogene aus nicht europäischen Ländern	15,4%	46,8%	16,8%
Insgesamt	**6.0%**	**65,2%**	**15,3%**

* Nach ILO-Konzept sind alle Personen als erwerbslos anzusehen, die überhaupt keiner bezahlten Beschäftigung nachgehen und eine aktiv suchen. ** Ohne erwerbstätige Schüler, Studenten etc.

Quelle: DIW (2013), S. 7, und Brenke / Neubecker (2013), S. 7.

Gemäß Mikrozensus 2011nahmen Zugezogene aus europäischen Ländern außerhalb der EU auch eine Spitzenposition (63,0%) bei der Ausübung einfacher Tätigkeiten ein, gefolgt von Bulgaren und Rumänen (zugezogen ab 2007) mit 62,0%, Südeuropäern (zugezogen vor 2010) mit 59,0%, Bulgaren und Rumänen (zugezogen vor 2007) mit 53,0%. Zugezogene aus nicht europäischen Ländern liegen hier mit 48,0% erst an siebter Stelle. Während Zugezogene aus europäischen Ländern außerhalb der EU parallel nur zu 3,0% hochqualifizierten Tätigkeiten nachgingen (letzter Platz), lagen die Zugezogene aus nicht europäischen Ländern mit 11,0% hingegen im Mittelfeld. Hier werden die Spitzenpositionen von nach 2010 zugezogenen Südeuropäern mit 23,0% und zugezogenen Nord- und

Westeuropäer aus der EU mit 17,0% gehalten, mit weitem Vorsprung vor den autochthonen Deutschen mit 11,0%.[54] Die Gründe für das schlechte Abschneiden von insbesondere Nicht-EU-Europäern aber auch von Zugezogenen aus nicht europäischen Ländern mögen vielfältig sein, von mangelnden Sprachkenntnissen über fehlende Qualifikationen (schlechtere Humankapitalausstattung) bis zu kulturellen Barrieren oder aktiver Diskriminierung auf dem Arbeitsmarkt ist nichts ausgeschlossen.[55]

Abb. 6: Arbeitsmarktindikatoren in % nach Staatsangehörigkeitsgruppen (Aug. 2015)

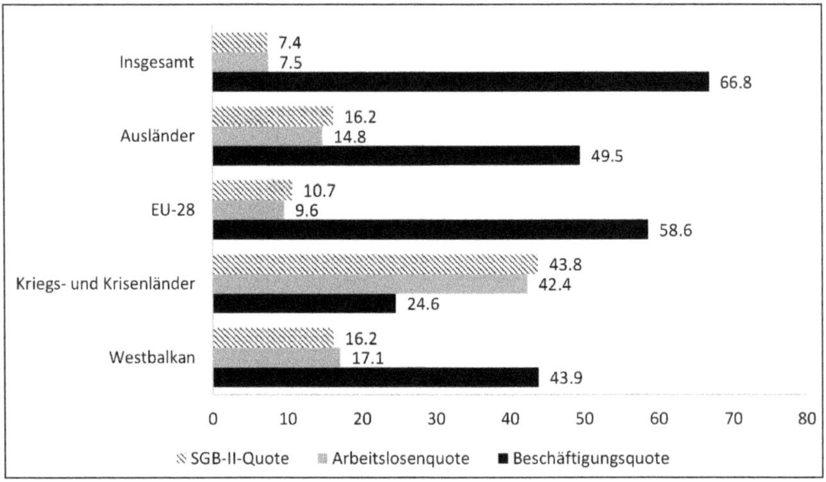

Quelle: IAB (2015), S. 3.

Auch seit 2015 sind die meisten Flüchtlinge nicht ausreichend für den deutschen Arbeitsmarkt qualifiziert. Die Arbeitslosenquote ausländischer Beschäftigter lag so im August 2015 bei 14,8%. Je nach Herkunftsländergruppen verlief die Entwicklung der Arbeitslosenquoten aber unterschiedlich. Während die Ausländer aus den EU-28 Staaten im August 2015 nur zu 9,6% arbeitslos waren, stieg sie unter den Asylsuchenden und Flüchtlingen im gleichen Zeitraum auf 43,8% an. Dabei ist zu berücksichtigen, dass die meisten Personen dieser Gruppe dem deutschen Arbeitsmarkt noch gar nicht zur Verfügung standen. Daher war hier auch die Quote der Sozialhilfebezieher nach SGB-II mit 43,8% hier überproportional

54 Vgl. DIW (2013), S. 12.
55 Vgl. dazu z.B. die Übersicht bei Kostmann (2015), S. 7–12.

hoch, die Beschäftigungsquote mit 24,6% hingegen die geringste unter den Vergleichsgruppen. Auffällig hoch ist hingegen die Beschäftigungsquote der Migranten vom Westbalkan, die mit 43,9% fast der aller Ausländer in Deutschland entspricht. (Vgl. Abb. 6) Diese Zahlen werden sich im kommenden Jahr noch einmal dramatisch verändern. Das Institut für Arbeitsmarkt und Berufsforschung vermutete bereits Ende 2015, dass sich im Folgejahr die Flüchtlingsmigration in höheren Arbeitslosen- und SGB-II-Leistungsbezieherquoten widerspiegeln wird, wenn große Teile der Flüchtlinge die Asylverfahren abgeschlossen haben. Hingegen ging das Institut davon aus, dass die Entwicklung der Arbeitsmarktsituation anderer Migrantengruppen sich voraussichtlich weiter positiv entwickeln würde.[56] Insgesamt ist wegen der guten Konjunktur in Deutschland auch 2016 die Arbeitslosigkeit weiter gesunken. (Vgl. Abb. 2)

Integration ist daher das Gebot der Stunde: Integration bedeutet aber zuallererst, dass Immigranten ihren Lebensunterhalt selber bestreiten können und am gesellschaftlichen Leben in Deutschland teilhaben.[57] Dafür sind aus ökonomischer Sicht insbesondere Deutschkenntnisse und Bildung notwendig.[58] Aus gesellschaftlicher Sicht ist noch die Akzeptanz der freiheitlich-demokratischen Grundordnung zu ergänzen. Da Zuwanderung aber nicht unbedingt auch dauerhafte Einwanderung ist, d.h. gerade Arbeitsmigranten kommen und gehen, muss von zunehmender „zirkulärer Migration“ ausgegangen werden. Eine optimale Integration kann daher nicht gesellschaftliche Assimilation bedeuten. Stattdessen muss deutlich sein, dass kulturelle Vielfalt eine Stärke ist, welche sich auch wirtschaftlich auszahlt. Unterschiedliche Gruppen von Menschen werden sich jedoch auch in unterschiedlichem Maß integrieren lassen. Während junge und gut ausgebildete Immigranten durchaus Chancen auf dem deutschen Arbeitsmarkt haben, werden ältere und schlechter ausgebildete Zuwanderer eher schlecht integrierbar sein.[59] Auch ist zu befürchten, dass sich Zuwanderer aus nicht europäischen Kulturkreisen weniger integrieren werden als solche mit europäischem Hintergrund. Dies zeigt bereits die o.g. Arbeitsmarktstatistik. Aus der Veränderung der Bevölkerungsstruktur resultieren zudem auch Risiken für das Fortbestehen der europäischen Werte und Kultur. Insbesondere gegenüber dem Entstehen von Parallelgesellschaften muss mit einer entsprechenden Integrationspolitik entgegengewirkt werden. So wurde bereits in der Vergangenheit deutlich, dass Bildungsniveau und Sprachkompetenz bei Zuzug positiv miteinander korreliert sind, das Vorhandensein

56 Vgl. IAB (2015), S. 4.
57 Vgl. Kostmann (2015), S. 1.
58 Vgl. Liebau / Romiti (2014), S. 1136.
59 Vgl. Gathmann et al. (2014), S. 160–174.

eines nationalen oder sonstigen ethischen Netzwerkes hingegen negativ mit Investitionen in die deutsche Sprache verbunden ist, da es Immigranten ermöglicht, auch ohne Deutschkenntnisse den Alltag zu bewältigen.[60] Insbesondere eine Segregation von Immigranten über mehrere Generationen hinweg muss daher mit allen Mitteln bekämpft werden.[61] Bereits in Deutschland lebende Ausländer besser in die deutsche Gesellschaft und Arbeitswelt zu integrieren ist daher wichtiger, als die Probleme der demografischen Lücke durch weitere Zuwanderung beheben zu wollen.[62] Integration ist zudem erfolgreicher, wenn die Interaktion zwischen Migranten und Aufnahmegesellschaft, die Vermittlung von Normen und Werten wie auch der Zugang zum Arbeitsmarkt den Erwartungen von Einwanderern entsprechen. Auch die Aufnahmegesellschaft muss daher auf die Immigranten zugehen und Interesse an der kulturellen Vielfalt, welche diese mitbringen, zeigen.[63] Nur dann kann Integration wirklich gelingen.

4. Ordnungspolitische Perspektiven: ein transparentes Einwanderungsrecht

Es ist daher wichtig, dass die Immigration nach Europa und insbesondere Deutschland schnellst möglich von einer unregulierten, humanitär begründeten, zu einer freiheitlichen, aber ökonomisch begründeten transformiert wird. Nur so kann die ungesteuerte und illegale Zuwanderung durch eine legale und steuerbare Immigration ersetzt werden, von der sowohl die Zuwanderer als auch die deutsche Gastgesellschaft profitieren können. Dabei ist zwischen einer kurzfristigen Flüchtlings- und Asylpolitik einerseits und einer langfristigen Bleiberechts- oder sogar Anwerbepolitik zu unterscheiden. Während die Aufnahme von Bürgerkriegsflüchtlingen und Asylbewerbern für eine begrenzte Zeit eine humanitäre und politische Notwendigkeit ist, muss eine langfristige Zuwanderung ökonomisch gesteuert sein. Derzeit ist die Immigrationspolitik in der gesamten EU jedoch immer noch von einem „Festungsdenken" gekennzeichnet.[64] Außerdem wird versucht, mit Hilfe bürokratischer Maßnahmen eine Trennung zwischen Flüchtlingen und Wirtschaftsmigranten aufrecht zu erhalten. Stattdessen sollten aber lieber die

60 Vgl. Liebau / Romiti (2014), S. 1138.
61 Vgl. Hinte (2012), S. 15.
62 Vgl. Straubhaar (2013), S. 323–324.
63 Vgl. Siegert et al. (2013), S. 1.
64 Vgl. Rinne / Zimmermann (2014), S. 19.

vielfältigen Verflechtungen von Wanderungsmotiven in Zusammenhang mit dem eigenen Arbeitskräftebedarf gebracht werden.[65]

Ökonomische Ansätze zur Regelung der Immigration reichen von völliger Wanderungsfreiheit bis hin zur Einführung einer „Einwanderungsgebühr", welche sicherstellen soll, dass nur produktive Einwanderer attrahiert werden.[66] Aus ordnungsökonomischer Sicht ist v.a. auf das Regelwerk der Immigration zu fokussieren. So sind Nationalstaaten als territoriale Bürgergenossenschaften zu verstehen, also als Clubs, die zur Organisation der Realisierung gemeinsamer Ziele ihrer Mitglieder, der Bürger, dienen. Innerhalb des Clubs werden bestimmte Spielregeln für die politischen, rechtlichen, sozialen und ökonomischen Gesellschaftsbereiche festgelegt. Solche Clubs stehen international miteinander im Wettbewerb um mobile Ressourcen wie Kapital und Arbeit. Es ist daher Aufgabe der politischen Entscheider, auch Spielregeln für die Immigration festzulegen. Wer als Zuwanderer die Spielregeln eines bestimmten Clubs nutzen möchte, muss die von der jeweiligen Gastgesellschaft festgelegten Migrations- und Integrationsregeln anerkennen.[67]

Deutschland hat sich bis vor kurzem noch nicht als Einwanderungsland verstanden und die Immigration daher nur indirekt gestaltet. In der politischen Diskussion stehen auch heute noch die Bedrohungen durch die Immigration eher im Vordergrund als die Chancen, welche sich daraus ergeben.[68] Durch die Freizügigkeit innerhalb der Europäischen Union ist Deutschland aber in den letzten Jahren verstärkt zu einem Einwanderungsland, v.a. für Migranten aus Ost- und Südeuropa geworden.[69] Leider hat das Land sich aber durch die maximale Ausschöpfung der Übergangsfristen bis zuletzt abgeschottet, so dass andere Länder wie Großbritannien und Irland bereits früher davon profitieren konnten.[70] Wie spätestens die Ereignisse des Jahres 2015 deutlich machen, muss auch die deutsche Politik endlich die Zuwanderung ordnungspolitisch gestalten, statt nur auf sie zu reagieren. Die bisherigen Regelungen und Gesetze haben sich aber als unzureichend erwiesen. So führte die im Jahre 2000 medienwirksam eingeführte „Green-Card" für Fachkräfte in der Informations- und Kommunikationstechnologie

65 Vgl. Rinne / Zimmermann (2015), S. 116.

66 Vgl. dazu den Vorschlag von Becker (2011), S. 28, der eine USD 50.000 Gebühr für die Immigration in die USA bzw. eine vergleichbare Summe für Großbritannien vorschlägt.

67 Vgl. Borella (2008), S. 2.

68 Erinnert sei nur an des 2010 erschienene und viel diskutierte Buch von Thilo Sarrazin „Deutschland schafft sich ab" oder die aktuellen PEGIDA-Demonstrationen.

69 Vgl. Vogeler-Ludwig et al. (2015), S. 17.

70 Vgl. Zimmermann (2014), S. 6.

innerhalb von fünf Jahren gerade einmal zur Einwanderung von 17.000 Fachkräften.[71] Auch das 2005 in Kraft getretene Zuwanderungsgesetz schuf zwar einige Erleichterungen, z.B. die Möglichkeit für ausländische Studierende, sich zur Arbeitsplatzsuche ein weiteres Jahr in Deutschland aufzuhalten, stellt aber eher eine Maßnahme zur Beschränkung der Immigration dar.[72] Deshalb fand die Zuwanderung nach Deutschland immer noch weitestgehend ungesteuert statt und begünstigte Geringqualifizierte.[73] Das 2009 in Kraft getretene „Gesetz zur arbeitsmarktadäquaten Steuerung der Zuwanderung Hochqualifizierter…" zielte zwar auf die Gewinnung von Hochschulabsolventen und erleichterte deren Zuwanderung weiter, wurde aber im Ausland kaum bekannt gemacht.[74] Auch das System der BlueCard sollte ab 2012 die Einwanderung von Akademikern aus Drittstaaten erleichtern, hat sich jedoch aufgrund zu hoher Einkommensgrenzen und der zeitlichen Beschränkung auf drei Jahre ebenfalls als unzureichend erwiesen.[75] So wanderten im Jahr 2014 lediglich 3.099 „Hochqualifizierte" über dieses System nach Deutschland ein.[76] Lediglich durch das am 1. April 2012 in Kraft getretene Anerkennungsgesetz wird nun auch die Anerkennung ausländischer Berufsabschlüsse endlich geregelt.[77] Letztendlich sind die Einwanderungsregelungen in Deutschland jedoch immer noch kompliziert, intransparent und wenig wachstumsfördernd.

Wie gerade wieder deutlich wird, verschärft die Beschränkung der Arbeitsmigration nach Deutschland diejenige aus humanitären und politischen Gründen. Denn die Einwanderungswilligen aus den sog. Drittstaaten nutzen z.B. die deutschen Asylregeln, um in das Land zu kommen, wenn ihnen die offizielle Tür versperrt wird. Durch die ungeregelte Immigration verliert Deutschland aber die Möglichkeit, Immigranten selber auszusuchen und die Immigration zum eigenen Nutzen zu steuern. Wie bereits gezeigt wurde, entspricht die derzeitige Flüchtlingswelle aus dem Nahen Osten nur bedingt den Bedürfnissen des deutschen Arbeitsmarktes. Zwar sind die Zuwanderer überwiegend sehr jung und relativ gut gebildet, dennoch stellt ihre Integration in den Arbeitsmarkt Deutschland vor große Herausforderungen. Es ist deshalb zu überlegen, wie aus der großen Zahl qualifizierter Flüchtlinge – nicht nur aus dem Nahen Osten, sondern auch vom

71 Vgl. Hinte (2012), S. 11.
72 Vgl. Borella (2008), S. 2–3.
73 Vgl. Hinte / Zimmermann (2010), S. 3.
74 Vgl. Hinte (2012), S. 11.
75 Vgl. Siegert et al. (2013), S. 3.
76 Vgl. BAMF (2015c), S. 85.
77 Vgl. Brenke / Neubecker (2013), S. 19.

Westbalkan etc. – durch ein gezieltes Auswahlverfahren dauerhaft Arbeitskräfte für den deutschen Arbeitsmarkt gewonnen werden können.[78]

Die Einwanderungspolitik in Deutschland ist daher auf ökonomischer Grundlage neu zu orientieren. Dadurch kann die Qualifikationsstruktur der Zuwanderer und ihre Integration in den deutschen Arbeitsmarkt verbessert werden. Zu den dringend notwendigen Maßnahmen gehören v.a. die Absenkung der Gehaltsobergrenzen für die Zuwanderung von (hoch-)qualifizierten Zuwanderern, die schnellere Anerkennung von Bildungs- und Berufsabschlüssen sowie die Öffnung des Arbeitsmarktes für Immigranten, insbesondere in von Fachkräftemangel betroffenen Berufsfeldern und / oder Regionen.

Die Zuwanderung ist deshalb im Rahmen eines umfassenden Zuwanderungsgesetzes durch ein Punkteverfahren – ähnlich wie es in anderen Einwanderungsländern praktiziert wird – transparent, freiheitlich und ökonomisch sinnvoll zu organisieren. Grundsätzlich gibt es angebots- und nachfrageorientierte Auswahlsysteme. Angebotsorientierte Punkteverfahren wurden ursprünglich für Einwanderungsländer wie Australien, Neuseeland und Kanada entwickelt. Sie messen v.a. das Humankapital der Zuwanderer anhand von Faktoren wie Bildungsabschluss, Berufsabschluss, Alter und Sprachkenntnisse, bereits im Lande erworbene Erfahrungen und Qualifikationen. Wer dann eine bestimmte Punktzahl erreicht, erhält eine temporäre oder dauerhafte Aufenthalts- und Arbeitsgenehmigung. Dahinter steht die Idee, dass das vorhandene Humankapital entscheidend für eine erfolgreiche Integration in den Arbeitsmarkt ist. Nachfrageorientierte Systeme sind hingegen am konkreten Arbeitskräftebedarf der Einwanderungsländer orientiert. Ein sehr bekanntes Beispiel ist das H1B-Visum in den USA. Aber auch die deutsche Einwanderungspolitik mit nachgewiesenem Arbeitskräftebedarf, Vorrangprüfung und Gehaltsgrenzen folgt bisher diesem Modell. Beide Systeme können jedoch ihre Ziele verfehlen, denn auch komplexe angebotsorientierte Systeme können die Zuwanderung an den Anforderungen des Arbeitsmarktes vorbeisteuern bzw. nachfrageorientierte Systeme die Zuwanderung in Bereiche lenken, in denen nur kurzfristig ein Engpass existiert. In den letzten Jahren zeichnet sich daher eine Konvergenz der beiden Systeme ab. So werden häufig Humankapital-Punktierungen durch den Nachweis eines konkreten Arbeitsplatzangebots ergänzt.[79] Mit Hilfe eines solchen kombinierten Systems könnten auch in Deutschland gezielt solche Gruppen von Migranten angesprochen werden, deren schnelle Integration in den deutschen Arbeitsmarkt erwartet werden kann und die zudem helfen

78 Vgl. Vogler-Ludwig et al. (2015), S. 160.
79 Vgl. Brücker (2010), S. 4 und 18–21.

konkrete Fachkräfteengpässe zu reduzieren. Ein solches Auswahlsystem wäre zudem transparent und nicht-diskriminierend.

Bereits im Jahre 2010 forderte das Forschungsinstitut zur Zukunft der Arbeit daher ein entsprechendes kombiniertes angebots- und nachfrageorientiertes Punktesystem, das folgende Kriterien in einem 100-Punkte-System umfassen sollte, wie sie Tabelle 4 zeigt.

Tab. 4: Punktesystem des IZA von 2010

Bildungs- und Berufsabschluss	gestaffelt max. 30 Punkte
Sprachkenntnisse	gestaffelt max. 20 Punkte
Berufserfahrung	gestaffelt max. 15 Punkte
Arbeitsplatzangebot in Deutschland	10 Punkte
Besondere Integrationsvorteile (z.B. Studium in Deutschland)	max. 15 Punkte
Lebensalter (25 – 45 Jahre)	10 Punkte

Quelle: Hinte / Zimmermann (2010), S. 10.

Dabei sollen 60 Punkte genügen, um zur Immigration nach Deutschland berechtigt zu sein, sofern eine Mindestqualifikation und eine Mindestpunktzahl in den einzelnen Kategorien vorliegen und ein Höchstkontingent von Zuwanderern nicht überschritten ist. Den Zuwanderern würde nach diesem Konzept dann sofort eine Arbeitserlaubnis ohne jede Vorrangprüfung etc. zustehen.[80] In einem Gutachten für das Sächsische Staatsministerium für Wirtschaft, Arbeit und Verkehr aus dem Jahre 2011 konkretisierten die Autoren dieses Konzept noch einmal explizit. Hier stellen sie gleich zwei Verfahren vor, einmal für hochqualifizierte und einmal für qualifizierte Zuwanderer.[81] Mit Hilfe eines solchen Auswahl- und Quotierungssystems wollen sie eine verlässliche Dosierung der Zuwanderung entsprechend dem aktuellen Arbeitskräftebedarf möglich machen. So würde dieses System auch die besten Voraussetzungen für eine gesellschaftliche Integration der Zuwanderer darstellen.[82]

In Anbetracht der zunehmenden Zuwanderung aus sog. Drittstaaten erhält der Grundgedanke einer Zuwanderungssteuerung über ein Punktesystem gerade heute neue Bedeutung. Da die Zuwanderung aus den Ländern der EU ohnehin nicht gesteuert werden kann, da hier Freizügigkeit herrscht, muss zumindest die

---

80 Vgl. Hinte / Zimmermann (2010), S. 10.

81 Vgl. Hinte et al. (2011a), S. 43–59; ebenso noch einmal bei Hinte (2012), S. 26.

82 Vgl. Hinte et al. (2011b), S. 8.

Zuwanderung aus Nicht-EU-Staaten nach ökonomischen Kriterien erfolgen. Mit dem Vorschlag einer Quotierung fallen die Autoren des IZA aber komplett wieder in eine rein nachfrageorientierte Einwanderungspolitik zurück. Das System verliert zudem seine Transparenz und Offenheit für die potentiellen Immigranten. So kann sich kein potentieller Zuwanderer sicher sein, dass er auch wirklich einwandern darf, wenn er die geforderte Mindestpunktzahl – in den einzelnen Kategorien wie auch insgesamt – erfüllt. Im extremen Fall kann es sogar dazu kommen, dass Zuwanderer ohne konkretes Arbeitsangebot im Januar einreisen dürfen und eine dauerhafte Aufenthaltsberechtigung bekommen, andere an der Zuwanderung interessierte Personen, die sogar ein konkretes Arbeitsangebot haben, im Dezember aber abgewiesen werden, da das Jahreskontingent erschöpft ist. Auch der Vorschlag, zu einem bestimmten Stichtag die besten Bewerber bis zu einer vorher festgelegten „Obergrenze" der Immigration auszuwählen[83], ist eher bürokratisch und intransparent. Aus ordnungspolitischer Sicht ist eine Quotierung daher abzulehnen, da sie zu interventionistisch ist. Stattdessen muss ein Punktesystem die Regeln der Zuwanderung ex ante konkret definieren, damit Rechtssicherheit für alle Beteiligten, die potentiellen Zuwanderer wie auch die Aufnahmegesellschaft, insbesondere die potentiellen Arbeitgeber der Zuwanderer, herrscht. Eine Regulierung der Menge von Zuwanderern kann daher auch nur ex ante und indirekt erfolgen, nämlich über die Veränderung der zur Immigration notwendigen Mindestpunktezahl, z.B. für das kommende Jahr.

Diese Auswahlpolitik durch das Punktesystem ist zudem durch eine Integrationspolitik zu ergänzen, welche auf Anerkennung ausländischer Berufs- und Studienabschlüsse zielt, den Zuwanderern eine sprachliche und berufliche Ausbildung ermöglicht sowie Jugendlichen mit Migrationshintergrund den Zugang zur dualen Ausbildung und den deutschen Hochschulen ermöglicht.[84] Ein flächendeckendes, dauerhaftes und qualitativ hochwertiges Deutschkursangebot für alle Immigranten – Arbeitsmigranten wie auch Flüchtlinge und Asylbewerber – ist daher von besonderer Bedeutung.[85] Auf der anderen Seite dürfen zu großzügige und zu unspezifisch flächendeckende Sozialtransfers keine zusätzlichen Anreize zur Immigration darstellen, weder für EU-Bürger, noch für Zuwanderer aus Drittstaaten. Dazu gehören v.a. eine Entkopplung von früheren Leistungen an spätere Ansprüche sowie der Übergang von einer beitragsfinanzierten Versicherung zu einer steuerfinanzierten sozialen Grundsicherung, welche dringend

83 Vgl. Hinte (2012), S. 24.

84 Vgl. Vogeler-Ludwig et al. (2015), S. 166.

85 Vgl. Daumann et al. (2015), S. 13.

vermieden werden müssen.[86] Dies kann z.B. durch Fristen geschehen, innerhalb derer die Immigranten nicht anspruchsberechtigt sind. Auch auf die Immigranten des Jahres 2015 – Bürgerkriegsflüchtlinge und Asylbewerber – kann das Verfahren nach Ablauf ihrer Aufenthaltstitel angewendet werden. Wer sich integriert hat, sich selbst versorgen und deutsch sprechen kann, kann beim Erreichen der entsprechenden Punktzahl eine Daueraufenthaltsberechtigung erhalten, wer sich hingegen nicht integriert, muss Deutschland wieder verlassen. Diese Immigranten können z.B. durch die bis zu 15 Punkte für besondere Integrationsvorteile (mehrjähriger Aufenthalt in Deutschland) faktisch bevorzugt werden. Mit einer solchen Regelung, welche die Bedeutung der Zuwanderer für den deutschen Arbeitsmarkt und die wirtschaftliche Entwicklung im Land hervorhebt, könnte die Immigration auch gegenüber der autochthonen deutschen Bevölkerung besser verständlich gemacht werden und für eine Verbesserung der Willkommenskultur sorgen.

5. Zusammenfassung der Ergebnisse

Deutschland ist zum Einwanderungsland geworden. Das eröffnet dem Land enorme Chancen für seine weitere wirtschaftliche Entwicklung, kulturelle Vielfalt und Innovationsfähigkeit. Gerade die Zuwanderer des Jahres 2015 sind zudem durchgehend jung und zum großen Teil gebildet. Durch den Multiplikatoreffekt der Zuwanderung wird die demografische Lücke aber ebenso wenig geschlossen werden wie der Fachkräftemangel dadurch beseitigt werden kann. Dafür sind andere Maßnahmen, v.a. in der Familienpolitik, notwendig. Zuwanderung kann die negative Entwicklung auf dem Arbeitsmarkt lediglich bremsen, aber nicht aufhalten. Die positiven Effekte der Zuwanderung sind daher eher langfristiger Natur. Kurzfristig stehen diesen Gewinnen aber auch enorme Herausforderungen, insbesondere durch die Massenzuwanderungen von Bürgerkriegsflüchtlingen und Asylbewerbern, gegenüber. Wie Daten aus vergangenen Jahren zeigen, ist die Integration von Zuwanderern aus nicht zur EU gehörigen europäischen Staaten als auch aus außereuropäischen Staaten bisher am wenigsten gelungen. Um diese Herausforderung zu bewältigen, sind insbesondere große Anstrengungen notwendig. Dazu gehören v.a. umfangreiche Angebote zur Erlernung der deutschen Sprache und die Integration in den Arbeitsmarkt.

86 Vgl. Straubhaar (2013), S. 322.

Parallel zu diesen Maßnahmen ist aber auch eine klug gestaltete Immigrationspolitik notwendig, damit auch die Zuwanderung zum Wirtschaftswachstum und damit auch zur Erhöhung des Wohlstandes beiträgt. Eine solche Politik kann z.B. transparent durch ein kombiniertes angebots- und nachfrageorientiertes Punktesystem im Rahmen eines Zuwanderungsgesetzes umgesetzt werden. Dabei ist eine Quotierung der Zuwanderung aus Drittstaaten aber abzulehnen. Regeln der Zuwanderung müssen ex ante bekannt und transparent für jedermann sein. Damit stünden ausreichende Spielregeln für die Migration nach Deutschland zur Verfügung, die auch den Druck der illegalen Zuwanderung dämpfen könnten. Diese würden zudem den Vorstellungen von Röpke (1945) am ehesten entgegenkommen, eine umfangreiche Freiheit der Wanderung zu ermöglichen, eine illegale Massenzuwanderung aber zu verhindern. Aufgrund der sich immer weiter zuspitzenden Lage durch die internationalen Migrantenströme wird Deutschland nicht darum herumkommen, schnellst möglich reguläre Zuwanderungsmöglichkeiten zu schaffen. Dann kann das Land auch von der Zuwanderung profitieren.

Literaturverzeichnis

BAA [Bundesagentur für Arbeit] (2015) Der BA-X im Oktober 2015: Kräftenachfrage steigt dynamisch weiter, online: https://statistik.arbeitsagentur.de/Navigation/Footer/Aktuelles/BAX-Nav.html. (Zugriff am 13.11.2015).

BAA [Bundesagentur für Arbeit] (2017) Der BA-X im März 2017: Weiterhin gute Entwicklung der Kräftenachfrage, online: https://statistik.arbeitsagentur.de/Navigation/Footer/Aktuelles/BAX-Nav.html. (Zugriff am 9.6.2017).

BAMF [Bundesamt für Migration und Flüchtlinge] (2015a) Asylgeschäftsstatistik für den Monat November 2015 (http://www.bamf.de/SharedDocs/Anlagen/DE/Downloads/Infothek/Statistik/Asyl/201511-statistik-anlage-asyl-geschaeftsbericht.pdf?__blob=publicationFile, Zugriff am 21.12.2015).

BAMF [Bundesamt für Migration und Flüchtlinge] (2015b) Aktuelle Zahlen zu Asyl, Ausgabe November 2015 (https://www.bamf.de/SharedDocs/Anlagen/DE/Downloads/Infothek/Statistik/Asyl/statistik-anlage-teil-4-aktuelle-zahlen-zu-asyl.pdf?__blob= publicationFile, Zugriff am 21.12.2015).

BAMF [Bundesamt für Migration und Flüchtlinge] (2015c) Das Bundesamt in Zahlen 2014: Asyl, Migration und Integration (https://www.bamf.de/Shared Docs/Anlagen/DE/Publikationen/Broschueren/bundesamt-in-zahlen-2014.pdf?__blob=publication File, Zugriff am 22.12.2015).

BMI [Bundesministerium des Inneren] (2014) Migration und Integration: Aufenthaltsrecht, Migrations- und Integrationspolitik in Deutschland, Berlin.

BMI [Bundesministerium des Inneren] (2016) 2015: Mehr Asylanträge in Deutschland als jemals zuvor, Pressemitteilung vom 6.1.2016 (http://www.bmi.bund.de/SharedDocs/Pressemitteilungen/DE/2016/01/asylantraege-dezember-2015.html;jsessionid=28FC7BBCF026B29DF2828ED62C67BA98.2_cid373?nn=3315850, Zugriff am 7.1.2016).

Becker, Gary (2011) The Challenge of Immigration – a Radical Solution, The Institute of Economic Affairs, London.

Bosch, Gerhard; Brücker, Herbert; Koppel, Oliver (2011) Fachkräftemangel: Scheinproblem oder Wachstumshemmnis?, Wirtschaftsdienst, Heidelberg, Bd. 91, Heft 9, S. 583–593.

Borella, Sara (2008) EU-Migrationspolitik – Bremse statt Motor der Liberalisierung, Freiburger Diskussionspapiere zur Ordnungsökonomik, Nr. 08/10.

Brenke, Karl; Neubecker, Nina (2013) Struktur der Zuwanderungen verändert sich deutlich, DIW-Wochenbericht, Bd. 80, Heft 49, S. 3–21.

Brücker, Herbert (2010) Migration und Arbeitsmarkt: Steuerung und Arbeitsmarktwirkungen der Zuwanderung und Arbeitsmarktintegration von Migranten in Rheinland-Pfalz, IAB-Stellungnahme, Nr. 3/2010.

Brücker, Herbert et al. (2013) Fachkräftebedarf in Deutschland: Zur kurz- und langfristigen Entwicklung von Fachkräfteangebot und -nachfrage, Arbeitslosigkeit und Zuwanderung, IAB-Stellungnahme, Nr. 1/2013.

Brücker, Herbert; Liebau, Elisabeth; Romiti, Agnese; Vallizadeh, Ehsan (2014) Anerkannte Abschlüsse und Deutschkenntnisse lohnen sich, DIW-Wochenbericht, Bd. 81, Heft 43, S. 1145–1151.

Constant, Amelie F.; Tien, Bienvenue N. (2011) Germany's Immigration Policy and Labor Shortages, IZA Research Report No. 41, Oktober 2011.

Daumann, Volker et al. (2015) Early Intervention – Modellprojekt zur frühzeitigen Arbeitsmarktintegration von Asylbewerberinnen und Asylbewerbern: Ergebnisse der qualitativen Begleitforschung, IAB Forschungsbericht: Aktuelle Ergebnisse aus der Projektarbeit des Instituts für Arbeitsmarkt- und Berufsforschung 3/2015.

Demary, Vera; Seyda, Susanne (2013) Engpassanalyse 2013: Besondere Betroffenheit in den Berufsfeldern Energie und Elektro sowie Maschinen- und Fahrzeugtechnik, Gutachten im Auftrag des Bundesministeriums für Wirtschaft und Technologie, Köln.

DIW [Deutsches Institut für Wirtschaftsforschung] (2013) Wochenbericht: Zuwanderung und Beschäftigung, Nr. 49 (http://www.diw.de/sixcms/detail.php/432785, Zugriff am 22.12.2015).

Eucken, Walter (1950/1990) Grundsätze der Wirtschaftspolitik, 6. durchgesehene Auflage, Tübingen.

FAZ (2015) 300.000 Flüchtlinge ohne Asylantrag in Deutschland, in: FAZ-online vom 26.11.2015 (http://www.faz.net/aktuell/politik/fluechtlingskrise/300-000-fluechtlinge-ohne-asylantrag-in-deutschland-13933328.html, Zugriff am 21.12.2015).

Gathmann, Christina et al. (2014) Zuwanderung nach Deutschland – Problem und Chance für den Arbeitsmarkt, Wirtschaftsdienst, Heidelberg, Bd. 94, Heft 3, S. 159–179.

Geis, Wido; Kemeny, Felicitas (2013) 12 gute Gründe für Zuwanderung, IW policy paper, Nr. 2/2014.

Gutschker, Thomas (2015) Merkel rechnet mit einer Million Flüchtlingen, FAZ-online vom 31.10.2015 (http://www.faz.net/aktuell/politik/fluechtlingskrise/merkel-rechnet-jetzt-mit-einer-million-fluechtlingen-13886656.html, Zugriff am 21.12.2015).

Gutschker, Thomas / Rasche, Uta (2015) Wer kommt da eigentlich zu uns?, FAZ-online vom 21.9.2015 (http://www.faz.net/aktuell/politik/fluechtlings krise/fluechtlinge-wer-kommt-da-eigentlich-zu-uns-13812517.html, Zugriff am 10.10.2015).

Hinte, Holger (2012) Zuwanderung und Integration: Bausteine einer demografiefesten Politik, IZA Standpunkte, No. 55.

Hinte, Holger; Rinne, Ulf; Zimmermann, Klaus F. (2011a) Ein Punktesystem zur bedarfsorientierten Steuerung der Zuwanderung nach Deutschland, IZA Research Report No. 35.

Hinte, Holger; Rinne, Ulf; Zimmermann, Klaus F. (2011b) Zuwanderung, Demografie und Arbeitsmarkt: Fakten statt Vorbehalte, IZA Standpunkte, No. 37.

Hinte, Holger; Zimmermann, Klaus F. (2010) Agenda Zuwanderung: Zehn-Punkte-Aktionsplan des IZA für gesteuerte Arbeitsmigration und bessere Integration, IZA Standpunkte, No. 32.

Hirschman, Albert (1974) Abwanderung und Widerspruch, Tübingen.

IAB [Institut für Arbeitsmarkt- und Berufsforschung] (2015) Zuwanderungsmonitor November 2015, online: http://doku.iab.de/arbeitsmarktdaten/Zu wanderungsmonitor_1511.pdf

IAB [Institut für Arbeitsmarkt- und Berufsforschung]; DIW [Deutsches Institut für Wirtschaftsforschung] (Hrsg.) (2014) Leben, lernen, arbeiten – wie es Migranten in Deutschland geht, DIW-Wochenbericht, Bd. 81, Heft 43, S. 1123–1125.

Kostmann, Michael (2015) Arbeitsmarktintegration: Spielt der Geburtsort eine Rolle? Eine empirische Untersuchung mit Daten des SOEP zum Zusammenhang zwischen Geburtsort und Arbeitsmarkterfolg von Migranten in Deutschland, SOEP Papers on Multidisciplinary Panel Data Research, No. 759.

Liebau, Elisabeth; Romiti, Agnese (2014) Migranten investieren in Sprache und Bildung, DIW-Wochenbericht, Bd. 81, Heft 43, S. 1136–1143.

OECD (2013) Zuwanderung ausländischer Arbeitskräfte: Deutschland, Paris/Berlin.

Rinne, Ulf; Zimmermann, Klaus F. (2015) Zutritt zur Festung Europa? Neue Anforderungen an eine moderne Asyl- und Flüchtlingspolitik, Wirtschaftsdienst 2015/2, S. 114–120.

Röpke, Wilhelm (1945) Internationale Ordnung, Zürich.

Röpke, Wilhelm (1959) International Order and Economic Integration, Dordrecht.

Siegert, Andreas; Buscher, Herbert S.; Ohliger, Rainer (2013) Transaktionskosten und Fachkräftewerbung: Ein Erklärungsansatz auf Grundlage der Institutionenökonomik, IWH-Diskussionspapiere, No. 2013/11.

Straubhaar, Thomas (2002) Migration im 21.Jahrhundert, Beiträge zur Ordnungstheorie und Ordnungspolitik, Bd. 167, Tübingen.

Straubhaar, Thomas (2005) Internationale Wanderungen, in: R. Hasse; H. Schneider; K. Weigelt (Hrsg.): Lexikon Soziale Marktwirtschaft, Paderborn, S. 280–284.

Straubhaar, Thomas (2013) Integrationspolitik und die Chancen der Zuwanderung, in: M. Hüther; G. Naegele (Hrsg.): Demografiepolitik: Herausforderungen und Handlungsfelder, S. 315–325.

Teymouri, Armin (2012) Kulturwandel der Mehrheitskultur infolge von Zuwanderung in Deutschland und Europa, in: W. Fikentscher et al. (Hrsg.): Akkulturation - Integration - Migration, München, S. 105–125.

Vogler-Ludwig, Kurt; Düll, Nicola; Kriechel, Ben (2015) Arbeitsmarkt 2030 – Die bedeutung der Zuwanderung für Beschäftigung und Wachstum: Prognose 2014, Bertelsmann-Verlag.

Vollmer, Michael (2015) Bestimmung von Fachkräfteengpässen und Fachkräftebedarfen in Deutschland: Fokus-Studie der deutschen nationalen Kontaktstelle für das Europäische Migrationsnetzwerk (EMN), BAMF Nürnberg.

Zimmermann, Klaus F. (2011) Migration und Integration: Deutschland als Einwanderungsland - „... denn ihr seid selbst Fremde in Ägypten gewesen“, IZA Standpunkte, No. 35.

Zimmermann, Klaus F. (2014) Freiheit und Bedrängnis: Zuwanderung am Arbeitsmarkt, IZA Standpunkte, No. 66.

Stefan Kolev

Individualism and Demographic Change

1. Introduction

One of the omnipresent issues in the discourse of Western societies today is the transformation of their demographic structure. Although the trend and potential impact of these processes have been discernible at least since the 1970s (Biedenkopf / Miegel 1978, Miegel 1981), political debates have particularly intensified over the last years. Major reasons for this intensification lie in the recent debates on immigration which engage the public attention in Europe and America as seldom before. Since these debates have pronounced specificities in the individual countries due to a different speed of the ageing process, different post-colonial histories, as well as variations in the relative weights of political parties, the following analysis will primarily focus on developments in Germany (Seitz / Werding 2008), but parts of the analysis are tentatively applicable to other Western societies.

One of the striking characteristics of the German literature on demographic change has been, especially most recently, its polarization. Recurrent topoi are often doom, decline and debacle, with several authors of the "Dr. Doom" type, the most prominent being best-seller author Thilo Sarrazin (Sarrazin 2010) – in stark contrast to authors like Thomas Straubhaar who take demographic challenges very seriously but warn that apocalyptic scenarios and rhetoric can hardly help society in coping with these challenges (Straubhaar 2016). While the current paper is in line with authors like Straubhaar, it attempts a different take. It abstains from forecasts and also from recommending policy measures. Instead, the aim is to show a scenario how demographic change can by itself generate shifts within society and the polity which are capable (at least partially) to reverse the current quantitative trends and, above all, alter some qualitative aspects within ageing society. The most important fixed point will be the claim that demographic change can lead a society towards a higher appreciation of the individual, as opposed to patterns of thought and analysis which employ collectivist rhetoric and see society as an organic entity.

2. Is it All Individualism's Fault?

The explanations for the sharp decline in the fertility rates during the last decades vary significantly. Let me pick out one as a starting point: the claim that the decline is attributable to the increasing individualism in Western societies. In this, mostly colloquial sense individualism is understood as the defragmentation of the units of community and family, a development which corresponds with a lower appreciation for these units, including more non-family-based relationships and – possibly – also a lower willingness over one's lifetime to bear and raise children.

At the same time, the concept of individualism is a core pillar of a system of liberty – both for analyzing social processes which can only be understood from the individual's point of view in the sense of Joseph A. Schumpeter's "methodological individualism", as well as for judging the outcomes of social processes in the sense of James M. Buchanan's "normative individualism" (Vanberg 2012). Regarding the latter, it is the individual with his or her valuations who is the only generator of legitimate norms in society. Thus if a couple resolves the potential trade-off between career and children in favor of the former, then according to normative individualism there is no higher set of values that could overrule the choice of the couple. Correspondingly, the patterns of fertility in society are left to the individuals alone, and collectivist considerations such as "the demographic future of the nation" do not possess any legitimacy if they play no significant role in the mind of the individual.

Of course society exists as an object of analysis, but it does not act – and thus it does not value: this is the seminal demarcation line between the individualist and the collectivist view in social sciences (Vanberg 1975). Such a perspective can of course be (and is) highly counter-intuitive or even repugnant to individuals to whom "the demographic future of the nation" represents a value, citizens who often belong to the conservative part of the ideational spectrum, which incidentally – as shown by the case of Sarrazin's social democracy affiliation – must not coincide with the political spectrum. However, in a free society they can hardly correct the choices of individuals who think otherwise and decide to live differently. Still, this discontent and indignation about the state of affairs and the prophecies about the bleak future of liberal society is a common leitmotif in today's media, both traditional and social. Attempts to change the ideational set of society are also on the agenda, for example by attacking the "ideology of Western individualism" as being an antisocial construct which in the end creates uprooted individuals deprived of their sensitivity for community and of responsibility for the common good (Miegel / Wahl 1994). A case in point for this stance is a Letter to the Editor of FAZ by Marco Arndt, former representative of the Konrad Adenauer Foundation in Sofia, who juxtaposes the model of traditional family during the early decades of the Federal Republic to the "liberalization and arbitrariness" in today's role and prestige of marriage and family, directly attributing demographic decline to this "cultural revolution" within German society (Arndt 2015).

There are at least two fundamental problems with such laments. First, they come in a tone of romanticism and backwardness, idealizing previous decades and their social structures which, for good or bad, belong irreversibly to the past. Second, and more importantly, they simply extrapolate developments in Western societies of recent decades into the decades to come – a practice which can be assessed as rather naïve and undercomplex. The purpose of the paper is to show that while the world resulting from depressive romanticism and mechanical extrapolation certainly stands for one alternative path of development, it is by far not the only conceivable path.

As deems normative domains, I want to be explicit regarding my underlying value judgments: individualism, defined as taking the individual as the ultimate unit of analysis in the social sciences (methodological individualism) and as the ultimate unit of legitimacy in society and the polity (normative individualism), is to me an indispensable principle of studying social orders and something highly desirable and worth protecting in reality. Such an individualist perspective on society has been, at least since the mid-19th century, in constant conflict with the collectivist view of society which puts its analytical and political focus primarily on the organic properties of society, but also with notions of "false individualism" which disregard the imperfections, limited knowledge, and fallibility of individuals and extol instead a seemingly limitless human reason (Hayek 1945). In the following I would like to explore whether and how demographic change interacts with individualism, and whether demographic change, as we observe it, can lead to an even more individualist society than the one of today.

3. Demographic Change: Materialist vs. Idealist Causes

Let me propose an ordering principle for the changes in the patterns of fertility in Western societies which, together with the increase of life expectancy, has led to the process of ageing. I would like to subdivide the groups of causes for the decreasing number of children within a couple into two: the first group of causes may be called "the materialist hypothesis", the second "the idealist hypothesis", in line with one of the principal subdivisions within social philosophy. Even though not every cause can be clearly subsumed into this classification, many can, and it proves helpful to introduce such a conceptual division.

Causes of declining fertility that can be subsumed under the "materialist hypothesis" are above all the cost of raising a child and the opportunity cost involved, among them the cost of possibly giving up one's career as the most prohibitive one, regardless of the sex of the partner who would bring this sacrifice. Interestingly, public debates in Germany almost exclusively circulate around this materialist perspective, and thus it is not surprising that the solutions, proposed by politicians or intellectuals, almost always gravitate towards materialist solutions of the problem, mostly with the overarching motto of "better compatibility of career and family". A noteworthy detail is the ideological loading of this debate. Whereas conservatives voice skepticism towards the paternalism of pushing or "nudging" women into the labor market and still recoil from giving up the traditional role of women, progressives pursue the opposite agenda and even endorse the former GDR as a role model for combining a higher fertility and a higher participation rate of women in the labor market. Such references to former socialist societies are flawed on one crucial point: whereas the underlying assumption is that it was the role of women's emancipation in socialism which enabled women to combine job and children, in many cases it was sheer material need which pushed both partners to work, since the income of the male partner was insufficient to guarantee a decent living standard.

The materialist complex of motives is most certainly not irrelevant, but it can also be overrated, and that for several reasons. First and foremost, given our unprecedented wealth today, couples could potentially afford many more children than the observable number – an effect additionally reinforced by the historically low level of interest rates today which makes financing anything, including "investing" in one's children, as easy as it has seldom been before. Second, if lowering the cost or opportunity cost of raising children was the key leverage for solving the demographic problem, the almost infinite number of programs of the federal government during the three mandates of Chancellor Merkel 2005–2017 must have generated some sizable effects, if only "flash-in-the-pan", short-term rises in the birth rate. While it is true that during the last few years the number of births exhibits a slight increase, statistical analyses can identify several other reasons for this small jump which are unrelated to government programs (Ragnitz 2016). Another materialist aspect which has been often referred to is the historical fact that in the past children were an instrument to secure oneself for old-age, a necessity which is by far not as dominant today because of the welfare state and its pension schemes. While at first glance this cause sounds convincing, it would mean that countries with particularly generous public pension systems should exhibit, on average, a significantly lower fertility than countries without such systems. A pattern of this kind is hardly observable among countries, with fertility rates being in a global secular decline and fertility rates in Western society showing relative homogeneity, despite gigantic differences in the structure and generosity of the pension systems in the varieties of today's capitalism (CIA World Factbook 2017).

Thus a different set of reasons is needed to better explain why fertility has fallen and why we live in ageing societies: let us call it the "idealist hypothesis". This refers to an explanation where the key changes have not happened in the sphere of income and wealth, but rather in the sphere of ideas and norms. In this view, preferences for bearing and raising fewer children result from what institutional economics has called "shared mental models" (Denzau / North 1994). These represent common understandings of specific phenomena within society, in this case the common attitude towards children. What might be key features of today's predominant mental model regarding fertility?

A first trait often quoted as characteristic for many citizens in today's Western societies is hedonism. Hedonism can be characterized as an attitude to life which stresses strictly individual, "egoistic" happiness, often combined with a "high time preference", i.e. a strong preference for indulging oneself today or in the short-run (Moore 2013). If this attitude is indeed characteristic for many citizens, then these individuals will tend to consume their income rather than saving and "investing" the income in children. Even if such rhetoric might sound overly economistic, from a purely economic point of view children can be modelled as investment projects with high risk, manifold and recurrent displeasures as well as a very long duration – quite a contrast to the preferred projects of a typical hedonistic individual.

A second factor within the idealist set can be the issues of trust. Along with the extensive literature on trust in recent economics (Berggren / Jordahl 2006), trust has been a key topos of sociology and political science ever since these sciences exist. Trust can be portrayed as the social capital which a social order possesses at a point of time in the eyes of the individuals involved, and it is enhanced by actions of individuals who believe this order is legitimate and will thus persist (Anter 2007, pp. 164–166). Of course, the level of trust can also decline if some members of the order start developing and expressing doubts about the stability of the order, so that other agents coexisting in the order might also change their actions, which makes the pay-offs from everybody's actions and reactions fundamentally uncertain. Here the crucial concept of "order security" (Popitz 1992, pp. 223–227) comes into play – and it may well play a role in the individual patterns of fertility. As pointed out above, children can be modelled as projects with a particularly high duration, so a decline of trust of the individuals in the long-term stability of a social order – i.e. not any more perceiving the order as security-generating – can become prohibitive for projects of this kind. Practically speaking, if a person starts believing that the order he or she lives in is destabilizing and that correspondingly the world in 20 years' time will be a significantly worse place than the one today, a decision for another child becomes less likely – both for "egoistic" reasons, i.e. the individual is uncertain of one's own material position in 20 years, as well as for "altruistic" reasons, i.e. that hardly anybody would wish one's child to grow up in chaos and instability.

Have Western societies been characterized by a declining level of general trust? While this would probably be too general a statement to make, the recent instability of the West with its overlapping crises – be they economic or geopolitical – may additionally contribute to a state of affairs where sizable parts of the population have been characterized by skepticism and uncertainty regarding the general development of the country, the European Union, the West and the world. Even though in Germany such an uncertainty is difficult to justify by a materialist perspective in times of record-low unemployment, rising wages etc. (Allensbach 2010, VBW 2012, Forsa 2015), sentiments of this kind cannot be ignored, especially from the subjectivist perspective of individualism. In this vein, it is noteworthy how much the rhetoric of the "Wirtschaftswunder" in Germany, the "Trente Glorieuses" in France or the "Golden Age of Capitalism" in the USA are omnipresent in these countries' debates today – these phases have seemingly remained key points of reference in Western societies, mostly mentioned with a romantic and nostalgic undertone of better worlds that no longer exist (Skidelsky 2009, pp. 101–131). All of these phases ended in the 1970s – and their end marks the end of post-war demographic expansion in the West. In a materialist manner, this is mostly attributable to the "baby pill", but it may also be worth considering this break of trust in the economic order as an additional cause. Extrapolated into the future: if trust declines even more, fertility may keep plummeting.

A third component of the change in shared mental models can be explained with the concept of habitus, as developed by Pierre Bourdieu (Bourdieu 1984). Such a habitus-based perspective is about more than "just" habits: instead, it discusses dispositions of the individual which are shaped collectively and which henceforth guide its behavior, as opposed to case-by-case discretion. With this they resemble the heuristics which are at the basis of F.A. Hayek's rule-based rationality (Sprich 2008, Vanberg 2017). A disposition in favor of numerous children can coincide with high social status – as is the case in today's France, where rich families are among the most populous. In a different time and space setting, high social status can equally correspond with a disposition against children, as has been the case in West Germany among women with a university degree over the last decades (Rostocker Zentrum 2005, p. 62–63, Kreyenfeld / Konietzka 2008). As Bourdieu stressed, the notion of habitus entails a high degree of persistence – while it must not include a crude form of determinism, dispositions of that kind require difficult and time-consuming social processes for them to change.

4. Demographic Change: Effects on Individualism in Society

After having sketched some important drivers of demographic change, the next step is to explore possible effects of demographic change. As in the section above, this analysis by no means claims presenting a definitive or an exhaustive list – instead, it focuses on links which appear under-represented in the current debates, and it also focuses on the individualism vs. collectivism set of questions.

To put the research question about these effects in somewhat provocative terms: can demographic change possibly generate a "better" society, if "good" is understood as a society with a high appreciation of the individual?

The tentative answer is: yes, it can. Even though the risks of demographic change should never be underestimated, the observer should also not neglect the opportunities it may bring about. A fixed point in the following argumentation should be set at the very beginning: if the primary drivers of demographic change are "idealist", as discussed above regarding hedonism, trust, and habitus, then any analysis should be particularly cautious when extrapolating current developments into the mid- and long-run. The reason is rather obvious: while it is inevitable that demographic change will change society, this very same changed society may well also reflect on demographic change itself. There are several conceivable endogenous processes which can happen at this interface – and this very much also in the absence of any exogenous political interventions. It is these endogenous processes which will be at the center of the following discussion of several arenas where these processes are likely to unfold. As stressed above, the analysis is primarily a qualitative one – given the level of uncertainty involved, assessing quantitative magnitudes would come close to a Hayekian "pretence of knowledge" (Hayek 1974).

1) There certainly will be (and already are) fundamental, demography-induced transformations of the labor market. The public debates are characterized by an anxiety regarding the forthcoming shortages of labor, both at the upper, skilled spectrum (e.g. engineers) and at the lower, less skilled spectrum (e.g. eldercare). This development is not unlikely, even though it may underestimate the substitution of labor by capital in the course of the current digital transformation in pretty much every sector of the economy. However, also a number of less worrisome effects deserve attention. First and foremost, despite all rigidities in the process of wage formation, if shortages do occur, they will at least in the mid run lead to higher wages in the sectors of the labor market where these shortages occur. Even if currently many entrepreneurs in peripheral regions of Germany still prefer to lament about shortages, at the point of retirement of the baby-boomers in the near future they will be forced to bid higher wages. The post-reunification generations

who currently enter the labor market are often 50% less numerous than the usual size of earlier cohorts, also compared to the ones who leave the labor market (Statistisches Bundesamt 2012, pp. 7–15). Especially in peripheral regions like large parts of the Neue Länder which suffer not only from demographic change but also from emigration to larger cities in the Neue Länder and to the Alte Länder, the bargaining power of new labor market entrants will increase significantly. Such developments are already clearly observable on the level of professional education: while in the 1990s a school graduate perceived him-/herself lucky to obtain a training position, companies currently have increasing difficulties to fill their positions and are lucky to find a fitting school graduate (Kunze 2013). But the shift of bargaining power will probably not be the only effect here. Once qualified labor has been recognized as increasingly scarce, the companies' strategies to retain employees will also become an increasingly important competitive success factor. Important to underscore, this development is likely to affect employees of all age, not only the young ones: also elderly employees, seen earlier often as burden, are recognized as increasingly important due to their human capital, and correspondingly the efforts to retain them as long as possible, also beyond retirement age, have risen significantly (Kaiser 2017). Recognizing the increasing scarcity of labor is likely to generally boost a human capital-focused approach to employer-employee relationships, entailing multiple measures to foster the employees' accumulation of human capital. And if this new human capital leads to a higher productivity, it is likely to generate even higher wages in the mid run. Apart from higher wages, another likely result of the increasing bargaining power of employees is the improvement of working conditions, notably further proliferation of flexible working hours schemes or home office availability.

To sum up the labor market effects, demographic change is likely to lead to a higher appreciation of the individual: instead of perceiving the employee as a mechanic entity which is easily interchangeable in a "hire-and-fire" process, the increasing scarcity of labor can push employers towards thinking in new directions and to treat employees as unique individuals whose human capital, working conditions, health etc. are a decisive factor for the company's success. These changes can on their part induce several changes regarding the drivers of demographic change within the "idealist hypothesis". Regarding hedonism, higher wages and flexible working hours endow the individuals with more financial and temporal resources, so couples could now financially and temporally afford to indulge in their hedonistic activities (e.g. expensive tourism, luxury cars), but also to have the money and time for simultaneously engaging in painful and long-term activities related to children. Regarding trust, a higher appreciation on the labor market can easily raise the self-confidence of individuals and their level of optimism about the future of the social order. This reduced subjective uncertainty about the sustainability of one's future professional situation can also lead to a new, higher willingness to engage in risky activities related to children. Regarding habitus, it may well be that the previous strain on young cohorts in Germany after 1990 regarding labor market uncertainty solidified a fertility habitus that a low number of children is a sign of prosperity and successful career. The new certainty from the upgraded relevance of the individual on the labor market can well contribute to the breakthrough of new patterns in the fertility habitus different from the ones today.

The issues of innovation and entrepreneurship are related to the developments on the labor market. One of the principal anxieties of ageing societies is their fear of becoming less innovative due to the increasing risk aversion of an ageing population. As will be discussed later on in the context of the political system, such an increasing risk aversion must not always be seen as a disadvantage. But even if demographic change leads to a lower number of start-ups due to the lower number of younger citizens, as has been the case in Germany in recent years (RKW Kompetenzzentrum 2015, pp. 2–3), this must not remain so. If society and the polity realize that innovation becomes increasingly rare, it is easily imaginable that the appreciation for innovations and for the entrepreneurs who generate them can increase. If this is the case, policies which foster entrepreneurship are likely to follow – not only in the materialist sense of subsidies and the like, but also as changes of education practices and possibly a positively changing general attitude in society towards innovation and entrepreneurship.

2) As mentioned above, education and the education system understandably play a key role in an analysis of demographic change based on the "idealist hypothesis". The education system will certainly be (and already is) affected by demographic change. In their current shape, both the school system and the higher education system in most Western countries were conceived long before demographic change of recent decades "hit in". Thus these systems have little in-built flexibility and adaptability, especially due to the high degree of state control, entailing rigidities in the adjustment to new circumstances instead of the necessary flexibility and adaptability. Today's scales of both the school and the higher education systems in Germany are actually based on larger cohorts than the current and the immediately forthcoming ones, and it remains to be seen how they can cope with the process of shrinkage which, regardless of the quantitative uncertainty, will most probably characterize the qualitative trends of the next two decades – even if demographic trends inverse, the impact of these inversions will affect the

education system only with a sizable lag. However, one characteristic of the current state-dominated system is particularly interesting and possibly advantageous in the sense of this analysis: the focus on numbers (of admissions, graduates etc.). With the decreasing number of potential applicants and the unwillingness of the state to close down schools and universities, the obvious short-term result will be a steady intensification of competition for the increasingly scarce applicants. Several effects of competition can unfold here to the advantage of the applicant: 1) allocation of the individuals to these institutions who are best suitable for them, 2) improvement of the quality provided (of state-run institutions) and of the price-performance ratio (of private institutions), 3) disempowerment of the institutions vis-à-vis the applicant who is offered an increasing menu of options (programs), 4) constant pressure on institutions to innovate in their products, processes and locations, thus discovering new or previously unused knowledge of how to continuously improve their offer.

To sum up, such trends in the education system are likely to improve the importance of the individual in the eyes of the education institutions, and of the role of the education system in the eyes of society – possibly pushing the polity towards higher and more effective investments into the education system. Apart from the increasing quality and the other advantages of intensifying competition, a shift in the position of students "from supplicant to customer" occurs, even though the metaphor "customer" is imperfect and may be supplemented by the metaphor "partner". Given the immense amount of time a student spends at school (and possibly later at higher education institutions), this shift can imbue tomorrow's students with a new sense of certainty from early age on, inducing yet again – as in the above discussions of the labor market and of entrepreneurship – a higher trust in the order of society, possibly also changing the habitus of balancing between risk and certainty as well as between short-term and long-term activities. This new certainty for young citizens and the induced effects can again change the patterns of fertility, with positive effects on future demographic change.

3) Last but not least, demographic change will (and already does) affect the political system of Western societies, and that in various ways. Again, today's debates mostly focus on threats and risks, all the way to constructing a "conspiracy of Methuselah", as prominently done by the late FAZ editor Frank Schirrmacher (Schirrmacher 2004). It is empirically true that the elderly tend to be more active as voters (Rostocker Zentrum 2005, p. 40), and their increasing relative weight in society will certainly lead to an increasing importance of their political preferences. But is this a necessarily negative development? Demographic change will certainly pose serious challenges for Western societies and their governance, especially for

the social security systems which – like the education system discussed above – are the products of demographically different times. But this pressure on previously stable systems will – sooner or later – urge political entrepreneurs to find new, more sustainable solutions. This can certainly happen on all levels of a federal state like Germany. Interestingly, political problems awaiting solutions have become increasingly diverse due to the observable polarization of the regional development in a country like Germany – urban vs. rural, West vs. East, central vs. peripheral etc. (Burkert 2007 et al., Schlitte et al. 2010, Bräuninger et al. 2014). Such a polarization of problems obviously calls for solutions different from the "one-size-fits-all" type, and this could possibly mean that an increasing number of problems must be solved on the local level with the necessarily decentralized tacit knowledge of local citizens – entailing a de facto decentralization of the political system, despite the observable de jure trends, in Germany and the EU, towards centralization. For these decentralized solution mechanisms, local political units will need resources. Given the "debt brake" and the very recent renegotiations of the fiscal constitution in Germany with its assumed stability for the near future, such resources can primarily come from attracting labor and capital at the local level – thus an intensification of the competition for the increasingly scarce factor labor is a probable outcome, despite the remaining disincentives in the new German fiscal constitution. Seen from the individual's perspective, this is a "race to the top": the political units will be under the pressure to provide the best price-performance ratio for their packages of publicly provided services. One of the results of such a process may be that the levels of taxation and regulation would mirror with an increasing precision the individuals' preferences, as compared to today's situation with a relative slack in the discretion of politicians and bureaucrats.

Apart from the possible trend towards decentralization and competition of locations, another advantage of ageing for a democratic political system could be the time budget of elderly citizens, which to a much higher extent includes leisure. One of the key arguments for a purely representative democracy is the necessity for professionalization of politics due to the increasing complexity of the political agenda and the lack of time of citizens to acquaint themselves adequately with this agenda. Given the much softer time budget constraint of the elderly, this argument for always delegating politics to professional politicians and bureaucrats can prove much less convincing in the future, adding yet another argument for the increasing capability of civil society self-governance on the local level and/or for introducing elements of direct democracy into the political system. These developments all mean an "upgrade" in the importance of a single individual in the democratic process and would empower the individual to shape the political agenda to a higher extent than is currently the case in most Western societies. The individual could thus increasingly become, objectively as well as subjectively in one's self-perception, the genuine driver of democracy – as opposed to the trend towards "massification" of democracy, a trend which filled many 20th century liberal economists with apprehension and skepticism about modern democracy (Nientiedt / Köhler 2016, pp. 1745–1751).

The complex of foreign policy is related to the transformations of the political system. A tentative hypothesis can be formulation also here, one which can already be "tested" due to the availability of long-lasting historical experience: ageing societies tend not only to shun risk, but also to be less aggressive and less prone to engage in military conflicts. The length and scope of earlier conflicts, especially the two World Wars, have sometimes been linked to the specific demographic situation at the time which was characterized by a unique population growth and a uniquely high proportion of young men in the population – a constellation which indeed can endow society and the polity with an overdose of belligerent "heroism" (Staveteig 2005, Toft 2005). Given the size of today's Western family, the aptitude for war aggression and the willingness to accept casualties is certainly lower – and the recent convergence in family size in non-Western regions towards the one in the West adds some optimism for the future of global peace.

5. Conclusion

It is beyond any doubt that demographic change entails multiple challenges, threat and risks. But a picture which only focuses on these phenomena is one-sided – and many draw this picture in the public debate in a rather ubiquitous manner. The purpose of this paper was to produce a counterweight for this one-sidedness and to provide a set of arguments why demographic change must not be seen in uniformly gloomy colors.

Regarding the causes of demographic change, the analysis stressed that it may not be primarily material conditions (materialist hypothesis) but rather the individual's patterns of thought (idealist hypothesis) which are at the root of the ups and downs in the willingness of couples to bear and raise children. Such patterns are much more difficult to change by means of politics – and from a liberal, anti-paternalist perspective, plenty of caution is in place before politics can claim legitimacy to exogenously change these patterns. Interesting enough, simple thought experiments could show that numerous channels are imaginable how the demography-induced changes in various sub-orders of society can endogenously change the individual's attitudes towards patience, trust, risk as well as the general habitus towards children.

"Forecasts are difficult, especially when they regard the future" has been a popular bon mot by German comedian Karl Valentin. This is also true about forecasts of demographic change: while the immediate future can be forecasted by statisticians with a fairly high precision – even though also here precision sometimes fails, as shown by the impact of the current immigration influx – more skepticism is in place when it comes to mid- and long-term projections. The assumption that today's patterns of fertility can be extrapolated into the future is rather problematic. Be it through exogenous impulses from politics or through endogenous mechanisms within society: demographic change can lead society towards a higher appreciation of the individual, and such a change can be equally fundamental as the changes of earlier decades which brought the effects so many are worried about today.

One way or the other, decisions about bearing and raising children are among the most intimate ones a person can take, and so Buchanan's "normative individualism" is particularly relevant here: these decisions should be especially respected by the polity, as opposed to today's "over-activism" in Germany and elsewhere, pseudo-justified by gloomy projections and the implied urgency for political action. For scholars who focus on the self-organizing properties of economy and society, such exaggerated pessimism is seldom warranted – and the analysis here showed only a few out of many possible channels how self-confident individuals in a society with trust and a sense of "order stability" can cope with the problems ahead without the coercion and moralism of paternalist politics. Given the explicit value judgments at the beginning, in the process of solving these problems demographic change can even change society "for the better".

References

Allensbach (2010) Einstellungen zur sozialen Marktwirtschaft in Deutschland am Jahresanfang 2010. Erkenntnisse aus repräsentativen Trendfortschreibungen, URL: http://www.ifd-allensbach.de/uploads/tx_studies/7472_Soziale_Marktwirtschaft.pdf.

Anter, Andreas (2007) Die Macht der Ordnung. Aspekte einer Grundkategorie des Politischen, 2nd ed, Tübingen.

Arndt, Marco (2015) Die Kernfrage nach dem Kindeswohl. Letter to the Editor, Frankfurter Allgemeine Zeitung, June 2 2015, p. 6.

Berggren, Niclas / Henrik Jordahl (2006) Free to Trust: Economic Freedom and Social Capital, in: Kyklos, 59, pp. 141–169.

Biedenkopf, Kurt / Meinhard Miegel (1978) Wege aus der Arbeitslosigkeit. Arbeitsmarktpolitik in der sozialen Marktwirtschaft, Stuttgart.

Bourdieu, Pierre (1984) Distinction: A Social Critique of the Judgement of Taste, London.

Bräuninger, Michael / Alfred Höhn / Friso Schlitte / Norbert Winkeljohann (2014) Deutschland 2030 – Die Arbeitsplätze der Zukunft. Studie im Auftrag der PwC AG, Hamburgisches WeltWirtschaftsInstitut.

Burkert, Carola / Annekatrin Niebuhr / Rüdiger Wapler (2007) Regional Disparities in Employment of High-Skilled Foreigners – Determinants and Options for Migration Policy in Germany, HWWI Research Paper 3–7, Hamburgisches WeltWirtschaftsInstitut.

CIA World Factbook (2017) Country Comparison: Total Fertility Rate, URL: https://www.cia.gov/library/publications/the-world-factbook/rankorder/2127rank.html.

Denzau, Arthur T. / Douglass C. North (1994) Shared Mental Models: Ideologies and Institutions, in: Kyklos, 47, pp. 3–31.

Forsa (2015) Meinungen der Bürger zum Standort Deutschland, URL: http://www.insm.de/insm/dms/insm/text/presse/pressemeldungen/2015/Forsa_Umfrage_zum_Standort_Deutschland.pdf.

Hayek, Friedrich August von (1945) Individualism: True and False, in: F.A. Hayek: Individualism and Economic Order, Chicago, pp. 1–32.

Hayek, Friedrich August von (1974) The Pretence of Knowledge. Nobel Prize Lecture, URL: http://www.nobelprize.org/nobel_prizes/economic-sciences/laureates/1974/hayek-lecture.html.

Kaiser, Tobias (2017) Was Unternehmen Senioren bieten müssen, um sie im Job zu halten, in: Die Welt, July 13 2017, https://www.welt.de/wirtschaft/article166579087/Was-Unternehmen-Senioren-bieten-muessen-um-sie-im-Job-zu-halten.html.

Kreyenfeld, Michaela / Dirk Konietzka (2008) Education and Fertility in Germany, in: Ingrid Hamm / Helmut Seitz / Martin Werding (eds.): Demographic Change in Germany. The Economic and Fiscal Consequences, Berlin, pp. 165–187.

Kunze, Michael (2013) Ostdeutschland: Azubi-Not macht erfinderisch, in: Frankfurter Allgemeine Zeitung, February 27 2013, URL: http://www.faz.net/aktuell/beruf-chance/arbeitswelt/ostdeutschland-azubi-not-macht-erfinderisch-12089812.html.

Miegel, Meinhard (1981) Sicherheit im Alter. Plädoyer für die Weiterentwicklung des Rentensystems. Mit einem Vorwort von Kurt Biedenkopf, Stuttgart.

Miegel, Meinhard / Stefanie Wahl (1994) Das Ende des Individualismus. Die Kultur des Westens zerstört sich selbst, Munich.

Moore, Andrew (2013) Hedonism, in: The Stanford Encyclopedia of Philosophy, URL: https://plato.stanford.edu/archives/win2013/entries/hedonism.

Nientiedt, Daniel / Ekkehard A. Köhler (2016) Liberalism and Democracy – A Comparative Reading of Eucken and Hayek, in: Cambridge Journal of Economics, 40, pp. 1743–1760.

Popitz, Heinrich (1992) Phänomene der Macht, 2nd ed, Tübingen.

Ragnitz, Joachim (2016) Mehr Kinder in Deutschland: Entwarnung für die Demographie?, in: ifo Dresden berichtet, 23/1, pp. 33–36.

RKW Kompetenzzentrum (2015) Gründungszahlen in Deutschland: Infografiken 2015, URL: http://www.existenzgruender.de/SharedDocs/Downloads/DE/Broschueren-Flyer/ Zahlen-Daten-Fakten-Gruendungsaktivit%C3%A4ten-in-Deutschland.pdf?__blob=publi cationFile.

Rostocker Zentrum (2005) Deutschland im Demografischen Wandel. Fakten und Trends 2005 des Rostocker Zentrums zur Erforschung des Demografischen Wandels, URL: http://www.rostockerzentrum.de/Content/publikationen/Deutschland%20im%20Demografischen%20Wandel_2005.pdf.

Sarrazin, Thilo (2010) Deutschland schafft sich ab. Wie wir unser Land aufs Spiel setzen, Munich.

Schirrmacher, Frank (2004) Das Methusalem-Komplott, Munich.

Schlitte, Friso / Fabian Böttcher / Annekatrin Niebuhr / Javier Revilla Diez (2010) The Determinants of Regional Disparities in Skill Segregation – Evidence from a Cross Section of German Regions, HWWI Research Paper 1–36, Hamburgisches WeltWirtschaftsInstitut.

Seitz, Helmut / Martin Werding (2008) Consequences of Demographic Change in Germany: An Introduction, in: Ingrid Hamm / Helmut Seitz / Martin Werding (eds.): Demographic Change in Germany. The Economic and Fiscal Consequences, Berlin, pp. 1–7.

Skidelsky, Robert (2009) Keynes. The Return of the Master, London.

Sprich, Christoph (2008) Hayeks Kritik an der Rationalitätsannahme und seine alternative Konzeption. Die Sensory Order im Lichte anderer Erkenntnistheorien, Marburg.

Statistisches Bundesamt (2012) Geburten in Deutschland. Ausgabe 2012, URL: https://www.destatis.de/DE/Publikationen/Thematisch/Bevoelkerung/Bevoelkerungsbewegung/BroschuereGeburtenDeutschland0120007129004.pdf?__blob=publicationFile.

Staveteig, Sarah (2005) The Young and the Restless: Population Age Structure and Civil War, in: ECSP Report of the Wilson Center, 11/05, pp. 12–19.

Straubhaar, Thomas (2016) Der Untergang ist abgesagt. Wider die Mythen des demografischen Wandels, Hamburg.

Toft, Monica Duffy (2005) The State of the Field: Demography and War, in: ECSP Report of the Wilson Center, 11/05, pp. 25–28.

Vanberg, Viktor J. (1975) Die zwei Soziologien. Individualismus und Kollektivismus in der Sozialtheorie, Tübingen.

Vanberg, Viktor J. (2012) Methodological and Normative Individualism in "The Calculus", in: Public Choice, 152, pp. 381–388.

Vanberg, Viktor J. (2017) Introduction, in: F.A. Hayek: The Sensory Order and Other Writings on the Foundations of Theoretical Psychology, Vol. 14 of the Collected Works of F.A. Hayek, Chicago, pp. 1–112.

VBW (2012) Akzeptanz der Sozialen Marktwirtschaft. Eine Studie der Vereinigung der Bayerischen Wirtschaft, URL: https://www.isu-online.de/sendf.php?i=000130-0.pdf.

Clemens Schneider

Die Offene Gesellschaft und ihre Zuwanderer: Kritische Gedanken zu einer planwirtschaftlichen Integrationspolitik

1. Einführung

> „Je mehr jemand das Fremde ablehnt und seine eigene Art als die überlegene betrachtet, desto mehr neigt er dazu, es als seine Mission zu betrachten, andere zu ‚zivilisieren' – nicht durch freiwilligen und ungehinderten Verkehr, den der Liberale begünstigt, sondern indem er ihnen die Segnungen einer tatkräftigen Regierung bringt."[1]
>
> – Friedrich August von Hayek –

Mit dem starken Zuzug von Migranten, vorwiegend Flüchtlingen, seit dem Jahr 2015, die zudem aus islamisch geprägten Ländern stammen, ist auch die Debatte über Integration wieder stärker in den Fokus gerückt, die bereits in den frühen 1990er Jahren eine wichtige Rolle im öffentlichen Diskurs spielte, und seit den frühen 2000er Jahren besonders um den Begriff „Leitkultur" herum geführt wird.

Dabei übernimmt der Begriff „Integration" eine ähnliche Rolle, wie sie der Sozialphilosoph und Ökonom Friedrich August von Hayek für den Begriff „soziale Gerechtigkeit" beschrieb – er ist ein unbestimmbares, beliebig austauschbares und oft in völlig gegensätzlichem Sinne verwendetes „Wieselwort"[2]. Häufig wird er verwendet, um einer Forderung an eine Personengruppe Ausdruck zu verleihen, sich in ihrer Lebensweise an bestimmte Vorgaben anzupassen, die als notwendige Voraussetzungen für die Teilhabe an der Mehrheitsgesellschaft definiert werden. Dabei kann diese Forderung durchaus von verschiedenen Seiten des politischen Spektrums geäußert werden, wie die geschichtlichen Beispiele zeigen: So hat etwa das französische Konzept der „laicité" starken Rückhalt in linken Kreisen, während der Kulturkampf Bismarcks von bürgerlich-liberalen Kräften unterstützt wurde und die Leitkultur-Debatte von Beginn an aus dem konservativen Lager forciert wurde.

---

1 Hayek, Verfassung, 527.

2 Vgl. Hayek, Friedrich August von, Die verhängnisvolle Anmaßung. Die Irrtümer des Sozialismus (Gesammelte Schriften Bd. B 7), Tübingen 2011, 130–133.

2. Gedankliche Grundlagen

Gerechtigkeit und Identität

> „Es ist ein Mythos, ein irrationaler romantischer und utopischer Traum, ein Traum von Naturalismus und Stammeskollektivismus." [3]
> – Karl Popper –

Hayek hat viel Mühen darauf verwandt, herauszuarbeiten, welcher Entwicklungsprozess zum Entstehen des modernen Staates geführt hat. Insbesondere in seinen Werken „Recht, Gesetz und Freiheit" und „Die verhängnisvolle Anmaßung" beschreibt er den Weg von der kleinen Gruppe zur Großen Gesellschaft. Eine zentrale Rolle in seiner Interpretation dieses Weges nimmt der Wandel der Moral ein: „die Ordnung einer kleinen Gesellschaft setzt voraus, daß ihre Mitglieder bestimmte, konkrete Zwecke im Auge haben, dass sie einer gemeinsamen Hierarchie von konkreten Zielen dienen."[4] Dies erfordert auch einen weitgehenden Konsens über moralische Prinzipien, die dem Überleben der Gruppe dienen. Altruismus, Kollektivismus und Konformismus sind wesentliche Säulen dieses Moralsystems. Die Große Gesellschaft und der moderne Staat wurden nach Hayek überhaupt erst möglich dadurch, dass Menschen erkannten, dass diese moralischen Grundsätze nicht beliebig skaliert und mithin auf immer größere Gruppen angepasst werden können. In der Großen Gesellschaft gilt: „Die Aufgabe des Staates besteht darin, eine Rahmenordnung zu schaffen, in der Einzelpersonen und Gruppen erfolgreich ihre jeweiligen Ziele verfolgen können"[5]. Durch diese Rahmenordnung ist das Tätigkeitsfeld des Staates klar begrenzt. Anders als im Familienverband der Kleingruppe liegt es außerhalb seiner legitimen Kompetenzen, in die konkrete Planung und Lebensgestaltung der Bürger einzugreifen.

Im Blick auf die gesamte Entwicklungsgeschichte des Menschen ist jene Zeit, die er in einer Großen Gesellschaft verbracht hat, verschwindend gering. Deshalb üben auch die Instinkte, die sich in der Zeit der Kleingruppen-Gesellschaft entwickelt haben, immer noch einen erheblichen Einfluss auf unser Verhalten und Empfinden aus. Insbesondere unsere Vorstellung von Gerechtigkeit oder auch dem „richtigen Verhalten" orientiert sich oft noch an jenen Instinkten, die das Überleben der kleinen Gruppe in einem feindlichen Umfeld garantiert haben.

---

3 Popper, Karl R., Die offene Gesellschaft und ihre Feinde. Band 2: Falsche Propheten: Hegel, Marx und die Folgen (Gesammelte Werke Bd. 6), Tübingen 2003, 62.

4 Hayek, Ordnung, 30f.

5 Hayek, Recht, 446.

Hayek sieht diese Instinkte als den Ursprung dessen an, was in der politischen und soziologischen Theorie als Kollektivismus beschrieben wird.[6]

Nicht alleine die Vorstellung, dass Güter gerecht verteilt werden sollten, gehört zu den Ergebnissen dieser Prägung des Menschen. Auch immaterielle Zielsetzungen – allein schon die Abstraktion des Konzepts der distributiven Gerechtigkeit – sind Teil dieser ursprünglichen Prägung und haben immer wieder Eingang gefunden in die Bemühungen der Menschen, ihr Miteinander zu organisieren: „infolgedessen wurde die Gesetzgebung zur Legalisierung von Zwang gebraucht, nicht nur um ungerechtes Handeln zu verhindern, sondern um bestimmte Ergebnisse für spezifische Personen oder Gruppen zu erreichen“[7]. Zu diesen erwünschten Ergebnissen zählt auch das Ideal der Homogenität. Um zu überleben, muss eine kleine Gruppe gemeinsame Wert- und Zielvorstellungen haben. Da sich diese Werte, auf die sich eine Gruppe geeinigt hat, als (zumindest scheinbar) überlebenswichtig herausgestellt haben, werden sie auch mit entsprechender Vehemenz verteidigt. Kultur in all ihren Facetten ist ein wesentliches Medium, um diese Werte zu transportieren und zu sanktionieren: von religiösen Bräuchen über tradierte Erzählungen bis zu Fahnen und Hymnen. Diese Elemente der Kultur dienen der Selbstvergewisserung und signalisieren, ob jemand Teil der Gruppe ist oder nicht.

Seit der Herausbildung von Staatlichkeit gab es immer eine enge Beziehung von Herrschaft und Kultur. Eine der deutlichsten Ausprägungen dieser Verbindung war die Verquickung von Religion und Staat. Wie moralische Vorstellungen können auch kultische Handlungen und Rituale zurückverfolgt werden auf die Zeit der Horde, wo sie der Stärkung der Gemeinschaft dienten. Dass Herrscher und Machthaber auf diese Mittel zurückgreifen, um den Gruppenzusammenhalt und ihre Autorität in der Gruppe zu stützen, ist kaum verwunderlich.

Wie die Verheißung, Gerechtigkeit herzustellen, hat auch das Versprechen, die „eigenen“ Werte zu schützen, die Identität zu erhalten und ein „gemeinsames“ Ziel zu verfolgen, über die Jahrhunderte hinweg immer wieder als Rechtfertigung für

---

6 Vgl. Hayek, Friedrich August von, Die überschätzte Vernunft, in: ders., Wirtschaftstheorie und Wissen. Aufsätze zur Erkenntnis- und Wissenschaftslehre (Gesammelte Schriften Bd. A 1), Tübingen 2007, 109–134, 110: „Erst die Zivilisation brachte Differenzierung und Individualisierung. Primitives Denken besteht hauptsächlich aus gemeinsamen Empfindungen der Mitglieder der kleinen Gruppe. Der moderne Kollektivismus ist ein Rückfall in diesen Zustand des Wilden, ein Versuch, diese starken Bande innerhalb der engen Gruppe, die die Bildung erweiterter, aber loser Zusammenschlüsse verhinderten, wiederherzustellen. In der kleinen Gruppe mussten die Anstrengungen auf die gemeinsam wahrgenommenen Ziele gerichtet und von derselben Bewusstheit der Umwelt geleitet sein.“

7 Hayek, Recht, 4.

Eingriffe in die Lebensgestaltung und Interaktion der Untertanen oder Bürger seitens staatlicher Autoritäten geführt: „Diese Regeln, die für den Staatsapparat gelten, werden aber notwendigerweise von anderer Art sein als die universalen Regeln gerechten Verhaltens, welche die Grundlage der spontanen Ordnung der Gesellschaft insgesamt bilden. Es werden Organisationsregeln sein, die darauf ausgerichtet sind, bestimmte Ziele zu erreichen, positive Anordnungen, etwas zu tun oder bestimmte Ergebnisse zu erzielen, zu ergänzen und zu diesem Zweck die verschiedenen Behörden zu schaffen, durch die der Staat tätig wird."[8]

3. Die unbequeme spontane Ordnung

> „Ordnung ist kein Druck, den man von außen her auf die Gesellschaft ausübt, Ordnung ist Gleichgewicht, das in ihrem Inneren hergestellt wird."[9]
> – José Ortega y Gasset –

Dem mit Mikromanagement und ständigen Interventionen befassten Obrigkeitsstaat setzten die liberalen Bewegungen der Neuzeit das Konzept eines selbstbeschränkten Staates entgegen. Dieser Staat ist in seiner Konzeption das Gegenteil des überkommenen Modells hierarchisch organisierter Staaten, das sich in vielerlei Hinsicht wie eine hypertrophe Version der Horde ausnimmt. Dieser „Minimalstaat" ist der Ordnungsrahmen, innerhalb dessen sich die spontane Ordnung der Großen Gesellschaft in freier Kooperation entfalten kann.

Die Vordenker dieses Staatsverständnisses waren im 20. Jahrhundert vor allem Ökonomen, insbesondere Ludwig von Mises und Friedrich August von Hayek. Insofern ist es naheliegend, dass sie die Problematik des interventionistischen, steuernden und planenden Staates vorrangig im Blick auf wirtschaftliche Prozesse darstellten. Allerdings haben diese Denker bei ihrer Kritik und ihren Gegenentwürfen keineswegs ausschließlich ökonomische Fragen adressiert. Vielmehr haben beide stets ihren Blick über ihr unmittelbares Fachgebiet hinaus auf die Gesamtheit menschlichen Verhaltens gerichtet. Mises' Hauptwerk trägt den Titel „Human Action" und vermittelt damit schon deutlich, dass er eine Trennung des menschlichen Lebens in verschiedene Sphären ablehnt. Im Verständnis dieser Denker muss die Rede von einem „Wirtschaftsliberalismus" unsinnig klingen.

---

8 Ebd., 128; vgl. ebd., 136: „Das Recht der Organisation des Staates ist nicht Recht im Sinne von Regeln, die festlegen, welche Art von Verhalten im allgemeinen richtig wäre, sondern besteht aus Weisungen, was bestimmte Beamte oder Behörden des Staates zu tun haben."

9 Ortega y Gasset, José, Mirabeau oder der Politiker, in: ders., Gesammelte Werke Bd. 2, Stuttgart 1950, 378.

Ihre Beobachtungen menschlichen Verhaltens im Bereich des Ökonomischen sind mithin immer Beobachtungen über menschliches Verhalten im Allgemeinen.

Sobald eine Gesellschaft über die kleine Gruppe hinaus und in die Anonymität hineingewachsen ist, bedarf sie, laut Hayek, neuer Organisationsstrukturen. Während die kleine Gruppe auf klare Zielsetzungen angelegt und somit auf Befehle und Hierarchien ausgerichtet ist[10], konstituiert sich die Große Gesellschaft gerade im Verzicht darauf[11] und im „Übergang von Regeln, die eine bestimmte Handlung vorschreiben, zu Regeln, die wesensmäßig negativ gefasst sind"[12]. Wenn eine Gesellschaft zu groß geworden ist, um überblickt und geordnet zu werden, ist jeder Versuch dazu nicht nur zum Scheitern verurteilt[13], sondern kann häufig auch schwerwiegende Folgen haben: mit Fehlentscheidungen am harmlosen Ende und Zwang, Gewalt und Unterdrückung am anderen Ende der Skala. Die Große Gesellschaft hingegen profitiert davon, wenn sich Individuen und kleine Gruppen in ihr freiwillig und spontan miteinander koordinieren und in einen effizienten Austausch an Informationen und Signalen eintreten[14].

Wer heutzutage als Migrant in ein anderes Land zieht, begibt sich in der Regel in das, was Hayek als Große Gesellschaft beschreibt. Das Zusammenleben in seinem neuen menschlichen Umfeld ist geprägt von jener Anonymität und Unüberschaubarkeit, die eine präzise Steuerung verunmöglicht, „weil die Ordnung

---

10 Vgl. Hayek, Ordnung, 31: „Eine Gesellschaft, die auf der Verfolgung gemeinsamer Zwecke beruht – die theokratische Gesellschaft –, möchte ich als Organisation oder Anordnung bezeichnen. Jede der Handlungen ihrer Mitglieder wird durch Anweisung der Anführer oder der Häuptlinge, oder wer auch immer diese Gesellschaft regiert, auf die Erreichung der gemeinsamen Zielhierarchie ausgerichtet."

11 Vgl. Hayek, Irrtümer, 21: „dass der Erfolg unseres zweckrationalen Handelns der Herrschaft von Werten in unserer Gesellschaft zu verdanken ist, die von den bewusst verfolgten Zielen sorgfältig unterschieden werden müssen."

12 Hayek, Ordnung, 33.

13 Vgl. Hayek, Weg, 124: „Wenn man an die Gemeinschaft der Ziele und Interessen unter den Menschen glaubt, so dürfte man ein größeres Maß von Gleichförmigkeit der Gedanken und Anschauungen voraussetzen als es in Wahrheit unter ihnen existiert, soweit wir sie schlechthin als Menschen nehmen."

14 Vgl. Hayek, Ordnung, 31f: „Die große Errungenschaft der offenen Großgesellschaft besteht darin, dass sie spontan Ordnung hervorbringen kann, dadurch, dass die Individuen abstrakten Regeln gehorchen, das heißt, dass sie eine sich selbst bildende Ordnung ist. Während eine solche, sich selbst bildende Ordnung jedem Individuum Gelegenheiten bietet, sein eigenes Wissen im Hinblick auf die Erreichung seiner eigenen Ziele zu nutzen, dient sie als Ordnung jedoch selbst keinem konkreten Zweck. Sie produziert lediglich Gelegenheiten für jeden einzelnen."

einer offenen oder Großgesellschaft [...] aus verschiedenen Gründen nur eine abstrakte Ordnung sein kann. Sie kann nur das sein, weil sie auf einer Anpassung an sich ständig ändernde Umstände beruht, die niemandem als Ganzes bekannt sind und daher auch nie durch bewusste Anordnung hergestellt werden können"[15]

Dennoch herrscht in vielen Staaten noch die weit verbreitete Ansicht, dass eben diese präzise Steuerung nicht nur in ökonomischen Fragen notwendig sei[16]. Das reicht von der zentralen Anfertigung von Lehrplänen über immer neue Formen des Paternalismus in Fragen der persönlichen Lebensführung bis hin zu Gesetzen wie etwa dem Burka-Verbot[17]. Verstärkt wird diese Vorstellung, dass die Große Gesellschaft einer ordnenden Hand bedürfe, durch „eine Furcht vor Veränderungen, ein ängstliches Misstrauen gegen das Neue als solches"[18].

4. Unbeabsichtigte und unbekannte Folgen

> „Wir sind nicht weit davon entfernt, dass die bewusst organisierten Kräfte der Gesellschaft jene spontanen Kräfte zerstören könnten, die den Fortschritt möglich machen."[19]
> – Friedrich August von Hayek –

Die Aufgabe, diese Gesellschaftssteuerung zu organisieren, wird Behörden und Politikern übertragen[20]. In demokratischen Staaten gehört das Versprechen, die eigene Macht einzusetzen, um konkrete kulturelle Vorstellungen durchzusetzen,

15 Hayek, Rechtsordnung, 40.

16 Das gilt insbesondere in Zeiten starker Umbrüche in einer Gesellschaft wie etwa in der Folge der 68er Jahre oder nach dem Fall des Eisernen Vorhangs zu Beginn der 90er Jahre. Hayek beschreibt das im Blick auf die deutsche Einigungsbewegung im 19. Jahrhundert: „In einem Land, in dem alles, was an Traditionen vorhanden war, im Wesentlichen lokal war, bedeutete das Streben nach Einheit eine systematische Opposition gegen fast jedes spontane Wachstum und die konsequente Einsetzung künstlicher Schöpfungen." In: Hayek, Individualismus, 27

17 Vgl. Hayek, Verfassung, 528: „Im Gegensatz zum Rationalismus der Französischen Revolution liegt der wahre Liberalismus nicht im Streit mit der Religion und ich kann die militante und wesentlich unliberale antireligiöse Einstellung, die den kontinentalen Liberalismus des 19. Jahrhunderts anfachte, nur bedauern."

18 Ebd., 520.

19 Ebd., 50.

20 Vgl. Ebd., 521: „Der Konservative fühlt sich nur sicher und zufrieden, wenn er gewiss sein kann, dass eine höhere Weisheit die Veränderungen beobachtet und überwacht, und wenn er weiß, dass eine Behörde den Auftrag hat, die Veränderung ‚in Ordnung' zu halten."

zum klassischen Bestand jedes Wahlkampfes und jeder Öffentlichkeitsarbeit. Dabei sind die Möglichkeiten selbst mächtiger Politiker, eine kulturelle Revolution zu initiieren, zumindest in demokratischen Rechtsstaaten in der Regel gering[21]. Das hat zur Folge, dass die eigentlichen politischen Ziele meist nicht erreicht werden, während gleichzeitig eine Vielzahl von unbeabsichtigten Folgen hervorgebracht werden, die ihrerseits zu großen Belastungen für das gesellschaftliche Zusammenleben werden können (ein Phänomen, das Hayek und andere Denker wie John Locke, Adam Smith oder Frédéric Bastiat im ökonomischen Bereich vielfach beschrieben haben)[22].

So ist beispielsweise zu beobachten, dass in vielen Ländern, in denen es starke laizistische Gesetzesbestimmungen gibt, religiöse Gemeinschaften, die sich dadurch eingeschränkt oder bedroht sehen, Zuflucht im Rückzug aus der Gesellschaft suchen. So etwa die sehr starke traditionalistische Gruppe der französischen Katholiken oder viele muslimische Einwohner Frankreichs. Die implizite Botschaft, die durch eine starke Steuerung der Gesellschaft übermittelt wird, ist oft dergestalt, dass sie Minderheiten das Gefühl vermittelt, von der Mehrheit nicht akzeptiert zu werden. Damit einhergehen kann der Eindruck mangelnder Wertschätzung, der Marginalisierung, Ablehnung und auch das Gefühl, dass die eigenen Werte und kulturellen Normen als minderwertig angesehen werden. Diese Gefühle führen verständlicherweise häufig zu Abwehrreflexen, die das eigentliche Ziel einer Integration oder gar Assimilierung eher konterkarieren.

Das Prinzip der spontanen Ordnung basiert auf der Erkenntnis, dass sich Lösungen in der Regel in einem auf Austausch basierenden Lernprozess ergeben, an dem viele Menschen beteiligt sind. Hayek macht mehrfach sehr deutlich, dass dieser evolutorische und ungesteuerte Prozess nicht nur auf dem Gebiet des Ökonomischen zu den besten Ergebnissen führt: „Dieses Zusammenspiel der Individuen mit verschiedenen Wissen und verschiedenen Meinungen ist das, was das Wesen des geistigen Lebens ausmacht. Das Wachstum unseres Vernunftwissens

21 Vgl. dazu: Hayek, Friedrich August von, Die Intellektuellen und der Sozialismus, in: ders., Wissenschaft und Sozialismus. Aufsätze zur Sozialismuskritik (Gesammelte Schriften Bd. A 7), Tübingen 2004, 3–15.

22 Vgl. auch Hayek, Recht, 262: „Die Vorstellung, eine gemeinsame Skala bestimmter Werte sei eine gute Sache, die nötigenfalls durchgesetzt werden müsste, ist zwar in der Geschichte des Menschengeschlechts tief verwurzelt, doch erfolgt ihre Verteidigung heutzutage vor allem unter Rückgriff auf den irrigen Glauben, dass solch eine gemeinsame Zielskala für die Integration der Tätigkeiten der einzelnen in eine Ordnung notwendig und eine unerlässliche Voraussetzung für Frieden sei. Dieser Irrtum ist aber gerade das größte Hindernis für die Erreichung eben jener Ziele."

ist ein sozialer Prozess, der sich auf solche Verschiedenheit gründet. Es liegt in seinem Wesen, dass seine Ergebnisse nicht vorausgesagt werden können, dass wir nicht wissen können, welche Ansichten dieses Wachstum fördern werden und welche nicht, kurzum, dass dieses Wachstum nicht der Herrschaft irgendwelcher Ansichten, die wir heute hegen, unterworfen werden kann, ohne dass es gleichzeitig gehemmt wird. Den geistigen Wachstumsprozess oder auch den Fortschritt im allgemeinen Sinne zu ‚planen' oder zu ‚organisieren', ist ein Widerspruch in sich selbst. Die Vorstellung, dass der menschliche Geist ‚bewusst' seine eigene Entwicklung überwachen solle, verwechselt die individuelle Vernunft, die allein irgendetwas ‚bewusst' überwachen kann, mit dem interpersonellen Prozess, dem ihr Wachstum zu verdanken ist. Wenn wir diesen Prozess zu zügeln versuchen, so hemmen wir lediglich seine Entwicklung und führen früher oder später geistigen Stillstand und Niedergang herbei."[23]

Für Hayek ist der Verzicht auf zentrale Planung, Steuerung und Gestaltung die Grundvoraussetzung für Entwicklung, nicht zuletzt im kulturellen Bereich und in Bezug auf das Zusammenleben der Menschen: „Nicht nur finden die meisten sozialen Entwicklungsprozesse statt, ohne dass sie jemand wünscht oder vorhersieht, sondern sie führen auch nur deshalb zu kultureller Entwicklung."[24] Um kulturelle Entwicklung zu ermöglichen, sind deshalb Demut und Toleranz gegenüber anderen Meinungen unerlässlich[25]. Der Versuch einer „umfassenden Lenkung des sozialen Prozesses" ist mithin für eine Gesellschaft eher schädlich und gefährlich. An die Stelle einer Feinsteuerung muss ein Gerüst aus abstrakten Regeln treten. Das ist ein für viele Menschen zunächst kontraintuitiver Vorschlag, weil von Politik und Bürokratie immer wieder die Erwartung geweckt wird, dass politisch Verantwortliche am wirkungsvollsten Problemlösungen erreichen können, und dies mit der Aussicht, dass diese Lösungen den eigenen Vorstellungen

---

23 Hayek, Weg, 145.

24 Hayek, Recht, 447f; ebd. weiter: „Aus einem gelenkten Prozess kann nichts Größeres entstehen als das, was der lenkende Kopf vorhersehen kann. […] Eine in Entwicklung begriffene Gesellschaft schreitet nicht dadurch fort, dass der Staat ihr neue Gedanken aufprägt, sondern dadurch, dass beständig neue Wege und Methoden praktisch ausprobiert werden."

25 Vgl. Hayek, Weg, 145: „Der Individualismus ist daher eine Haltung der Demut angesichts dieses sozialen Prozesses und der Duldsamkeit gegenüber anderen Meinungen. Es ist das genaue Gegenteil jener intellektuellen Hybris, in der das Verlangen nach einer umfassenden Lenkung des sozialen Prozesses wurzelt."

entsprechen[26]. Diesem autoritativen Konzept stellt Hayek sein auf Kooperation und Dialog fußendes Ideal der „Freiheit unter allgemeinen Gesetzen" entgegen.

Darüber hinaus begründet Hayek seine Ablehnung einer Gesellschaftssteuerung auch mit dem Toleranz-Argument. So stellt er fest, „dass die Moral von Handlungen innerhalb des privaten Bereichs kein geeigneter Gegenstand staatlicher Zwangsmaßnahmen ist."[27] Auch Verhaltensweisen, die uns fremd oder unangenehm sind, müssen wir in einer Großen Gesellschaft ertragen können. Wenn etwa Muslime Frauen den Handschlag verweigern oder ihre Kinder im Sinne einer patriarchalischen Ordnung erziehen, wird das sicherlich von vielen Menschen nicht nur als unangenehm empfunden, sondern auch als sehr deutlicher Gegensatz zu den Wertvorstellungen liberaler Gesellschaften. Dennoch kann die Ablehnung dieser Verhaltensweisen kein hinreichender Grund sein, um hier Zwang auszuüben. Erst da, wo – etwa im häuslichen Bereich – Zwang angewandt wird, kann der freiheitliche Rechtsstaat legitimer Weise seinerseits zu Zwangsmitteln greifen.

Dies Nicht-Einmischungs-Gebot liberaler Ordnungen gilt auch deswegen, weil die Bevorzugung bestimmter kultureller Normen – und seien sie auch noch so dominant – den Grundsätzen der abstrakten Ordnung der Großen Gesellschaft widerspricht, „wenn wir unter ‚Recht' die für jedermann gleich geltenden allgemeinen Regeln verstehen. Diese Allgemeinheit ist wahrscheinlich das Wichtigste an der Eigenschaft des Rechts, die wir seine ‚Abstraktheit' genannt haben. So wie ein echtes Gesetz keine partikulären Umstände anführen soll, so sollte es insbesondere keine bestimmten Personen oder Gruppen von Personen herausgreifen."[28]

---

26 Vgl. Hayek, Verfassung, 205: „Der Widerstand gegen ein System der Freiheit unter allgemeinen Gesetzen stammt großenteils aus der Unfähigkeit, sich eine wirkungsvolle Koordination der menschlichen Tätigkeiten ohne bewusste Organisation durch eine befehlende Intelligenz vorzustellen."

27 Im größeren Zusammenhang schreibt Hayek in Hayek, Verfassung, 186f: „Insbesondere sollte die Freude oder der Ärger, den das Wissen vom Handeln anderer Menschen verursachen mag, nie als rechtmäßiger Grund für Zwang angesehen werden. [...] Ganz allgemein bedeutet das, dass die Moral von Handlungen innerhalb des privaten Bereichs kein geeigneter Gegenstand staatlicher Zwangsmaßnahmen ist. Vielleicht ist es sogar eines der wichtigsten Charakteristika einer freien im Gegensatz zu einer unfreien Gesellschaft, dass die Dinge des Verhaltens, die nicht direkt den geschützten Bereich anderer berühren, die Regeln, die tatsächlich von den meisten beobachtet werden, freiwilligen Charakter tragen und nicht mit Zwang durchgesetzt werden. [...] Wahrscheinlich ist von Menschen, die entschlossen waren, Zwang anzuwenden, um ein moralisches Übel auszumerzen, mehr Schaden und Elend verursacht worden als von Menschen, die absichtlich Böses taten."

28 Ebd., 197.

5. Vielfalt als Bedingung des Lernens und der Entwicklung

„Der Staat ist die Brutstätte, in der die Energie, das Wissen und die Fähigkeiten unterschiedlicher Teile der Menschheit miteinander in Austausch kommen und sich verbinden können. Wo politische Grenzen mit nationalen zusammenfallen, hört die Gesellschaft auf, zu existieren, und Länder fallen zurück in einen Zustand, der sich vergleichen lässt mit dem von Menschen, die den Austausch mit ihren Mitmenschen ablehnen."[29]
– Lord Acton –

Eine wesentliche Voraussetzung für die Entwicklung der Großen oder Offenen Gesellschaft war die wachsende Fähigkeit und Bereitschaft menschlicher Gemeinschaften, Abweichungen zu akzeptieren und unterschiedliche Wertvorstellungen, Lebensentwürfe und Zielsetzungen nebeneinander existieren zu lassen.[30] Durch Wettbewerb, Experimente und Austausch gewann der gesellschaftliche Lernprozess zunehmend an Dynamik. So setzte sich die Erkenntnis durch, „die gesellschaftlichen Probleme würden sich besser lösen lassen, wenn man nicht darauf vertraut, dass irgendjemand das ihm verfügbare Wissen gut nutzen wird, sondern einen Prozess interpersonellen Meinungsaustausches fördert, aus dem sich mehr Wissen ergeben wird. Aus der Diskussion und gegenseitigen Kritik

---

29 Acton, Nationality, 426 (Übers. d. Verf.): „It is in the cauldron of the State that the fusion takes place by which the vigour, the knowledge, and the capacity of one portion of mankind may be communicated to another. Where political and national boundaries coincide, society ceases to advance, and nations relapse into a condition corresponding to that of men who renounce intercourse with their fellow-men."

30 Vgl. Hayek, Recht, 262f: „Würde es zur Bedingung der Mitgliedschaft in einer Gesellschaft gemacht, dass jemand die konkreten Ziele, auf die die anderen Mitglieder hinarbeiten, billigt und bewusst unterstützt, so würde der Hauptfaktor ausgeschaltet, der für den Fortschritt einer solchen Gesellschaft sorgt. Dort, wo Einigkeit über konkrete Ziele notwendige Voraussetzung von Ordnung und Frieden ist und eine abweichende Meinung eine Gefahr für die Ordnung der Gesellschaft, wo Billigung und Tadel von den konkreten Zielen abhängen, denen bestimmte Handlungen dienen, wären die Kräfte des geistigen Fortschritts stark eingeengt. So sehr die Übereinstimmung über Ziele, wenn sie vorhanden ist, den Gang des Lebens in vielerlei Hinsicht erleichtern kann, ist doch die Möglichkeit zum Widerspruch oder zumindest das Fehlen eines Zwanges, sich über bestimmte Ziele einig sein zu müssen, die Grundlage jener Art von Zivilisation, die entstanden ist, seit die Griechen das selbständige Denken des einzelnen als die wirksamste Methode zur Förderung des menschlichen Geistes entwickelten."

der unterschiedlichen, auf verschiedenen Erfahrungen gestützten menschlichen Ansichten erwartet man eine erfolgreiche Wahrheitsfindung oder wenigstens die beste Annäherung an die Wahrheit."[31]

Pluralismus[32] garantiert, dass alle Mitglieder einer Gemeinschaft durch ihre individuellen Entscheidungen und ihre Interaktion zu Entstehen, Erhalt und Gedeihen der freiheitlichen Gesellschaft beitragen und der Prozess nicht durch Intervention und Planung gestört wird.[33] Freilich stellt der Pluralismus auch eine beständige Herausforderung dar, weil er jeden – auch den Liberalen – in seinen Überzeugungen in Frage stellt und die Möglichkeit unerwünschter Veränderungen in sich birgt. Das wird vor allem dann als bedrohlich empfunden, wenn Grundüberzeugungen und Werte zur Disposition stehen und nicht lediglich technische oder prozedurale Fragen. Hayek argumentiert, dass sich in diesem Veränderungsprozess auf lange Sicht diejenigen Werte durchsetzen werden, die zum Erhalt einer Gemeinschaft besser geeignet sind.[34] Es ist charakteristisch für

---

31 Hayek, Friedrich August von, Liberalismus, in: ders., Grundsätze einer liberalen Gesellschaftsordnung. Aufsätze zur Politischen Philosophie und Theorie (Gesammelte Schriften Bd. A 5), Tübingen 2002, 88–119, 115; vgl. Hayek, Weg, 145: „Dieses Zusammenspiel der Individuen mit verschiedenen Wissen und verschiedenen Meinungen ist das, was das Wesen des geistigen Lebens ausmacht. Das Wachstum unseres Vernunftwissens ist ein sozialer Prozess, der sich auf solche Verschiedenheit gründet. Es liegt in seinem Wesen, dass seine Ergebnisse nicht vorausgesagt werden können, dass wir nicht wissen könne, welche Ansichten dieses Wachstum fördern werden und welche nicht, kurzum, dass dieses Wachstum nicht der Herrschaft irgendwelcher Ansichten, die wir heute hegen, unterworfen werden kann, ohne dass es gleichzeitig gehemmt wird."

32 Vgl. das Kapitel „Eine freie Gesellschaft ist eine pluralistische Gesellschaft ohne gemeinsame Hierarchie konkreter Ziele", in: Hayek, Recht, 260–263.

33 Vgl. Hayek, Individualismus, 31: „Was der Individualismus uns lehrt, ist, dass die Gesellschaft nur in solange etwas größeres ist als der Einzelne, als sie frei ist. Sobald sie unter Gewalt oder Lenkung steht, wird sie auf die Maße der Kraft des Einzelverstandes eingeschränkt, der sie beherrscht oder lenkt."

34 Vgl. Hayek, Verfassung, 47f: „Wir müssen die Tatsache anerkennen, dass sogar veränderlich ist, was [Menschen] als gut und schön ansehen, nicht in einer erkennbaren Art, die zu einer relativistischen Position berechtigen würde, sondern in dem Sinne, dass wir in vieler Hinsicht nicht wissen, was einer späteren Generation gut oder schön erscheinen wird. Wir wissen auch nicht, warum wir dies oder jenes als gut ansehen, oder wer Recht hat, wenn Menschen verschiedener Ansicht sind, ob etwas gut ist oder nicht. Der Mensch ist nicht nur hinsichtlich seines Wissens, sondern auch seiner Ziele und Werte ein Geschöpf der Zivilisation; letzten Endes bestimmt die Bedeutung dieser individuellen Wünsche für die Erhaltung der Gruppe oder der Art darüber, ob sie bestehen bleiben oder sich ändern werden."

Hayeks Denken, gegenüber der individuellen Vernunft ein gerütteltes Maß an Skepsis aufzubringen, jedoch optimistisch zu sein im Blick auf die Ergebnisse der, zum Teil auch viele Generationen übergreifenden, Lernprozesse vieler miteinander in Interaktion stehender Menschen. Ein Wertewandel ist für ihn mithin etwas, dem er mit einem Vertrauensvorschuss entgegensieht, sofern dieser ein Ergebnis des Wettbewerbs der Ideen und nicht autoritativer Eingriffe zentraler Planer oder „Sozialingenieure" ist.[35]

Diesem Optimismus steht entgegen, dass viele Menschen andere Werte als Bedrohung empfinden, mitunter auch der Fähigkeit ihres eigenen Wertesystems misstrauen, sich im freien, ungesteuerten Wettbewerb durchzusetzen. Dieses Phänomen beleuchtet Hayek in seinem Essay „Konservatismus und Liberalismus", der dem Werk „Die Verfassung der Freiheit" beigefügt ist: „Was ich meine ist, dass [der Konservative] keine politischen Prinzipien hat, die es ihm ermöglichen, mit Leuten, die andere moralische Ansichten haben als er, an einer politischen Ordnung zu arbeiten, in der beide ihren Überzeugungen folgen können. Es ist die Anerkennung solcher Prinzipien, die das Nebeneinanderbestehen verschiedener Wertesysteme erlaubt und es möglich macht, mit einem Minimum an Gewalt eine friedliche Gesellschaft aufzubauen. Die Anerkennung solcher Prinzipien heißt, dass wir bereit sind, viel zu dulden, was uns nicht liegt."[36]

Der Pluralismus ist auch deshalb für viele Menschen ein Ärgernis, weil sie sich im Rückgriff auf unser aus Kleingruppen-Zeiten ererbtes Identitätsbedürfnis eine Einigung der Gesellschaft auf bestimmte Werte und Moralansichten erwarten.[37] Neben die Sorge vor dem Verlust der Relevanz eigener Wertvorstellungen tritt somit auch die Ablehnung einer Koexistenz verschiedener Wertesysteme. Für Hayek steht freilich fest, dass die Vorstellung der klaren Abgrenzbarkeit eine Illusion ist,

---

35 Vgl. ebd., 48: „Obwohl wir annehmen können, dass eingebürgerte soziale Normen in gewisser Weise zur Erhaltung der Zivilisation beitragen, können wir eine Bestätigung nur dadurch finden, dass wir feststellen, ob sie sich im Wettbewerb mit anderen Normen, denen andere Individuen und Gruppen folgen, bewähren."

36 Ebd., 522f.

37 Vgl. Hayek, Recht, 261f: „Viele Leute empfinden es als anstößig, dass die Große Gesellschaft keine gemeinsamen konkreten Zwecke verfolgt [...] In diesem Umstand lässt die herrschende Moraltradition, die sich zum guten Teil aus der zweckbezogenen Stammesgesellschaft herleitet, die Leute oft einen moralischen Mangel der Großen Gesellschaft sehen, den es zu beheben gilt."; vgl. Hayek, Verfassung, 526: „Die Entwicklung von Ideen ist ein internationaler Prozess [...]. Es ist kein ernstes Argument zu sagen, dass eine Idee unamerikanisch, unenglisch oder undeutsch ist, und ein falsches oder schlechtes Ideal wird deswegen nicht besser, weil es von einem unserer Landsleute aufgestellt wurde."

die aus vererbten Verhaltens- und Denkmustern herrührt, allerdings eindeutig an der Realität vorbeigeht. Vielmehr ist in Hayeks Verständnis Identität etwas, das gerade durch die Vermischung vieler Einflüsse entsteht und vor allem jeweils nur einmal in der einzigartigen Form des Individuums vorkommt. Dies gilt umso mehr in modernen Gesellschaften, in denen die Möglichkeiten zum Austausch immer mehr zunehmen: „Unter heutigen Gegebenheiten gehört der einzelne normalerweise nicht nur einer Gesellschaft an, und es ist auch höchst wünschenswert, dass dem nicht so ist. Jeder von uns gehört glücklicherweise vielen verschiedenen, einander überlappenden und verbundenen Gesellschaften an, zu denen er mehr oder weniger intensiv und dauerhaft gehören kann.“[38]

6. Plan und Zwang

> „Unter keinen Umständen kann irgendeine Gruppe sich deshalb anmaßen, das Denken und den Glauben der Menschen bestimmen zu wollen.“[39]
> – Friedrich August von Hayek –

Der Versuch, eine Gesellschaft, ihre Diskurse und Entwicklungen zu lenken, ist in ähnlicher Weise zum Scheitern verurteilt wie das Bemühen einer ökonomischen Planung und Steuerung. Diesem Vorhaben liegt die, wie Hayek es nennt, rationalistische oder konstruktivistische Vorstellung zugrunde, „dass der Mensch von Anfang an mit den intellektuellen und moralischen Fähigkeiten begabt war, die es ihm ermöglichten, die Zivilisation bewusst zu bilden“[40]. Die freien Gesellschaften unserer Zeit, in denen das Individuum ein hohes Maß an Schutz genießt und der spontanen Entwicklung großer Raum zugestanden wird, konnten sich gerade deshalb herausbilden, weil eine gesellschaftliche Steuerung ausblieb oder verhindert wurde. Eine Gesellschaft zu planen, ist nicht nur unmöglich, es steht sogar im unmittelbaren Gegensatz zu der Phänomenologie der Großen Gesellschaft: „Dieses Gefüge menschlicher Tätigkeiten passt sich unablässig an Millionen von Tatsachen an, die in ihrer Gesamtheit keinem einzelnen bekannt sind, und es funktioniert aufgrund dieser Anpassung.“[41] Hayek schließt selbst

---

38 Hayek, Recht, 447.

39 Hayek, Weg, 144.

40 Hayek, Recht, 78.

41 Ebd., 15; vgl. Hayek, Individualismus, 18: „Weit davon entfernt, der freiwilligen Gesellschaftsbildung entgegenzustehen, stützt sich die individualistische Anschauung im Gegenteil auf die Behauptung, dass die Dinge, die nach vieler Leute Ansicht nur durch bewusste Lenkung zustande gebracht werden können, viel besser durch die freiwillige

die Möglichkeit aus, eine Gesellschaft durch unmittelbare und konkrete Eingriffe in eine andere Richtung zu lenken: „Wie wir sehen werden, ist es nicht nur unmöglich, die spontane Ordnung durch Organisation zu ersetzen und gleichzeitig das verstreute Wissen aller ihrer Mitglieder bestmöglich zu nützen, sondern auch, diese Ordnung durch Eingriffe in Form direkter Befehle zu verbessern oder zu korrigieren.“[42] Die technische Unmöglichkeit von Gesellschaftsplanung führt in der Konsequenz häufig zu vermehrtem Einsatz von Zwang, um die gewünschten Ergebnisse doch noch zu erreichen. Auf dem Gebiet des Ökonomischen führt dies dann zu Arbeitszwang, Konfiskationen, Sanktionen, Ressourcen-Entzug und ähnlichen Maßnahmen bis hin zum Einsatz von Gewalt. Um eine gesellschaftliche oder kulturelle Planung durchzusetzen, kann auf unterschiedliche Mittel zurückgegriffen werden: von gezielten bildungspolitischen Maßnahmen über Kleidungsverbote bis hin zu Ausweisungen. Die erwartete Dominanz oder auch nur die Gegenwart anderer Wertesysteme und kultureller Lebensentwürfe werden als Bedrohung oder Kontrollverlust wahrgenommen. „Dieses Unwissen darüber, wie der Mechanismus der spontanen Ordnung solch ein ‚Problem‘ lösen wird, von dem wir wissen, dass es gelöst werden muss, wenn nicht die ganze Ordnung zerfallen soll, lässt oft panikähnliche Aufregung entstehen und die Forderung laut werden, zur Wiederherstellung des gestörten Gleichgewichts möge der Staat in Aktion treten.“[43] Für Hayek ist jedoch die Anwendung von Zwang zur Durchsetzung von Wertvorstellungen im Rahmen einer freiheitlichen Ordnung kategorisch ausgeschlossen: „für den Liberalen bildet die Bedeutung, die er persönlich bestimmten Zielen beimisst, keine hinreichende Rechtfertigung, andere zu zwingen, ihnen zu dienen.“[44]

Hayek stellt im ersten Teil seiner „Verfassung der Freiheit“ „die Frage, ob die Übereinstimmung der Mehrheit über eine moralische Regel eine ausreichende Rechtfertigung dafür ist, sie einer anders denkenden Minderheit aufzuzwingen, oder ob diese Erzwingungsgewalt nicht auch durch allgemeinere Regeln beschränkt werden sollte“[45]. Die Antwort gibt er im Anhang des Buches, wo er feststellt: „Erfolgreich mit anderen zu leben und zu arbeiten, erfordert mehr als ein Festhalten

---

und spontane Zusammenarbeit der Individuen erreicht werden können. Der konsequente Individualist sollte daher ein enthusiastischer Anhänger der freiwilligen Zusammenarbeit sein – insofern und solange sie nicht ausartet und Zwang auf andere ausübt oder zur Anmaßung ausschließlicher Rechte führt.“

42 Hayek, Recht, 53.

43 Hayek, Recht, 65.

44 Hayek, Verfassung, 523.

45 Ebd., 89.

an den eigenen konkreten Zielen. Es erfordert eine intellektuelle Bindung an eine Form der Ordnung, in der anderen auch in Fragen, die für einen selbst grundlegend sind, gestattet ist, andere Ziele zu verfolgen. Aus diesem Grund können für den Liberalen weder moralische noch religiöse Ideale Gegenstand des Zwanges sein [...] Ich habe manchmal das Gefühl, dass die hervorstechende Eigenschaft, die den Liberalismus ebenso vom Konservatismus wie vom Sozialismus trennt, die ist, dass moralische Anschauungen in Dingen des Verhaltens, das nicht unmittelbar in den geschützten Bereich anderer Personen eingreift, Zwang nicht rechtfertigen."[46]

7. Weiterführende Vorschläge

> Die abstrakte Ordnung der freien Gesellschaft
> „Freie Menschen, denen erlaubt sein soll, ihre Mittel und Kenntnisse für ihre persönlichen Ziele einzusetzen, dürfen keinen Regeln unterworfen werden, die ihnen sagen, was sie tun sollen, sondern nur Regeln, die ihnen sagen, was sie nicht tun dürfen."[47]
> – Friedrich August von Hayek –

Jeder Mensch, der sich auf dem Gebiet eines freiheitlichen Rechtsstaates aufhält, ist verpflichtet, sich an die dort geltenden Gesetze und insbesondere an die Verfassung des Staates zu halten. Es ist in einem solchen Staat auch selbstverständlich, dass Gleichheit vor dem Gesetz herrscht. Menschen, die nicht die Staatsangehörigkeit eines Landes besitzen, sind nur insofern nicht gleich vor dem Gesetz als spezifische Bestimmungen betroffen sind, die mit den Rechten und Pflichten der Staatsbürger zusammenhängen. Zu den allgemeinen Pflichten des Staatsbürgers gehört nicht eine Integration oder Anpassung an eine „Leitkultur". Bei der Vermittlung von Werten gegenüber den eigenen Bürgern setzen staatliche Institutionen im Rechtsstaat in der Regel auf die ihnen zur Verfügung stehenden Instrumente wie etwa im Bereich staatlicher Bildungspolitik, politischer Bildung und des öffentlichen Diskurses in Medien. Spezifische Rechte wie etwa die Ausübung des Wahlrechts oder der Bezug sozialstaatlicher Leistungen sind im Allgemeinen nicht an den Nachweis von Integration oder Konformität gebunden.

---

46 Ebd., 523; vgl. ebd., 528: „Was den Liberalen hier vom Konservativen unterscheidet, ist jedoch, dass er, so tief auch seine eigenen spirituellen Überzeugungen sein mögen, sich nie für berechtigt halten wird, sie anderen aufzudrängen".

47 Hayek, Grundsätze, 76.

Hier zwischen Einheimischen und Zuwanderern zu unterscheiden, widerspricht dem Prinzip der Gleichheit vor dem Gesetz.

Es gehört für Hayek zum Wesen des Rechtsstaates, dass die dort herrschenden Regeln möglichst abstrakt und allgemein sind. Dies ist der wesentliche Unterschied zu Staatsformen, in denen ein Herrscher autoritär regiert. „Die allgemeinen Rechtsregeln, auf denen eine spontane Ordnung beruht, haben eine abstrakte Ordnung zum Ziel, deren spezifischer oder konkreter Inhalt niemandem bekannt und von niemandem vorhersehbar ist, während die Befehle [...] auf spezifische Ergebnisse abstellen, die das Ziel derjenigen sind, die in der Organisation das Sagen haben."[48]

Der Versuch, Integration zu steuern und zu spezifizieren, würde weit über die abstrakte Ordnung hinausgehen, die Hayek vor Augen hat. Integrationsmaßnahmen wären den „Befehlen" vergleichbar, die den Menschen zum Teil erheblich in seiner individuellen Entfaltung einschränken können: „Der Idealtyp des Befehls bestimmt eindeutig die vorzunehmende Handlung und lässt jenen, an die er sich wendet, keine Möglichkeit, ihr eigenes Wissen zu benützen oder ihren eigenen Vorlieben zu folgen. [...] Der Idealtyp des Gesetzes dagegen stellt bloß zusätzliche Information zur Verfügung, die bei der Entscheidung des Handelnden in Betracht zu ziehen ist."[49] An Stelle einer durchgeplanten Organisation der Gesellschaft mit Hilfe von Befehlen plädiert Hayek für eine Ordnung von Regeln, „die uns nicht positiv sagen, was wir tun sollen, sondern nur, was wir nicht tun dürfen."[50]

Migranten sind selbstverständlich verpflichtet, sich an Recht und Gesetz des Landes zu halten, in dem sie sich aufhalten, sofern es sich um einen Rechtsstaat handelt. Das schließt ausdrücklich ein, dass im Konfliktfall die herrschenden Gesetze eines Landes stets religiöse oder kulturelle Gesetze einer speziellen Gemeinschaft aufheben. Über diese Pflicht zur Gesetzestreue hinaus sollte es jedoch keine Sonderregelungen, Auflagen oder Vorschriften für einzelne oder Gruppen geben. Recht und Gesetz sind der notwendige, aber eben auch ausreichende Rahmen für Entstehen und Erhalt einer Ordnung: „Ebenso können wir die Bedingungen für die Bildung einer Ordnung in der Gesellschaft schaffen, aber wir können die Art und Weise nicht festlegen, in der sich ihre Elemente unter geeigneten Bedingungen zu einer Ordnung finden werden. In diesem Sinne besteht die Aufgabe des Gesetzgebers nicht darin, eine bestimmte Ordnung herzustellen, sondern nur darin, Bedingungen zu schaffen, unter denen sich eine solche Ordnung bilden und immer wieder erneuern kann."[51]

---

48 Hayek, Recht, 52.

49 Hayek, Verfassung, 192f.

50 Hayek, Irrtümer, 22.

51 Hayek, Verfassung, 206.

Hayek spezifiziert sein Ideal einer Ordnung, die sich auf abstrakten und allgemeinen Regeln gründet mit dem Konzept der „drei großen Negative". Für ihn können „die grundlegenden Prinzipien einer liberalen Gesellschaft dahingehend zusammengefasst werden, dass in einer solchen Gesellschaft alle Zwangsfunktionen der Regierung geleitet sein müssen von der überragenden Bedeutung dessen, was ich gerne die drei großen Negative nennen: Friede, Gerechtigkeit und Freiheit. Um sie zu erreichen, ist es erforderlich, dass die Zwangsgewalt der Regierung auf die Durchsetzung solcher (als abstrakte Regeln formulierter) Verbote beschränkt wird, die in gleicher Weise für alle anwendbar sind"[52].

Diese Prinzipien sind für ihn die entscheidende Grundlage für das Prosperieren der Großen Gesellschaft: „Es war gerade die Beschränkung des Zwangs auf die Durchsetzung der negativen Regeln gerechten Verhaltens, welche die Integration von Personen und Gruppen mit unterschiedlichen Zielen in eine friedliche Ordnung ermöglichte; und es ist das Fehlen vorgeschriebener gemeinsamer Ziele, das eine Gesellschaft freier Menschen zu all dem befähigt, was wir an ihr zu schätzen gelernt haben."[53]

Man kann also mit Hayek sagen, dass eine wesentliche Voraussetzung dafür, das Zusammenleben von Migranten und Einheimischen erfolgreich zu gestalten, darin liegt, den abstrakten Charakter des Rechtsstaats zu bewahren.

8. Gesellschaftlicher Frieden durch Nichteinmischung

> „Durch die Wanderbewegungen [...] werden immer neue Gebiete vor das Problem der gemischten Bevölkerung gestellt. Will man nicht künstlich die Reibungen, die aus diesem Zusammenwohnen entstehen müssen, noch vergrößern, dann muss man den Staat auf jene Aufgaben beschränken, die nur von ihm erfüllt werden können."[54]
> – Ludwig von Mises –

Staatliche Eingriffe in das Privatleben und insbesondere in das Werteverständnis und die kulturelle Identität von Menschen bergen stets ein erhebliches Konfliktpotential. Sie können rasch aggressive und kontraproduktive Gegenreaktionen auslösen und mithin das eigentliche Ziel in noch weitere Ferne rücken lassen. Hayek beschreibt, wie die Vordenker einer freiheitlichen Gesellschaftsordnung

52 Hayek, Grundsätze, 87.
53 Hayek, Recht, 262.
54 Mises, Ludwig von, Liberalismus, Jena 1927, 104.

diesen Aspekt des Interessenausgleichs und des gegenseitigen Respekts bei ihren Überlegungen berücksichtigt haben: „Sie waren sich des Widerstreits der individuellen Interessen sehr wohl bewusst und betonen die Notwendigkeit ‚wohlgebauter Institutionen', in denen ‚Regeln und Grundsätze der widerstreitenden Interessen und der abgewogenen Vorteile' die gegeneinander stehenden Interessen versöhnen würden, ohne irgend einer Gruppe die Macht zu geben, die eigenen Ansichten und Interessen stets über die der anderen vorherrschen zu lassen."[55]

Gesellschaftlicher Frieden kann nicht künstlich erzeugt oder gar verordnet werden, sondern muss sich selber bilden. Darum steht für Hayek fest, „dass die Basis für das friedliche Zusammenleben von Menschen in einer Großgesellschaft auf einer Übereinkunft hinsichtlich jener Regeln beruhen muss, die eine sich selbst bildende oder abstrakte Ordnung hervorbringen. Wir sind tatsächlich der Schaffung friedlicher Bedingungen in immer größeren Gruppen nicht dadurch nähergekommen, dass wir sie ‚organisiert' hätten, sondern im Wege der Durchsetzung dessen, was die ‚Herrschaft des Gesetzes' genannt wird, nämlich die allgemeine Annahme und Durchsetzung von zweckunabhängigen Regeln."[56]

Es gehört zu den häufigen Fehlschlüssen des Menschen, anzunehmen, dass die Kohäsion einer großen Gruppe, der gesellschaftliche Friede, herbeigeführt werden könne durch lenkende Eingriffe.[57] Selbstverständlich wünscht man sich, die Friedensbedingungen nach eigenem Geschmack gestalten zu können. Dass einseitig vorgegebene Friedensbedingungen nicht funktionieren, ist freilich im Laufe der Geschichte schon häufig bewiesen worden. Dies gilt insbesondere für Fälle, in denen von der Partei, denen die Bedingungen gestellt werden, keinerlei

55 Hayek, Individualismus, 14f.

56 Hayek, Ordnung, 32; vgl. Hayek, Rechtsordnung, 58: „weil jene abstrakten Regeln die Bildung einer Großgesellschaft mit umfassender Friedensordnung möglich machte[n], die nicht mehr die gemeinsame Verfolgung konkreter Zwecke voraussetzte, sondern es möglich machte, dass einander unbekannte Menschen mit ganz divergenten Zwecken ihr Wissen wechselseitig in ein anders Dienste stellen konnten."

57 Vgl. Mises, Nation, 24: „Von der natürlichen Assimilation durch den persönlichen Verkehr mit Anderssprachigen ist die künstliche Assimilation, die Entnationalisierung durch staatlichen oder sonstigen Zwang, wohl zu unterscheiden. Die Assimilation ist als sozialer Prozess an bestimmte Voraussetzungen geknüpft; sie kann nur eintreten, wenn ihre Bedingungen gegeben sind. Zwangsmittel bleiben da machtlos; sie können nie zum Erfolge führen, wenn die Vorbedingungen nicht vorhanden sind oder nicht gesetzt werden. Obrigkeitlicher Zwang kann mitunter diese Bedingungen und so mittelbar auch die Assimilation herbeiführen; unmittelbar vermag er die nationale Umformung nicht hervorzurufen. [...] Doch wenn man nur zu Zwangsmitteln zu greifen imstande ist, [...] dann haben die Versuche nationaler Vergewaltigung kaum Aussicht auf Erfolg."

Aggression oder Konfrontation ausgegangen ist, wie in diesem Fall bei Migranten, die in ein Land kommen. Hier geht es nicht um die Wieder-Herstellung des Friedens, sondern um das Wachstum einer neuen gesellschaftlichen Realität unter friedlichen Bedingungen.

Die Voraussetzung für ein solches friedliches Miteinander ist aus Hayeks Sicht gerade der Verzicht auf das Stellen von Bedingungen: „Die Große Gesellschaft entstand aus der Entdeckung, dass Menschen in Frieden und zu ihrem wechselseitigen Vorteil zusammenleben können, ohne sich über die konkreten Ziele, die sie gesondert verfolgen, einig sein zu müssen – aus der Entdeckung, dass man, indem man verpflichtende konkrete Ziele durch abstrakte Verhaltensregeln ersetzte, die Friedensordnung über die kleinen Gruppen, die jeweils dieselben Ziele verfolgen, hinaus auszudehnen vermochte“[58]. „Die Möglichkeit der Ausweitung einer Friedensordnung über die kleine Gruppe, die sich auf bestimmte Ziele einigen kann, hinaus auf die Mitglieder der Großen Gesellschaft, die sich darauf nicht einigen könnten, geht überhaupt erst auf die Entdeckung der Methode der Zusammenarbeit zurück, die Übereinstimmung nur hinsichtlich der Mittel, nicht aber der Ziele verlangt.“[59]

Konkret für den Umgang mit Migranten in der Gesellschaft bedeutet das, dass innerhalb der abstrakten Ordnung des Rechtsstaates die Weichen so gestellt werden müssen, dass ein organisches Zusammenwachsen innerhalb der Gesellschaft ermöglicht wird. Frieden lässt sich weder planen noch erzwingen, es können nur Bedingungen hergestellt werden, die sein Wachstum begünstigen.

9. Keine Angst vor Wettbewerb

> „Im freien Wettbewerbe mit anderen Völkern die Anziehungskraft der eigenen Kultur sich bewähren zu lassen, das allein ist einer stolzen Nation würdig [...]. Dazu bedarf es keineswegs der Mittel der Macht und der politischen Herrschaft.“[60]
> – Ludwig von Mises –

Die Große oder Offene Gesellschaft hat sich über die Jahrhunderte bewährt und ist heute noch für sehr viele Menschen von hoher Attraktivität. Die erhöhte Migration in westliche Länder hat nicht nur Kriege zur Ursache und ist nicht nur getrieben von dem Verlangen, an den Leistungen des Sozialstaates Anteil zu haben.

---

58 Hayek, Recht, 260.
59 Ebd., 153f.
60 Mises, Nation, 61.

Vielmehr sind viele Menschen gerade durch die Vorzüge einer Offenen Gesellschaft angezogen: durch Gesellschaften, in denen weitgehend Prinzipien wie Rechtsstaatlichkeit, Toleranz, Meinungsfreiheit, Mitbestimmung und wirtschaftliche Freiheit verwirklicht sind. Insofern ist es durchaus angebracht, mit Mut und Zuversicht der Begegnung der Offenen Gesellschaft mit anderen Wertesystemen entgegen zu sehen. Nicht durch Zwang oder Planung, sondern durch seine Attraktivität hat dieses System sich bewährt. Hayek geht gar so weit, den Verzicht auf Steuerung zu einer wesentlichen Voraussetzung des Weiterbestehens dieser Form gesellschaftlichen Miteinanders zu erklären: „Ob der Fortschritt andauern wird, kann sehr wohl davon abhängen, dass der Mensch bewusst darauf verzichtet, die Lenkung auszuüben, die heute in seiner Macht liegt."[61]

Viele Menschen, die heute in einer Offenen Gesellschaft leben, sind jetzt schon in ein Netz aus multiplen Identitäten verwoben. Hayek beobachtete bereits in den 70er Jahren: „Man sollte [...] nie vergessen, dass heutzutage viele natürliche und juristische Personen zu Netzwerken gehören, die über Staatsgrenzen hinwegreichen, und ebenso wenig, dass in einer Nation jeder ein Element in verschiedenen derartigen Gefügen sein kann."[62] Die integrative Kraft der Offenen Gesellschaft ist ihre entschiedene Stärke gegenüber allen Systemen, die auf Zwang basieren. Während autoritäre Staaten und Machthaber Pluralismus bekämpfen oder ihn instrumentalisieren, um den eigenen Machterhalt zu sichern, herrscht in Offenen Gesellschaften der freie Wettbewerb der Ideen und Werte. Nicht der Staat lenkt die Gesellschaft, sondern sie organisiert sich selbst, weil feststeht, „dass der Staat, die Verkörperung der mit Willen organisierten und bewusst gelenkten Macht, nur ein kleiner Teil des viel reicheren Organismus sein soll, den wir ‚Gesellschaft' nennen, und dass jener nur einen Rahmen schaffen soll, innerhalb dessen freie (und daher nicht ‚bewusst gelenkte') Zusammenarbeit der Menschen den allergrößten Spielraum hat."[63]

Dabei ist die Offene Gesellschaft durchaus nicht wehrlos. Sie verzichtet nur auf die Anwendung von Gewalt bei dem Unterfangen, im Wettbewerb der Ideen die Oberhand zu behalten. Dagegen kann und muss sie durchaus das Instrument des gemeinschaftlichen Drucks ausüben, um ihre Werte und Grundsätze zu verteidigen und zu verbreiten. Hayek unterscheidet diese Mittel der Einflussnahme sehr deutlich vom Zwang, der durch staatliche Autoritäten ausgeübt wird: „Jedenfalls fördert es die Klarheit, wenn man den Druck, den die öffentliche Zustimmung

61 Hayek, Verfassung, 50.
62 Hayek, Recht, 447.
63 Hayek, Individualismus, 23.

oder Ablehnung ausübt, um die Befolgung von Moralregeln und Konventionen zu sichern, nicht Zwang nennt. [...] es kann kaum fraglich sein, dass diese Moralregeln und Konventionen, die weniger bindende Kraft haben als Gesetze, eine wichtige und sogar unentbehrliche Rolle zu erfüllen haben und wahrscheinlich ebenso zur Erleichterung des Lebens in der Gesellschaft beitragen wie die eigentlichen Gesetzesregeln."[64] Dass solche Moralregeln und Konventionen nicht vor Fehlentwicklungen gefeit sind, die zum Teil gravierende Folgen für die Betroffenen haben können, zeigen die Beispiele der Übertreibungen von „Anstand und Sitte" auf der einen und „political correctness" auf der anderen Seite. Dennoch bleiben diese Folgen immer noch wesentlich weniger bedrohlich und schädlich als diejenigen, die durch ungerechtfertigten Einsatz staatlicher Gewalt hervorgerufen werden.

Bezogen auf die Frage des erfolgreichen Zusammenlebens in einer durch Migration geprägten Gesellschaft heißt das, dass die Vertreter der Offenen Gesellschaft den Wettbewerb nicht fürchten müssen insofern sie bereit sind, für ihre Werte mit Überzeugung und notfalls auch mit gesellschaftlichem Druck einzutreten. Sie haben gute Gründe, auf die Attraktivität ihres Modells zu vertrauen und zugleich auf „die nicht auf Zwang beruhenden Konventionen des gesellschaftlichen Zusammenlebens als wesentliche Faktoren in der Erhaltung des ordentlichen Funktionierens der menschlichen Gesellschaft"[65] zu bauen.

10. Selbstverständlichkeiten

„Wer immer strebend sich bemüht, den können wir erlösen."[66]
– Johann Wolfgang von Goethe –

Es gibt einige Verhaltensweisen, die als selbstverständlich vorausgesetzt werden dürfen, wenn Migranten in ein anderes Land kommen. Wenn man auf diese gesondert hinweist, indem man sie zu Teilen einer Leitkultur erklärt oder einfordert, als ob sie etwas Besonderes wären, entwertet man sie. Diese Selbstverständlichkeiten können, sofern sie außerhalb des ohnehin allgemeinverbindlichen Bereichs von Recht und Gesetz liegen, als solche vorausgesetzt werden und durchaus auch mit Hilfe des oben beschriebenen gesellschaftlichen Drucks eingefordert werden.

64 Hayek, Verfassung, 187f.
65 Hayek, Individualismus, 23.
66 Goethe, Johann Wolfgang von, Faust II, Vers 11936f.

Sie können jedoch nicht Gegenstand staatlichen Zwangs sein, weil es sich bei ihnen nicht um abstrakte Regeln, sondern um Gebote der Klugheit oder des Anstands handelt.

Dazu gehört etwa die immer wieder in die Debatte eingebrachte Forderung, Zuwanderer müssten die Sprache des Landes erlernen, in das sie ziehen. Um friedlich zu koexistieren, ist es nicht unbedingt nötig, dieselbe Sprache zu sprechen. Allerdings befördert es natürlich den wohlwollenden Umgang miteinander und ist insbesondere in den meisten Fällen unerlässlich, um am gesellschaftlichen und ökonomischen Leben teilnehmen zu können. Die Möglichkeiten, durch Arbeit den eigenen Lebensunterhalt zu sichern oder gar zu prosperieren – die wichtigste Voraussetzung für einen Erfolg der Migration –, steigen in erheblichem Maße, wenn man die Sprache eines Landes beherrscht.[67] Nicht zuletzt die Probleme mit Zuwanderern in der zweiten oder dritten Generation, etwa in Frankreich, Belgien, aber auch in Deutschland, die häufig besser oder ausschließlich die Sprache des Landes beherrschen, zeigen jedoch, dass Sprachkenntnisse zwar eine wichtige, aber keineswegs eine hinreichende Bedingung für gelungenes Zusammenleben sind.

Viele andere Fragen sind in einer Offenen Gesellschaft Selbstverständlichkeiten, müssen mitunter aber von anderen Menschen erst begriffen, durchdacht, möglicherweise in die eigene Kultur übersetzt und modifiziert werden, ehe sie für diese Menschen den selbstverständlichen Charakter bekommen, den sie für Bürger freiheitlicher Staaten bereits haben. Dabei ist der Hinweis nicht unbedeutend, dass sich auch in Offenen Gesellschaften dieses Selbstverständnis erst graduell entwickeln musste. Der respektvolle Umgang mit Frauen, Kindern, anderen Ausländern und sexuellen Minderheiten ist auch in unserer Gesellschaft noch nicht sehr tief verankert. Bis zu einem gewissen Punkt ist hier zweifellos der Rechtsstaat gefragt – unabhängig von der Herkunft oder Nationalität der Betroffenen. Ab diesem Punkt ist vor allem die Gesellschaft gefordert, offensiv für ihre Werte und Überzeugungen einzustehen. Integrationsmaßnahmen, die die Gesellschaft von dieser Verpflichtung entbinden, sind nicht nur weniger effektiv und bisweilen kontraproduktiv, sondern führen auch langfristig zum Verlust des Verantwortungsbewusstseins der einzelnen Bürger für ihr Gemeinwesen.

67 Vgl. Mises, Nation, 22: „Die Sprache dient dem Umgange mit den Mitmenschen. Wer zu seinen Mitmenschen reden will und verstehen will, was sie reden, muss sich ihrer Sprache bedienen. Jedermann muss sich daher bemühen, die Sprache seiner Umgebung zu verstehen und zu sprechen. Darum nehmen einzelne und Minderheiten die Sprache der Mehrheit an."

Andere Fragen werden in die Debatte eingebracht, um symbolische Kämpfe auszufechten. Dem sollten die Bürger einer Offenen Gesellschaft mit Entschiedenheit entgegentreten. So sollte es etwa in einem freiheitlichen Rechtsstaat selbstverständlich dem jeweiligen Arbeitgeber oder Personalverantwortlichen überlassen sein, ob er eine Kopftuchträgerin einstellt. Es kann auch keine Begründung dafür geben, einen Muslim dazu zu nötigen, einer Frau die Hand zu geben. In beiden Fällen sind staatliche Interventionen nicht angebracht, gesellschaftlicher Druck aber mitunter geboten. Andere Fragen, die kulturell besonders aufgeladen sind, müssen in Abwägung und Diskurs geklärt werden, sollten aber auch nicht für Symbolpolitik missbraucht werden, wie etwa die Problematik, ob das Elternrecht so weit gehen kann, ihre Kinder von schulischen Aktivitäten wie Sportunterricht oder Sexualerziehung auszunehmen. Auf keinen Fall sollte jedoch der Diskurs durch politische Interventionen gestört werden. Denn gerade dieser Diskurs ist das Herzstück der Offenen Gesellschaft und des freiheitlichen Rechtsstaates, politischer Aktionismus hingegen immer ein autoritäres Mittel.

11. Kohabitation und Kooperation statt Integration und Assimilation

> „Eine freie Gesellschaft ist eine pluralistische Gesellschaft ohne gemeinsame Hierarchie konkreter Ziele“[68]
> – Friedrich August von Hayek –

Die Begriffe Integration und Assimilation sind ungeeignet, um zu beschreiben, wie das Zusammenleben von Migranten und einheimischer Bevölkerung am besten organisiert werden kann. Wenn von Integration die Rede ist, wird gemeinhin impliziert, dass es ein klar definierbares gesellschaftliches Gebilde gibt, in das hinein diese Integration stattfinden muss. Es gibt in dieser Vorstellung ein Ziel der Integration, das in Formulierungen wie ein eigenständiges Subjekt auftritt. Ähnliches suggeriert der Begriff Assimilation, der davon ausgeht, dass ein Individuum oder eine Gruppe sich diesem eigenständigen Subjekt anzugleichen habe. Dabei ist dieses Subjekt von niemandem klar definierbar. Abhängig vom kulturellen Hintergrund, der politischen Ausrichtung und anderen Umständen werden alle Menschen ein unterschiedliches Verständnis von der Gesellschaft haben, in die sich jemand zu integrieren hat oder an die er sich assimilieren muss. In der Forderung äußern sich in der Regel nur fiktive Wunschvorstellungen von

68 Hayek, Recht, 260.

Gesellschaft. Integration oder Assimilation sind lediglich im Rahmen der kleinen Gruppe möglich, wo klare Zielvorgaben gemacht und eindeutige Werte vermittelt werden können.

Hingegen sind Offene Gesellschaften gekennzeichnet durch eine Vielzahl von unterschiedlichen Lebensentwürfen, eine beständige Entwicklung und Dynamik und insbesondere den dauernden Wettbewerb der Ideen. Karl Popper umschreibt die Realität der Offenen Gesellschaft im „Westen" mit den Worten: „Es ist nicht die Einheit der Idee, es ist die Vielheit der Ideen, der Pluralismus, auf den wir im Westen stolz sein sollten. Und auf die Frage ‚Woran glaubt der Westen?' könne wir […] mit Stolz sagen, dass wir im Westen an viele und verschiedene Dinge glauben, an vieles, das wahr ist, und an vieles, das unwahr ist; an gute Dinge und an böse Dinge."[69]

Als deutlich bessere Begriffe zur Beschreibung des Miteinanders von Einheimischen und Migranten können die beiden Termini Kohabitation und Kooperation dienen, die im Folgenden kurz definiert werden.

Kohabitation als „Zusammenleben" bedeutet, dass in einer Offenen Gesellschaft und in einem freiheitlichen Rechtsstaat der Wille zum Zusammenleben das entscheidende Kriterium ist. Ludwig von Mises umschreibt das im Anschluss an den französischen Philosophen Ernest Renan: „Wenn Renan fragt, was eine Nation sei, dann meint er damit: Was soll die Grenzen der unterschiedlichen einzelnen Staaten definieren? Seine Antwort lautet: Nicht die Sprachgemeinschaft; nicht die Rassenzugehörigkeit, die sich auf der Herkunft von gemeinsamen Vorfahren gründet; nicht religiöse Übereinstimmung; nicht gemeinsame wirtschaftliche Interessen; nicht geographische oder strategische Erwägungen, sondern das Recht der Bevölkerung, über ihr eigenes Schicksal zu entscheiden. Die Nation ist das Ergebnis des Willens von Menschen, zusammen in einem Staat zu leben."[70] Zusammenleben erfordert ein erhebliches Maß an gegenseitiger Rücksichtnahme. Es erfordert die Bereitschaft zum friedvollen Umgang. Es erfordert aber nicht die

69 Popper, Karl, Woran glaubt der Westen?, in: ders., Auf der Suche nach einer besseren Welt, München 2006, 231–253, 240.

70 Mises, Ludwig von, Omnipotent Government, Yale 1944, 90 (Übers. d. Verf.): „When Renan asks: What is a nation? he means: What should determine the boundaries of the various states? And his answer is: Not the linguistic community, not the racial kinship founded on parentage from common ancestors, not religious congeniality, not the harmony of economic interests, not geographical or strategical considerations, but – the right of the population to determine its own destiny. The nation is the outcome of the will of human beings to live together in one state."

Einigung auf gemeinsame Ziele oder Werte. Weder die Einheitskultur noch der „Kampf der Kulturen" muss unser Ziel sein, sondern ein Zusammenleben von freien Menschen in freier Kooperation.[71]

Kooperation als zweites Element bedeutet, dass es von zentraler Bedeutung ist, Möglichkeiten zu schaffen und Hürden abzubauen, damit im friedfertigen Zusammenleben der gegenseitige Austausch gefördert wird. Sowohl auf dem Arbeitsmarkt als auch auf dem Feld der Selbständigkeit muss konsequent darauf geachtet werden, Einstiegshürden so gering wie möglich zu halten. Das Kooperieren von Mitarbeitern sowie Anbietern und Kunden ist der schnellste und effektivste Weg, um aus potentiellen Gegnern Partner und vielleicht sogar Freunde zu machen. Zugleich sind die zivilgesellschaftlichen Elemente freiwilliger Solidarität, also altruistische Kooperation, wichtige Bindungskräfte innerhalb einer Gesellschaft. Das zeigt sich in eindrucksvoller Weise im Umfeld der jüngsten Flüchtlingskrise in Europa. Diese Solidarität muss freilich keineswegs einseitig sein: auch Migranten können sich in vielfacher Weise für die Gesellschaft und Gemeinschaft engagieren, in die sie gezogen sind.

Kohabitation und Kooperation sind in jeder Hinsicht den Versuchen überlegen, das Zusammenleben von Migranten und Einheimischen durch staatliche Maßnahmen zu steuern. Denn sie setzen auf die Fähigkeit spontaner Ordnung, auf die Resilienz und Überzeugungskraft der Offenen Gesellschaft und auf den unbedingten Vorrang des Individuums und seiner Entscheidungen und Wertsetzungen vor der Zwangsgewalt des Staates. Dieser Weg lässt sich nicht zu politischen Zwecken missbrauchen und kann anders als die Durchsetzung einer „Leitkultur" keine Bedürfnisse nach Sicherung der eigenen Identität befriedigen. Aber er bietet die Möglichkeit, nachhaltig zum gesellschaftlichen Frieden beizutragen und weiterzukommen bei der Suche nach Lösungen für die Schwierigkeiten, die uns das Zusammenleben in der Großen Gesellschaft immer stellt – ob mit oder ohne Migranten.

Bereits im Jahr 1862 formulierte der britische Historiker Lord Acton in seinem Artikel „Nationality" die wesentlichen Voraussetzungen für Kohabitation und Kooperation: „Wenn wir davon ausgehen, dass das Ziel der Zivilgesellschaft darin besteht, Freiheit zu ermöglichen, um den eigenen ethischen Pflichten nachkommen zu können, müssen wir zu dem Schluss kommen, dass diejenigen

---

71 Vgl. Hayek, Verfassung, 205: „Weder ein allmächtiger Superstaat noch eine lose Vereinigung von „freien Nationen" muss unser Ziel sein, sondern eine Gemeinschaft von Nationen freier Menschen."

Staaten ganz klar die besten sind, die [...] mehrere unterschiedliche Nationen umfassen ohne sie zu unterdrücken. Diejenigen, in denen es keine Vermischung der Völker gibt, sind unvollkommen. Und diejenigen, in denen die Wirkungen dieser Vermischung verschwunden sind, sind hinfällig. Ein Staat, dem es nicht gelingt, verschiedene Völker zufrieden zu stellen, verurteilt sich dadurch selbst. Ein Staat, der sich bemüht, sie zu neutralisieren, zu absorbieren oder sie loszuwerden, zerstört die eigene Lebenskraft. Einem Staat, der sie nicht einbindet, fehlt die wichtigste Grundlage der Selbstregierung. Die Theorie der Nation ist somit ein Schritt rückwärts in der Geschichte."[72] „Freiheit erzeugt Vielfalt und Vielfalt erhält Freiheit, indem sie das Entstehen von Organisation ermöglicht. [...] Diese Vielfalt innerhalb eines Staates ist ein mächtiger Schutzwall gegen das Vordringen staatlicher Institutionen über die politische Sphäre hinaus, die alle teilen, hinein in den Bereich der Gesellschaft, der sich der Gesetzgebung entzieht und spontanen Gesetzen folgt. [...] Die Ablehnung gesellschaftlicher Freiheit, die jedem Absolutismus von Natur aus zu eigen ist, wird stets korrigiert durch nationale Vielfalt. Keine andere Macht könnte das so effizient tun. Die Koexistenz verschiedener Nationen in einem Staat ist gleichermaßen ein Prüfstein für Freiheit wie auch ihre beste Absicherung. Sie ist auch eines der wichtigsten Instrumente von Zivilisation."[73]

---

72 Acton, Nationality, 432 (Übers. d. Verf.): „If we take the establishment of liberty for the realisation of moral duties to be the end of civil society, we must conclude that those states are substantially the most perfect which [...] include various distinct nationalities without oppressing them. Those in which no mixture of races has occurred are imperfect; and those in which its effects have disappeared are decrepit. A State which is incompetent to satisfy different races condemns itself; a State which labours to neutralise, to absorb, or to expel them, destroys its own vitality; a State which does not include them is destitute of the chief basis of self-government. The theory of nationality, therefore, is a retrograde step in history."

73 Ebd., 425 (Übers. d. Verf.): „Liberty provokes diversity, and diversity preserves liberty by supplying the means of organisation [...] This diversity in the same State is a firm barrier against the intrusion of the government beyond the political sphere which is common to all into the social department which escapes legislation and is ruled by spontaneous laws. [...] That intolerance of social freedom which is natural to absolutism is sure to find a corrective in the national diversities, which no other force could so efficiently provide. The co-existence of several nations under the same State is a test, as well as the best security of its freedom. It is also one of the chief instruments of civilization".

Am Anfang eines gelingenden Zusammenlebens steht die Bereitschaft, darauf zu verzichten, Entwicklungen kontrollieren zu können. Dies gilt selbstverständlich für alle Beteiligten. Der aufnehmende Staat muss jenseits der Durchsetzung von Recht und Gesetz auf Interventionen verzichten. Die aufnehmende Bevölkerung muss sich auf die Anziehungskraft der Offenen Gesellschaft und ihren eigenen Einsatz für sie verlassen. Und Zuwanderer müssen die Bereitschaft mitbringen, ihre eigenen Werte und Normen zu hinterfragen und weiterzuentwickeln.

Karl Popper beschließt den ersten Band seines Werkes „Die offene Gesellschaft und ihre Feinde" mit den Worten: „Das Aufhalten aller sozialen Entwicklung ist kein Heilmittel; es kann uns nicht das Glück bringen. Wir können niemals zur angeblichen Unschuld und Schönheit der geschlossenen Gesellschaft zurückkehren. [...] wenn wir Menschen bleiben wollen, dann gibt es nur einen Weg, den Weg in die offene Gesellschaft. Wir müssen ins Unbekannte, ins Ungewisse und ins Unsichere weiterschreiten"[74]. Wie ein Echo klingt, was Hayek drei Jahrzehnte später am Ende von „Recht, Gesetz und Freiheit" schreibt: „Der Mensch ist nicht Herr seines Schicksals und wird es nie sein: Gerade seine Vernunft schreitet immer dadurch fort, dass sie ihn ins Unbekannte und Unvorhergesehene weiterführt, wo er Neues lernt."[75] Eine freie Gesellschaft muss darauf verzichten, sich selbst durch planwirtschaftliche Maßnahmen unter Kontrolle zu bringen und sich stattdessen auf die Prinzipien besinnen, die zu ihrem Entstehen geführt haben. Es ist die größte Stärke der Offenen Gesellschaft, dass sie „auf Mut und Zuversicht beruht, auf einer Bereitschaft, der Veränderung ihren Lauf zu lassen, auch wenn wir nicht voraussagen können, wohin sie führen wird."[76]

Literaturverzeichnis

Acton, John, Nationality, in: ders., Essays in the History of Liberty (Selected Writings Vol. I), Indianapolis 1985, S. 409–433. [Acton, Nationality].

Hayek, Friedrich August von, Der Weg zur Knechtschaft (Gesammelte Schriften Bd. B 1), Tübingen 2004. [Hayek, Weg].

Hayek, Friedrich August von, Die Intellektuellen und der Sozialismus, in: ders., Wissenschaft und Sozialismus. Aufsätze zur Sozialismuskritik (Gesammelte Schriften Bd. A 7), Tübingen 2004, S. 3–15.

74 Popper, Karl R., Die offene Gesellschaft und ihre Feinde. Band 1: Der Zauber Platons (Gesammelte Werke Bd. 5), Tübingen 2003, 238f.

75 Hayek, Recht, 483f.

76 Hayek, Verfassung, 520.

Hayek, Friedrich August von, Die Irrtümer des Konstruktivismus und die Grundlagen legitimer Kritik gesellschaftlicher Gebilde, in: ders., Wissenschaft und Sozialismus. Aufsätze zur Sozialismuskritik (Gesammelte Schriften Bd. A 7), Tübingen 2004, S. 16–36. [Hayek, Irrtümer].

Hayek, Friedrich August von, Die überschätzte Vernunft, in: ders., Wirtschaftstheorie und Wissen. Aufsätze zur Erkenntnis- und Wissenschaftslehre (Gesammelte Schriften Bd. A 1), Tübingen 2007, S. 109–134.

Hayek, Friedrich August von, Die Verfassung der Freiheit (Gesammelte Schriften Bd. B 3), Tübingen 2005. [Hayek, Verfassung].

Hayek, Friedrich August von, Die verhängnisvolle Anmaßung. Die Irrtümer des Sozialismus (Gesammelte Schriften Bd. B 7), Tübingen 2011.

Hayek, Friedrich August von, Eine sich selbst bildende Ordnung für die Gesellschaft, in: ders., Rechtsordnung und Handelnsordnung. Aufsätze zur Ordnungsökonomik (Gesammelte Schriften Bd. A 4), Tübingen 2003, S. 30–34. [Hayek, Ordnung].

Hayek, Friedrich August von, Grundsätze einer liberalen Gesellschaftsordnung, in: ders., Grundsätze einer liberalen Gesellschaftsordnung. Aufsätze zur Politischen Philosophie und Theorie (Gesammelte Schriften Bd. A 5), Tübingen 2002, S. 69–87. [Hayek, Grundsätze].

Hayek, Friedrich August von, Liberalismus, in: ders., Grundsätze einer liberalen Gesellschaftsordnung. Aufsätze zur Politischen Philosophie und Theorie (Gesammelte Schriften Bd. A 5), Tübingen 2002, S. 88–119.

Hayek, Friedrich August von, Recht, Gesetz und Freiheit (Gesammelte Schriften Bd. B 4), Tübingen 2003. [Hayek, Recht].

Hayek, Friedrich August von, Rechtsordnung und Handelnsordnung, in: ders., Rechtsordnung und Handelnsordnung. Aufsätze zur Ordnungsökonomik (Gesammelte Schriften Bd. A 4), Tübingen 2003, S. 35–73. [Hayek, Rechtsordnung].

Hayek, Friedrich August von, Wahrer und falscher Individualismus, in: ders., Grundsätze einer liberalen Gesellschaftsordnung. Aufsätze zur Politischen Philosophie und Theorie (Gesammelte Schriften Bd. A 5), Tübingen 2002, S. 3–32. [Hayek, Individualismus].

Mises, Ludwig von, Nation, Staat und Wirtschaft, Wien 1919. [Mises, Nation].

Mises, Ludwig von, Liberalismus, Jena 1927.

Mises, Ludwig von, Omnipotent Government, New Haven 1944.

Ortega y Gasset, José, Mirabeau oder der Politiker, in: ders., Gesammelte Werke Bd. 2, Stuttgart 1950.

Popper, Karl R., Die offene Gesellschaft und ihre Feinde. Band 1: Der Zauber Platons (Gesammelte Werke Bd. 5), Tübingen 2003.

Popper, Karl R., Die offene Gesellschaft und ihre Feinde. Band 2: Falsche Propheten: Hegel, Marx und die Folgen (Gesammelte Werke Bd. 6), Tübingen 2003.

Popper, Karl R., Woran glaubt der Westen?, in: ders., Auf der Suche nach einer besseren Welt, München 2006, S. 231–253.

Siemes, Annette / Schneider, Clemens, Offene Grenzen? Chancen und Herausforderungen der Migration, Berlin 2014.

Sektorale Arbeitsmärkte in Europa

Monika Paradowska and Joost Platje

Key Challenges Facing the European Transport Labor Market

1. Introduction

The positive role of transport for socio-economic development and the functioning of markets was already identified by Adam Smith (1776) in his "The Nature and Causes of the Wealth of Nations", as well as by many modern economists (see e.g. Krugman 1979, European Conference of Ministers of Transport 2001, Eddington 2006, OECD 2008). While it is not a sufficient condition, socio-economic development would not be possible and modern man could not function "normally" without it. However, due to increasing transport flows these positive effects are more and more threatened by negative externalities[1] in the form of, among other things, congestion, air pollution, accidents and greenhouse gases contributing to climate change. This article deals with the importance of the functioning of transport systems for the European labor market, in particular the European transport labor market, in a positive as well as negative sense. The main aim is to identify and assess key challenges in the labor market in the European transport sector, and present some disputable issues related to activities aiming at dealing with these challenges. First, the direct and indirect importance of transport for the European labor market is presented. Then, the key challenges in the European labor market are identified and elaborated. Finally, some potential directions of development and their possible impact on employment in the transport sector are discussed.

The analyses in this article are based on modern literature on transport economics, EU documents regarding the labor market and the functioning of the transport labor market, as well as statistical data from Eurostat, the World Health Organisation, and the Organisation for Economic Co-operation and Development.

1 According to one definition, "externalities exist when the activities of one group (either consumers or producers) affect the welfare of another group without any payment or compensation being made" (Button 2010, p. 161). This concerns the negative externalities (external costs).

2. The role of the transport sector in the European labor market

Without transport, markets cannot function. The positive impact of transport on the social and economic sphere appears in different forms (see e.g. Button 2010, pp. 419–460, Krugman 1998, Wachs 2011, pp. 8–14). Well developed and efficient transport systems enable access to labor markets for both (potential) employers and (potential) employees. As transport systems are constrained by a maximum capacity, access to different modes of transport (car, bus, train, tram, metro, bike) increases the range as well as the flexibility of the labor market. This has as a consequence, ceteris paribus, that employers have access to a larger pool of qualified labor, improving the competitiveness of the company (and, for example, the quality of services in governmental institutions). Employees and unemployed can reach a larger area in the same travel time, implying that the probability of finding employment in accordance with their education, experience and expectations increases. In general, it can be stated that from the point of view of functioning of the market, a developed transport system supports the reduction of unemployment, stimulates entrepreneurship and the competitiveness of companies, and as a consequence has a positive impact on material well-being of society. A developed transport infrastructure makes a location more attractive for entrepreneurship and investment. Furthermore, the role of transport in integrating society should not be underestimated, which is reflected in the free flow of labor in the EU as well as the functioning of the Single European Labor Market.

Negative external effects reduce the positive effects of transport for the labor market at different levels, from the local labor market to international labor markets. Congestion, for example, negatively influences the labor conditions of truck drivers and increases the probability of different types of diseases appearing (e.g., heart diseases, nervousness, diseases resulting from exposure to toxins contained in exhaust gas). Furthermore, as time is lost due to congestions, delays appear in supply chains while passengers in public transport have increased difficulties in catching their means of transport, which can lead to different types of economic losses for enterprises (Paradowska 2011, pp. 71–73). According to the European Commission, congestion in the EU costs annually around 1% of the EU's GDP (around €100 billion) (European Commission 2015). Most of the negative external effects appear in the form of health loss of people exposed to these effects. While this is directly visible in case of accidents, it also concerns those who are exposed to air pollutants resulting from exhaust or noise. In effect, the deteriorating health conditions of workers negatively influence employment attendance and performance, in turn negatively influencing the performance of companies (WHO Regional Office for Europe 2014, pp. 1–2). Another example is the emission of greenhouse gases by the transport sector[2] and its negative impact on climate change. When leading to higher level of groundwater in some countries, extreme and formerly uncommon weather phenomena etc., this both negatively influences employers' and employees' performance.

While the positive externalities related to the stimulation of the functioning of markets increase welfare of society in a direct or indirect way, the negative externalities have the opposite effect. Focus in the rest of this article is on challenges in the European transport labor market, which is a condition for the functioning of transport systems, in turn influencing the functioning of the European common market.

Currently, over 10 million people are employed in the transport sector of the European Union. This is about 4.5% of total employment, while the transport sector contributes about 4.6% to total GDP in the EU. When including equipment for transport, these numbers would increase to 6% and 6.3% respectively (European Union 2013, p. 2). About half of employment concerns road passenger and freight transport, 22.5% warehousing and supporting activities, and 17% postal and courier activities (see Figure 1), which are also strongly related with the functioning of road transport. The relatively high level of employment in road transport is important from the point of view of development of transport policy as well as activities aiming at dealing with the challenges facing the European transport labor market. From the point of view of sustainable development, the role of road transport should be reduced due to its negative external effects on health and the environment. However, such policy may negatively influence employment in the freight transport sector (see e.g. European Commission 2014). While changing the modal split, i.e., reducing the absolute and relative share of road transport in total freight transport, may currently create negative employment effects, when considering the future expected shortage in labor in this sector such a policy may become more attractive. Regarding the modal split in freight transport, road

2 The transport sector is responsible for almost 22% of the total greenhouse gas emission in the EU-28 (Eurostat 2015).

transport has a share of 45% (in tkm). For passenger transport the share is 72% (in pkm), while the share for bus and coaches is 8%, and for powered 2-wheelers 2% (European Union 2014).

Figure 1: Employment in the transport sector in the EU-27 countries in 2011

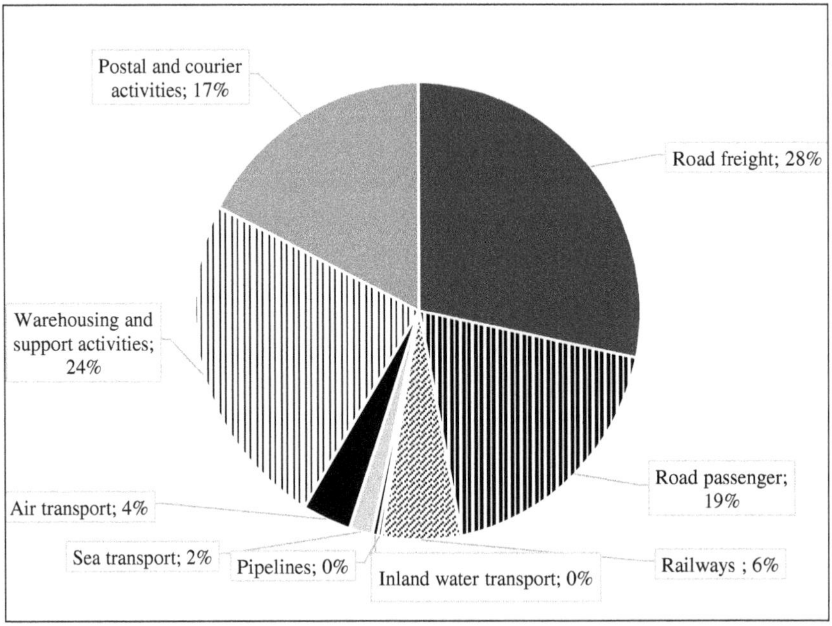

Source: European Union 2014.

As shown in Figure 2, almost two third of employment in the EU transport sector concerns the profession of vehicle driver. About one quarter of employment concerns freight handlers, while the remaining 10% includes ship crews, railway workers, travel attendance as well as ship and aircraft controllers and technicians.

Figure 2: Share of transport occupations in total transport employment

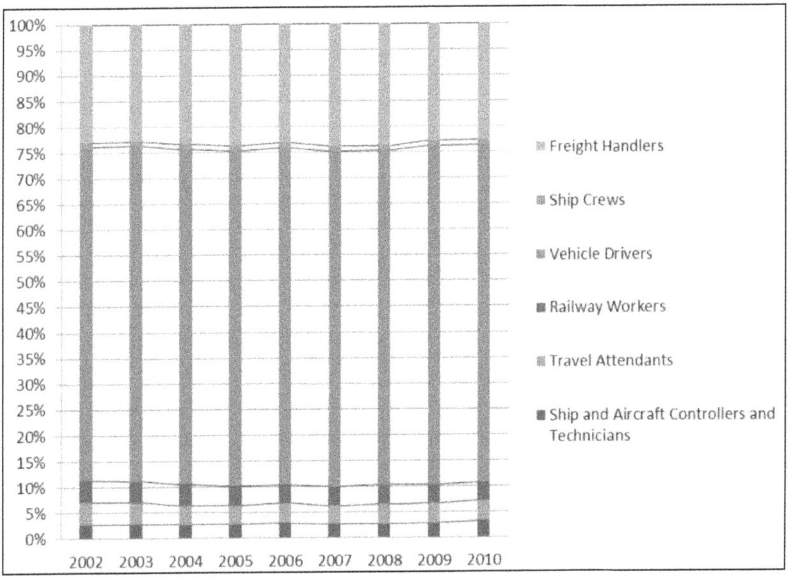

Source: Christidis et al. 2014, p. 15.

While the other branches employ less people than road transport, this does not mean they are unimportant from the point of view of employment, as well as the functioning of the European transport labor market and the common market itself. The importance of transport for employment and markets should be considered as a whole, in particular in the context of the importance of multimodal transport for a more sustainable (or less unsustainable) transport system. As a whole, the European transport labor market experiences important changes resulting, among other things, from socio-demographic changes as well as technological development.

3. Changes and challenges influencing the European transport labor market

At the time of writing (2015), the European transport labor market faces changes and challenges to a smaller or larger extent in four different areas (European Union 2013, pp. 2–4, Christidis et al. 2014, Turnbull 2013, WHO Regional Office for Europe 2014):

1. demographic changes and the related ageing of society;
2. attractiveness of work, labor conditions and educational requirements in the transport sector;

3. female employment in the transport sector;
4. sustainable development of transport and the creation of so-called „green jobs" in this sector.
5. Each challenge will be discussed shortly below, and main directions of EU policy will be identified.

3.1 Ageing labor force in the transport sector

Although the average age of employed people differs depending on the branch of transport and the profession (see Figure 3), the labor force ages more quickly than on average in other sectors in the EU. Research shows that about one in three workers in the transport sector is over 50 years old and will be pensioned in 10–15 years. The smallest share of employment (about 17.5%) is found in the age category 15–29 years (European Economic and Social Committee 2011). On average, railway workers are the oldest, followed by vehicle drivers. These two groups, as well as ship and aircraft controllers, technicians and ship crews, have an above average age. Freight handlers and travel attendants are on average the youngest. Ageing of workers in the transport sector is a complex issue, not only determined by demographic tendencies in Europe, but also by the low level of attractiveness of work in this sector as well as the relatively small interest of young workers to work in this sector.

Figure 3: Average age by transport occupation

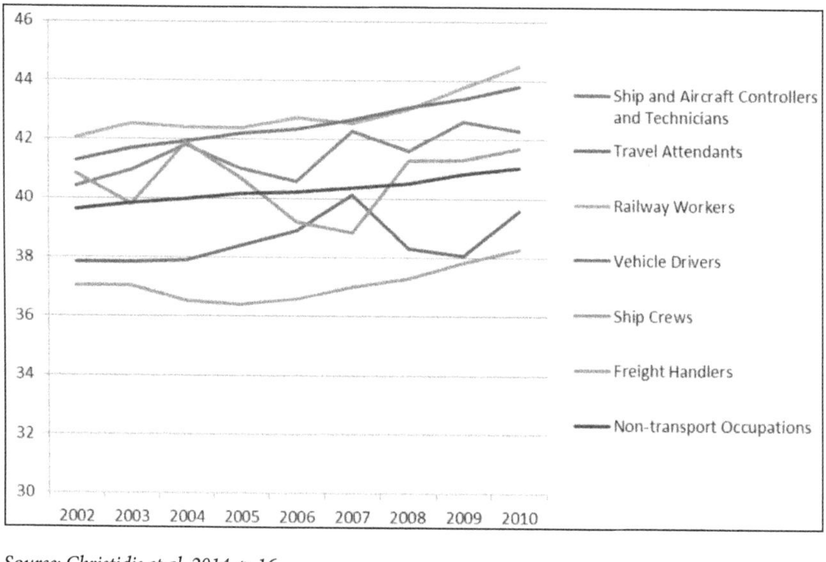

Source: Christidis et al. 2014, p. 16.

The most important problem with the ageing labor force in the transport sector is the expected shortage in supply during the coming years. In road transport, the demand may exceed supply by about half a million jobs by 2020. It is difficult to estimate future demand and supply in the transport sector, among other things due to the strong relation with economic activity (which is difficult to predict itself), as well as the change in activity and productivity in each branch of transport (Christidis et al. 2014, p. 20). However, according to estimations based on trends in supply and demand in 2005 and 2010, when no significant changes appear at the supply side, by 2020 labor shortages will be visible in each branch of transport (see Table 1). In order to prevent such a situation, policy should be directed towards supporting education of labor force for the transport sector (Christidis et al. 2014, p. 20).

Table 1: Projected number of jobs in land transport, maritime transport and aviation, in 2015 and 2020, EU-27

	Transport mode	**2010**	**2015**	**2020**
Number of jobs (million)	Land transport	6.3	6.2–6.5	6.5–6.9
% Change from 2005		–	5.5%-12%	12%-19%
Increased demand (thousands)		–	–	–
Retired 2005 employees (+)		200–250	900–1200	1700–2100
Labor demand from increased activity (+)		400–500	400–700	700–1100
New labor supply (-)		700–800	1400–1800	2200–2700
Gap		-100 to -50	-100 to +100	**+200 to +500**
Number of jobs (million)	Maritime transport	324	320–340	340–360
% Change from 2005		–	3%-9%	9%-16%
Increased demand (thousands)		–	–	–
Retired 2005 employees (+)		20	60	100
Labor demand from increased activity (+)		12	25	30–40
New labor supply (-)		18	30–40	60–80
Gap		+15	+30 to +50	**+40 to +70**

	Transport mode	2010	2015	2020
Number of jobs (million)	Aviation	447	500–50	600–650
% Change from 2005		–	12%-23%	35%-46%
Increased demand (thousands)		–	–	–
Retired 2005 employees (+)		30	50–80	110–130
Labor demand from increased activity (+)		0	60–100	160–200
New labor supply (-)		60	120–150	200–250
Gap		-20	-10 to +20	**+30 to +80**

Source: adapted from Christidis et al. 2014, pp. 20–21.

3.2 Low attractiveness of labor in the transport sector

In general, economic growth and socio-economic development has as a consequence that demand for transport services increases in each of its branches (European Commission 2001, Stead / Banister 2003, pp. 515–526). Normally, the increase in supply of transport services would be accompanied by an increase in employment. However, due to competitive pressures in the freight transport market, and the aim of improving efficiency in public transport in order to reduce the pressure on local and national governments' budgets, new strategies for logistics management are developed and used (e.g., "just-in-time") and work pressure and workloads tend to increase (European Union 2013, p. 4).

According to the third and fourth edition of the European Working Conditions Surveys (EWCS), transport is among the sectors where work is the hardest and labor conditions are considered to be among the poorest, while attractiveness of employment is very low (European Economic and Social Committee 2011, for details see Eurofound 2015). Determinants of this low attractiveness of employment in this sector are: atypical working hours, a typical working week comprising more than 40 hours, working hours not fitting to family or social commitments, high requirements of qualifications, violence and stress, some health problems. The fifth edition of the EWCS shows research from 2010, which mostly confirm the mentioned problems (Eurofound 2012). Based on this research, analysis was carried out regarding the satisfaction of people employed in the transport sector, distinguishing land transport and transport via pipelines, water transport, air transport and warehousing and support activities for transportation, as well as different other professions (Christidis et al. 2014, pp. 10–12). It turned out that the relatively lowest job quality existed in land transport and transport via pipelines, for all three categories under assessment: satisfaction with working conditions, satisfaction with wage and motivation to perform. Freight handlers were most satisfied with the labor conditions, followed by lift truck operators, heavy truck and lorry drivers and bus and tram drivers. Workers employed in air transport are most satisfied, followed by water transport. Interestingly, atypical working hours are most common in professions such as ship and aircraft controllers and technicians, railway workers, travel attendants and ship crews. A typical working week comprising more than 40 hours is mostly found among ship crews, vehicle drivers and ship and aircraft controllers and technicians (Christidis et al. 2014, pp. 18). It turns out that working hours are not a crucial element of job satisfaction. Dissatisfaction is rather related to other determinants.

High requirements and qualifications are partly responsible for low attractiveness of employment. Although differences exist in different sectors, for the last years a general tendency can be observed in each branch of the transport sector that requirements are becoming more strict and more qualifications are demanded, while labor conditions are considered to deteriorate (European Union 2013, p. 4). Increasing demands regarding qualifications of employees is caused by technological changes and internationalization of transport services. For example, technological changes have as a consequence that more knowledge is required for handling and driving. The internationalization of transport markets and development of international transport services have as a consequence that drivers more often have to know foreign languages, possess social skills in order to function in an international environment, possess analytical skills regarding logistic requirements, possess knowledge on international law and regulations (including environmental law and regulations), etc. (European Union 2013, p. 4). This may provide disincentives for young people to start a career in the transport sector.

3.3 Women in the transport sector

Transport is on the second place (after construction) when considering the share of male employment – about 20% of all employed in the transport sector are women (Eurofound 2012 p. 21). The share of women is the highest in air transport (40%), while being the lowest in road transport (14%). About 10% or bus drivers are women (European Union 2013, p. 4). It should be noticed that the low level of employment not only concerns drivers, but also transport-related services. For example, in 2006 in the EU-27 countries only 21% of the employed in all transport services were women, including 9.2% temporarily employed. The respective shares were 13.7% and 7.3% for land transport. Although the employment share of women in the transport sector differs between countries, the reasons of this fact are similar working conditions (including the time, timing and place of work), and gender stereotyping (Turnbull 2013, p. 5). The most important reasons are: working time, shift-working and the location of employment (very often far from home). These factors trade-off with motherhood or taking care of the family, when this is an aim of women. Not without significance are stereotypical behavior and traditional mental models, leading to reduced female access to transport education and favoring males in employment decisions (see Figure 4).

Figure 4: Cause-effect relationship of limited attraction of young women in transport

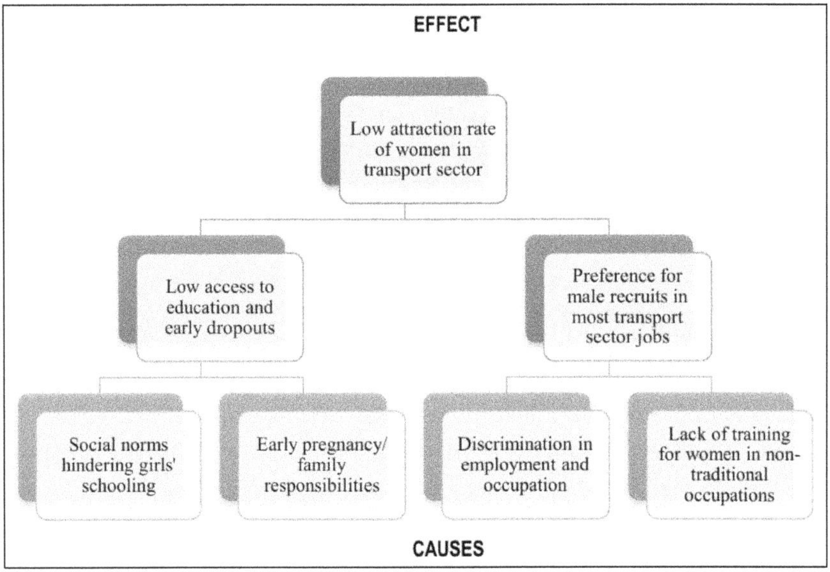

Source: Rosas / Rossignotti 2008, cited by Turnbull 2013, p. 15.

3.4 Sustainable transport and "green jobs"

Transport related threats in the form of the direct and indirect consequences of negative external effects are a reason that the European Union developed policy aiming at the sustainable development of transport systems (see e.g. European

Commission 2014). This is, among other things, expressed by change in the modal split of transport, as well as support for forms of moving people and freight in a more environmentally-sound way. The effects of the policies are in particular visible in urban areas, where local governments with help of different measures provide incentives to reduce the use or individual car transport and to use public transport, bicycle or to go on foot (see e.g. European Commission 2015). At the same time, the development of these forms of mobility is considered to be an opportunity for the creation of new employment, for example in the field of bicycle retail and maintenance, bicycle production, construction and maintenance of public transport vehicles, construction and maintenance of high quality infrastructure and environments for public transport, walking and cycling etc. (WHO Regional Office for Europe 2014, p. 4). According to EU estimates, an investment of €1 billion in sustainable development of transport results in the creation of 21 500 full time jobs, about 16 700 jobs in construction and maintenance of infrastructure and transport vehicles and related jobs, and 4 800 jobs thanks to increased expenditure of people with "green jobs" in transport (Sustainlabour 2013). Research carried out in France shows that there are nearly 10 jobs per €1 million turnover in the bicycle industry and 2.5 per €1 million turnover in the car industry (Dumont et al. 2009, cited by WHO Regional Office for Europe 2014, p. 9). Research carried out in the capital cities of 57 countries show that an increase in the share of bicycles in individual transport to the level of 26% (cycling modal share in all trips for Copenhagen in 2013) would create an additional 77 000 jobs and would enable to avoid more than 9 400 premature deaths (WHO Regional Office for Europe 2014, p. 13).

3.5 Directions of the EU policy to handle key challenges in the transport labor market

The general social and economic benefits of an effective and efficient transport system, as well as the potential problems related to a lack of reaction to the earlier discussed negative tendencies and the changes in the functioning of European transport are the basis of policies and measures in the European Union. These policies and measures aim at reducing tensions and problems, while at the same time maximizing benefits in the context of the performance of the European transport labor market. Many initiatives are developed in the framework of other policies, such as counteracting the negative impact of the ageing society or equal treatment and opportunities for women. The main directions of the EU policy on transport employment are shortly presented in Table 2.

Table 2: Main directions of the EU policy on transport employment

Direction of the EU policy	Examples of planned / organized actions
Retaining older workers in the transport sector	• "EU Strategy The demographic future of Europe: from challenge to opportunity" - increase workforce participation of men and women over the age of 55, e.g. by enhancing skills, lifelong learning, and active ageing. • "Dealing with the impact of an ageing population in the EU" - providing more job opportunities, especially part-time work and flexible working hours. • "A Sustainable Future for Transport" - avoiding the situation that ageing population would jeopardize Europe's competitive position in the world economy and the capacity to maintain high living standards. • "White Paper, Roadmap to a Single European Transport Area – Towards a competitive and resource efficient transport system" - the need to create quality jobs and improve working conditions in transport. • "A Common Immigration Policy for Europe: Principles, actions and tools" - alleviating labor shortages by means of immigration.
Improving access for women	• "Strategy for Equality between Women and Men 2010–2015" - improving the quality of jobs and work-life balance for women. • "Europe 2020 Strategy for Smart, Inclusive and Sustainable Growth" - reconciling work and private life. • "A Sustainable Future for Transport" - facilitating women's access to jobs.
Encouraging youth employment	• "Keep Europe moving – Sustainable mobility for our continent" - the need to motivate young people to enter the transport workforce.

Direction of the EU policy	Examples of planned / organized actions
Building a skilled workforce for the transport sector	• "Keep Europe moving – Sustainable mobility for our continent" - development of advanced training programs, certification and certification methods for transport workers. • "Europe 2020" - initiative New Skills for New Jobs (since 2008) • "An Agenda for new skills and jobs" - lifelong learning and new approaches to adult learning. • "Keep Europe moving – Sustainable mobility for our continent" - develop new skills for quality jobs and the responsibility of social partners in this process. • "Directive 2003/59/EC on the initial qualification and periodic training of drivers of certain road vehicles". - drivers of trucks, buses, coaches and minibuses need to hold an initial qualification and to undergo periodic training.
Improving working conditions	• "Keep Europe moving – Sustainable mobility for our continent" - the need to improve the quality of jobs and working conditions in the transport sector. • "Directive 2002/15/EC on the organisation of the working time of persons performing mobile road transport activities". • "Regulation (EC) No 561/2006 on the harmonisation of certain social legislation relating to road transport". • "Council Directive 2005/47/EC on the Agreement between the Community of European Railways (CER) and the European Transport Workers' Federation (ETF) on certain aspects of the working conditions of mobile workers engaged in interoperable cross-border services in the railway sector".
Creating green jobs in the transport sector	• "The Transport, Health and Environment Pan-European Programme (THE PEP)" - stimulating a debate on creating green jobs in the transport sector. - analyzing the potential for greening "old" jobs and creating "new green" jobs in transport. - sharing good practice and disseminating experiences, policies and approaches.

Source: Rows 1–5: European Union 2013, pp. 5–7.; Row 6: WHO Regional Office for Europe 2014, p. 3.

4. Discussion

The main challenges in the functioning of the European transport labor market described above are the basis for the following reflections. Above all, the main issue seems to be the expected shortage of young qualified labor during the next decades. The European Union aims at the elimination or at least mitigation of the problem by way of dealing with the low attractiveness of employment in the transport sector for young people. At the same time, it is attempted to increase the level of employment of women and to maintain employment of older people. However, a question is whether the measures are justified or may turn out to be ineffective. For example, as the level of work overload and work pressure as well as qualification requirements and knowledge of knowledge increase, it is doubtful that older employees will feel themselves secure and will be as effective and efficient as demanded by the employer. As a rule, older employees do not feel the urge "to keep up" with technological novelties, while the excessive work pressure may be to high keeping in mind their age and the related physical and health problems – e.g., concentration, physical strength needed and social and language skills.[3] Improvements in the labor conditions during the last decades in particular branches of transport[4] are not necessarily a solution to the problems. Furthermore, in the case of transport professions, where human life (e.g., for truck drivers, airplane pilots) depends on the efficiency and effectiveness of labor, older employees may have a disadvantage due to their (perceived) worse reflexes or potential problems such as accidents in case of health problems. Thus, it should be researched and discussed in which particular occupations older employees can find employment, where they can be efficient while obtaining high job satisfaction, and what the upper age limit is so that they can do this work instead of only looking at the retirement age.

Similarly, some concerns may arise regarding the increase in female participation in employment in the transport sector. Of course, the elimination of prejudices and negative stereotypes is recommended, as well as enabling women to work and make a career in this sector. However, a difficult issue is how to reconcile the eventuality of having children and a family and the irregular working hours and long separation from family and absence from home. While in Western Europe this may be a lesser problem, in a more traditional society like Poland this

---

3 Although the life expectancy at birth for women and men increases in Europe (respectively 82 and 75 in the EU-27 countries in 2008), the expected healthy life years at birth is 62 and 61 years respectively (OECD 2012).

4 This mostly concerns road freight shipping (Sitran / Pastori 2013).

is a difficult issue, as the role of the women in the family is often considered to be more traditional. Furthermore, from observations and discussions with people working in the sectors we have the impression that the logistic processes are not adapted to differences in physical strength. In general, in many occupations in the transport sector it may be too difficult to change the labor conditions in such a way that the work and motherhood can be easily combined. While changes should be made in order to reconcile the work and motherhood, this should not lead to discrimination of men who also may have a family, where irregular working hours and long separation from the family may negatively influence their family life.

Another issue that is disputable it the increasing requirements in qualifications and demanded skills for people to be employed in particular occupations. Technological advance cannot be avoided, as it is considered to be desirable and also needed because of competitive pressure. For this reason, changes in transport and new expectations regarding employees are something natural. However, the increasing requirements in combination with the low attractiveness of jobs may "scare" young people even more away from employment in this sector. This may in particular concern women. With the increasing pressure on improving the effectiveness and efficiency of mobility, innovation and technological change may speed up, in turn increasing the need to improve skills and qualifications for (potential) employees.[5]

The last issue to be discussed is the creation of "green jobs" related to the transformation of transport systems in accordance with the principles of sustainable development. A change of urban transport into the direction of an increasing share of public transport, bicycles and pedestrians creates demand for other vehicles and means of transport, transport equipment and partially different transport infrastructure. However, this is counteracted by a decline in demand for cars, leading to a reduction of employment in the car industry, its suppliers as well as car maintenance and repair services. It is difficult to assess whether the effect on employment will be positive of negative, as well as to answer the question whether people losing a job in, e.g., the car industry can easily find a "green job" due to differences in required qualifications and skills. One can also wonder whether the creation of "green jobs" as a result of the pressure to make transport more sustainable is an aim in itself, or just the effect of further changes and evolution in transport, like was the case when in the past the car replaced other means of transport (e.g., carriages, train).

5 On the other hand, the development of Personal Rapid Transit (PRT) systems shows that human beings can be replaced by technology – PRT vehicles at London Heathrow airport do not need drivers for transporting passengers (Freemark 2009).

5. Conclusion

The aim of this article was to identify and assess key challenges in the labor market in the European transport sector, and present some disputable issues related to activities aiming at dealing with these challenges. Ageing society, low attractiveness of employment in the transport sector accompanied by increasing requirements regarding qualifications and skills, as well as the domination of men in this sector are among the main issues, resulting in the expected labor shortage in the next decades. The European Union undertakes many activities in order to prevent such a situation or, at least, to alleviate the negative consequences of this expected labor shortage. A lack of skilled labor may create a threat for the effectiveness and efficiency of the transport sector, in turn reducing its positive impact on socio-economic development as well as the international competitiveness of the EU. However, it remains an open question whether the policies regarding these issues are satisfactory, and should not be revised.

References

Button, K. (2010) Transport Economics, 3rd edition, Edward Elgar, Aldershot.

Christidis, P., Navajas Cawood, E., Pedret Cusco, V., Vroonhof, P., Schoemaker, J., Artuso, D. (2014) Employment, Skills and Working Conditions in Transport. European Commission, URL: http://publications.jrc.ec.europa.eu/repository/bitstream/JRC85348/ move%20jobs% 20midte0policy%20brief_v2.pdf.

Communication from the Commission to the Council and the European Parliament (2009) Keep Europe Moving – Sustainable Mobility for our Continent. Mid-term Review of the European Commission's 2001 Transport White Paper, European Commission, Brussels.

Communication from the Commission to the European Parliament, the Council, the European Economic and Social Committee and the Committee of the Regions (2008) A Common Immigration Policy for Europe: Principles, Actions and Tools, COM(2008) 359 final, Brussels.

Communication from the Commission to the European Parliament, the Council, the European Economic and Social Committee and the Committee of the Regions (2009) Dealing with the Impact of an Ageing Population in the EU (2009 Ageing Report), COM(2009) 180 final, Brussels.

Communication from the Commission to the European Parliament, the Council, the European Economic and Social Committee and the Committee of the Regions (2010) Strategy for Equality between Women and Men 2010–2015, COM(2010) 491 final, Brussels.

Communication from the Commission to the European Parliament, the Council, the European Economic and Social Committee and the Committee of the Regions (2010) An Agenda for New Skills and Jobs: A European Contribution towards Full Employment, COM(2010) 682 final, Brussels.

Communication from the Commission (2009) A Sustainable Future for Transport: Towards an Integrated, Technology-led and User Friendly System, COM (2009) 279 final, Brussels.

Council Directive (2005) 2005/47/EC of 18 July 2005 on the Agreement between the Community of European Railways (CER) and the European Transport Workers' Federation (ETF) on Certain Aspects of the Working Conditions of Mobile Workers Engaged in Interoperable Cross Border Services in the Railway Sector.

Directive 2002/15/EC of the European Parliament and of the Council (2002) of 11 March 2002 on the Organisation of the Working Time of Persons Performing Mobile Road Transport Activities.

Directive 2003/59/EC of the European Parliament and of the Council (2003) of 15 July 2003 on the Initial Qualification and Periodic Training of Drivers of Certain Road Vehicles for the Carriage of Goods or Passengers, amending Council Regulation (EEC) No 3820/85 and Council Directive 91/439/EEC and repealing Council Directive 76/914/EEC.

Dumont, M., Mercat, N., Baholet, S., Giraud, H. (2009) Économie du vélo (The Economics of Cycling), in: Grand Angle, Special issue 6, June 2009.

Eddington, R. (2006) The Eddington Transport Study. The Case for Action: Sir Rod Eddington's Advice to Government, URL: http://www.fcrn.org.uk/sites/default/files/Eddington_ Transport_Study.pdf.

Eurofound (2012) Fifth European Working Conditions Survey, Luxembourg.

Eurofound (2015) European Working Conditions Surveys, URL: http://www.eurofound. europa.eu/european-working-conditions-surveys-ewcs.

European Commission (2001) White Paper – European Transport Policy for 2010: Time to Decide, COM(2001) 370 final. Brussels.

European Commission (2011) Roadmap to a Single European Transport Area – Towards a Competitive and Resource Efficient Transport System, COM(2011) 144 final. Brussels.

European Commission (2014) Update of the Handbook on External Costs of Transport. Final Report, URL: http://ec.europa.eu/transport/themes/sustainab le/studies/doc/2014-handbook-external-costs-transport.pdf.

European Commission (2015) Clean Transport, Urban Transport. Urban Mobility, URL: http://ec.europa.eu/transport/themes/urban/urban_mobility/in dex_en.htm.

European Conference of Ministers of Transport (2001) Conclusions of Round Table 119: "Transport and economic development", CEMT/CS(2001)37.

European Economic and Social Committee (2011) Opinion of the European Economic and Social Committee on How EU Policies Have Impacted on the Job Opportunities, the Training Needs and the Working Conditions of Transport Workers, Official Journal of the European Union 2011/C 248/04.

European Union (2013) Employment in the EU Transport Sector. Transport Research and Innovation Portal (TRIP), European Commission, Directorate-General for Mobility and Transport (DG MOVE), URL: http://www.transport research.info/sites/default/ files/brochure/20140117_205136_81493_PB05_WEB.pdf.

European Union (2014) EU Transport in Figures. Statistical Pocketbook, URL: http://ec.europa.eu/transport/facts-fundings/statistics/pocketbook-2014_en.htm.

Eurostat (2015) Greenhouse Gas Emission Statistics. Statistics Explained, URL: http://ec.europa.eu/eurostat/statisticsexplained/index.php/Greenhouse_gas_emission_statistics.

Freemark, Y. (2009) Are London Heathrow's ULTra Pods the Future of Transit? The Transport Politic 28.12.2009, URL: http://www.thetransportpolitic.com/2009/12/28/are-londonheathrows-ultra-pods-the-future-of-transit.

Krugman, P. R. (1979) Increasing Returns, Monopolistic Competition and International Trade, in: Journal of International Economics, 9, pp. 469–479.

Krugman, P. R. (1998) The Role of Geography in Development. Paper Prepared for the Annual World Bank Conference on Development Economics, Washington DC, URL: http://siteresources.worldbank.org/DEC/Resources/84797125181375382 0/641573912518139 51236/krugman.pdf.

OECD (2008) The Wider Economic Benefits of Transport. Macro-, Meso- and Micro-Economic Transport Planning and Investment Tools, URL: http://www.oecd-ilibrary.org/transport/the-wider-economic-benefits-of-trans port_9789282101834-en.

OECD (2012) Health at a Glance: Europe 2012, URL: http://www.oecd-il ibrary.org/sites/9789264183896en/01/01/index.html?itemId=/content/chapter/9789264183896-4-en.

Paradowska, M. (2011) Rozwój zrównoważonych systemów transportowych miast I aglomeracji w procesie integracji z Unią Europejską (The development of sustainable transport systems in cities and agglomerations in the process of the European integration – the case of the Wroclaw Agglomeration), Wydawnictwo Uniwersytetu Opolskiego, Opole.

Regulation (EC) No 561/2006 of the European Parliament and of the Council of 15 March 2006 on the Harmonisation of Certain Social Legislation Relating to Road Transport and amending Council Regulations (EEC) No 3821/85 and (EC) No 2135/98 and repealing Council Regulation (EEC) No 3820/85 (Text with EEA relevance) – Declaration.

Rosas, G., Rossignotti, G. (2008) Guide for the Preparation of National Action Plans on Youth Employment, International Labour Organization, Geneva.

Sitran, A., Pastori, E. (2013) Social and Working Conditions of Road Transport Hauliers, URL: http://www.europarl.europa.eu/RegData/etudes/etudes/join/2013/495855/IOL-TRAN_ET(2013)495855(SUM01)_EN.pdf.

Smith, A. (1776) An Inquiry into the Nature and Causes of the Wealth of Nations, URL: http://metalibri.incubadora.fapesp.br/portal.

Stead, D., Banister, D. (2003) Decoupling the Link between Economic Growth, Transport Growth and Transport Energy Consumption in Europe, European Council for an Energy Efficient Economy Summer Study, Stockholm, URL: http://www.eceee.org/library/ conference_proceedings/eceee_Summer_Studies/2003c/Panel_3/3018stead/paper.

Sustainlabour (2013) Green Jobs and Related Policy Frameworks. An Overview of the European Union, URL: http://www.sustainlabour.org/documentos/Green%20and% 20decent%20jobs-%20An%20Overview%20from%20Europe%20FINAL.pdf.

Turnbull, P. (2013) Promoting the Employment of Women in the Transport Sector – Obstacles and Policy Options, Working Paper 298, International Labour Organization, Geneva, URL: http://www.ilo.org/wcmsp5/groups/public/---ed_dialogue/---sector/ documents/ publication/wcms_234880.pdf.

Wachs, M. (2011) Transportation, Jobs, and Economic Growth, in: Access, 38, pp. 8–14.

WHO Regional Office for Europe (2014) Unlocking New Opportunities. Jobs in Green and Healthy Transport, URL: http://www.euro.who.int/__data/assets/pdf_file/0003/247188/ Unlocking-new-opportunities-jobs-in-green-and-health-transport-Eng.pdf.

Sabina Kauf

Die Unternehmensanforderungen an die Logistikspezialisten und akademische Ausbildung der Logistiker

1. Einleitung

Seit Beginn des 21. Jahrhunderts steigt die Wachstumsrate der Logistikbranche überproportional gegenüber dem durchschnittlichen Wirtschaftswachstum der EU-Länder. Es wird geschätzt, dass der Anteil des Logistiksektors am weltweiten BIP bei 14% liegt.[1] In Europa liegt alleine der BIP-Anteil des Transportsektors bei 7%. Dort arbeiten auch mehr als 5% alle Beschäftigten in der EU. Gut funktionierende Logistiksysteme stellen somit die Voraussetzung für die Wettbewerbsfähigkeit der Unternehmen dar.

Vor diesem Hintergrund hat sich die Logistik zu einem attraktiven Berufsfeld auf gewerblich-kaufmännischer und vor allem akademischer Ebene entwickelt. Die Fähigkeiten und Kenntnisse der zukünftigen Logistiker beruhen v.a. auf der Ausbildung an den Universitäten. Seit ein paar Jahren ist die Fachrichtung Logistik an den polnischen Hochschulen populärer denn je. Der Aufbau von Studiengängen im Bereich Logistik erforderte jedoch die Entwicklung von Bildungsstandards sowie allgemeiner Voraussetzungen, die den Aufbau von Studienprogrammen ermöglichen.

Aufgrund der raschen Entwicklung des Ausbildungsangebots im Bereich Logistik stellt sich jedoch die Frage, welche Kompetenzen von den zukünftigen Logistikern von den Unternehmen erwartet werden. Einen kurzen Überblick darüber geben die hier vorgestellten Forschungsergebnisse.[2] Im Rahmen der Untersuchung wurden 209 Stellenanzeigen analysiert, die in den Zeitraum Juli bis August 2013 in online Portalen publiziert wurden.[3]

---

1 Vgl. COM(2006).

2 Die Untersuchung wurde von den Studenten aus den Science Club „LogPoint“ der Technische Universität in Opole und der wirtschaftswissenschaftlichen Fakultät der Universität Opole durchgeführt.

3 Analysiert wurden die Portale money.pl (praca); pracuj.pl; goldenline.pl; infoPraca; GazetaPraca.pl; mypraca.pl; jobexpress.pl; jobs.pl; praca.pl; gratka.pl; gowork.pl.

2. Stürmische Entwicklung der Logistik und des Berufs „Logistiker"

Die Logistikwirtschaft ist derzeit eine der sich am schnellsten entwickelnden Bereiche geworden. Sie hat sich als eigenständig wachsender Sektor der Dienstleistungsbranche etabliert und ist zur einer unentbehrlichen Unternehmensfunktion herangewachsen. Die steigende Globalisierung und Ausdehnung des Welthandels haben nicht nur den Interkontinentalhandel beschleunigt, sondern auch einen enormen Anstieg des Güteraufkommens verursacht. Allein im Jahr 2014 ist das Transportaufkommen um 2,9% gegenüber dem Vorjahr gestiegen. Damit wurde der Höchstwert aus dem Jahr 2008 um 0,4 % übertroffen.[4] Es wird prognostiziert, dass bis zum Jahr 2030 ein jährliches Wachstum von ca. 2,5% zu erwarten ist.[5]

Gleichzeitig ist eine gegenläufige Tendenz auf dem Arbeitsmarkt zu beobachten. In der Logistikbranche fehlen immer mehr Erwerbstätige. Von den Mitarbeitern im Bereich Logistik werden entlang der gesamten Logistikkette immer neue Kompetenzen gefordert. Diese hängen sowohl mit der Nachhaltigkeitsorientierung, als auch mit dem technischen Fortschritt zusammen. Neu entstandene Tätigkeitsprofile haben zu veränderten Qualifikationsanforderungen der Mitarbeiter bei den Logistikdienstleistern geführt.[6] Dies hat zur Folge, dass neue und gut ausgebildete Fachkräfte benötigt werden. Allein in Deutschland wird ein jährlicher Bedarf von 14.000 Mitarbeitern diagnostiziert.[7] Dies betrifft sowohl den leitenden als auch den operativen Bereich der Logistik. Der Beruf „Logistiker" wird immer populärer. Aus diesem Grund wird seitens der Wissenschaft und der betrieblichen Experten die Wichtigkeit der Aus- und Weiterbildung hervorgehoben.[8] Die Bedeutung einer hohen Qualifizierung des Personals wird vor allem im Hinblick auf das Management der Wertschöpfungskette ersichtlich. Von den Logistikmitarbeitern wird vor allem Fachwissen über logistische Systeme verlangt.[9]

Die Hochschulen haben diesen Trend im Berufsmarkt Logistik schon längst erkannt und bieten immer mehr entsprechende Studiengänge an. Diese sollen potenziellen Mitarbeitern der Logistikbranche solche Kenntnisse und Kompetenzen vermitteln, die den Anforderungen der modernen Unternehmen gerecht werden. Von mehr als 650 Hochschulen in Polen bieten ca. 500 Studiengänge den

---

4 Vgl. Technische Universität Berlin (2015).
5 ebd.
6 Vgl. Klumpp (2009), S. 2.
7 Vgl. Roth (2012), S. 605.
8 Vgl. Klaus / Kille (2013), S. 8.
9 Vgl. Münchow-Küster / Zalewski (2012), S. 6 ff.

Schwerpunkt Logistik an.[10] Laut statistischer Daten des Hochschulministeriums steigt die Wachstumsrate der Studierenden im Bereich Logistik ständig. Schon im Jahr 2009 betrug sie 185%.[11] Die Ausbildung der Logistiker findet derzeit an verschiedenen Fakultäten statt, darunter Betriebswirtschaft, Management und Marketing, Maschinenbau, Informatik und Transport, Meerestechnik, Automobil- und Baumaschinentechnik, Maschinenbau und Luftfahrt.

Der steigende Bedarf nach logistischen Fachkräften ist eine Folge davon, dass den Logistikern eine Schlüsselrolle bei der Prozessverbesserung und dem Management der gesamten Wertschöpfungskette zugeschrieben wird. Ihre Ausbildung, ihre Kenntnisse und praktischen Fähigkeiten werden als Garant für das reibungslose Funktionieren des Supply Chain in einem dynamischen Umfeld betrachtet. Das Humanpotenzial bestimmt die Effektivität und Effizienz der Logistik und somit den Markterfolg des Unternehmens.

Um die logistischen Aufgaben effektiv erfüllen zu können, müssen die Logistiker nicht nur die Anforderungen der Branche erfüllen, sondern auch bestimmte Grundsätze und Verhaltensregeln beachten.[12] Demnach sollte der Logistiker immer rational im Interesse aller an der Wertschöpfungskette beteiligten Unternehmen handeln. Daher wird von den Logistikern ein umfassendes Wissen, Charisma und eine klare Zielvorstellung verlangt. Des Weiteren erscheinen Kompetenzen wie Kreativität, Innovationsgeist und Entschlossenheit wichtig zu sein.

Der Beruf des Logistikers ist sehr komplex und vielseitig. Schätzungen zufolge arbeiten etwa 40% der in der Logistikbranche beschäftigten Personen im Bereich Verkehr, 25% im Bereich der Lagerung und Kommissionierung und etwa 35% in den Bereichen Ausführung, Fertigung, und Supply Chain Management.[13] Vor diesem Hintergrund scheint es wichtig zu fragen, über welche Kompetenzen und Kenntnisse ein Logistiker verfügen sollte. Welche sind die richtigen?

3. Das Konzept der akademischen Ausbildung der Logistiker in Polen

Der Beruf des Logistikers verlangt nach einem interdisziplinären Wissen, da die Logistik viele Wissenschaftsbereiche wie Betriebswirtschaft, Management, Technik und Informatik umfasst. Die Zusammenführung der Wissensbereiche ist unabdingbar um ein neues Profil des Logistikers zu gestalten, eines Logistikers

10 Vgl. Kurasiski (2014), S. 11.
11 Vgl. Rocki (2015).
12 Vgl. Jedlinski (1997), S. 1 ff.
13 Vgl. Engelhard-Nowitzki (2006), S. 3.

der in der Lage ist, die Komplexität der globalen Wirtschaft zu erkennen und zu bewältigen. Nur gut ausgebildeter Mitarbeiter können die unternehmensübergreifenden Aufgaben der Logistik reibungslos schaffen.

Schon auf dem ersten Diskussionsforum des „Bildungsmarktes Logistik" in Polen 1996, organisiert vom polnischen Logistikverband und dem Institut für Logistik und Lagerwirtschaft, wurden Vorschläge und Konzeptionen der Ausbildung im Bereich Logistik vorgestellt. Damals wurde gesagt, dass die Ausbildung der Logistiker an die Anforderungen der neuen, globalen Wirtschaft angepasst werden muss. Bezüglich der Logistikausbildung formulierter das Forum ein paar entscheidende Fragen[14]:

- Wie soll der Beruf des Logistikers in der polnischen Wirtschaft gestaltet werden und wer soll ausgebildet werden?
- Mit welchen Kompetenzen müssen die Logistiker ausgestattet sein, und welche werden auf den Europäischen Binnenmarkt benötigt?
- Soll der Logistiker einen Abschluss im Bereich Betriebswirtschaft oder besser im Ingenieurwesen haben?
- Wie soll das interdisziplinäre Wissen in ein Gesamtkonzept der Logistikausbildung integriert werden?

Diese Fragen, obwohl sie schon vor fast 20 Jahren gestellt worden sind, haben nichts an ihre Aktualität verloren. Die Ausbildung im Bereich Logistik kann nicht ohne ein Gesamtkonzept durchgeführt werden. Das Bedürfnis, ein Gesamtkonzept zu erarbeiten ist die Folge der schon angesprochenen Vielseitigkeit der Logistik.

Die logistischen Aufgaben werden sowohl in Unternehmen als auch unternehmensübergreifend realisiert. Darüber hinaus werden sie nicht den Einheiten der funktionalen Organisationsstruktur zugeschrieben, sondern den Prozessen, die entlang der gesamten Wertschöpfungskette durchgeführt werden. Somit werden die Logistikaufgaben auf allen Managementebenen und Betriebs-/Wertschöpfungskettenbereichen (Beschaffung, Produktion, Distribution) verwirklicht. Diese Sichtweise ermöglicht die Identifizierung von drei Logistikebenen:

1. Operative Ebene – z.B. Transport, Lagerung, Verpackung, Kommissionierung,
2. Managementebene – Optimierung des Flussprozesses, z.B. Schnittstellenmanagement,
3. Systemebene – Management der logistischen Netzwerke, Implementierung, Umsetzung und Betrieb der Logistiksysteme

14 Vgl. Korzeń (1996), S. 4.

Die drei aufgelisteten Logistikebenen verdeutlichen die Schwierigkeiten, die mit der Ausarbeitung eines Gesamtkonzepts der Logistikausbildung zusammenhängen, lassen aber auch die Hauptsegmente der Ausbildung erkennen. Somit kann festgestellt werden, dass die Struktur des Gesamtkonzepts die Elemente der Unternehmenslogistik (operative Logistik), Logistikmanagement und der Technischen Logistik beinhalten sollte.

Die Ausbildung der Fachkräfte im Bereich der Unternehmenslogistik und Logistikmanagement sollte sich demnach den geschäftlichen Aspekten der Logistik widmen. Während des Studiums sollten die zukünftigen Logistiker sich Wissen über das Funktionieren der Wirtschaft aneignen, darunter auch Aspekte der Strategischen Marktanalysen, der Wirtschaftsplanung und des Wertschöpfungskettenmanagements. Der Ausbildungszweig Logistikmanagement sollte Domäne der Wirtschaftsfakultäten an den Universitäten sein. Da die Organisation und Steuerung von Logistiksystemen in den Bereichen Beschaffung, Produktion und Distribution auch technisches Wissen erfordert, wäre die Unternehmenslogistik sowohl an den Betriebswirtschaftlichen Fakultäten der Universitäten, als auch an den Technischen Hochschulen richtig angesiedelt.[15]

Das Fachwissen der Logistiker für die Systemebene, d.h. das Wissen über Systemanalysen, Implementierung, Umsetzung und Instandhaltung von Logistiksystemen, sollten sich sie Logistiker an den Technischen Hochschulen holen. Das technische Wissen ist für die Realisierung dieser Logistikaufgaben von entscheidender Bedeutung.

Zusammenfassend kann festgestellt werden, dass die Hochschulausbildung der Logistiker sich ausschließlich auf die kaufmännischen Fähigkeiten konzentrieren kann. Um das Logistiksystem andererseits gestalten zu können, müssen die Logistiker aber auch über technisches Wissen verfügen. Aus diesem Grund wäre es vorteilhaft, wenn die Logistiker eine integrierte Ausbildung bekämen.

Die kaufmännischen Fähigkeiten der Logistiker stehen jedoch in Vordergrund, da die Transportketten geplant, Kosten kalkuliert und die Logistikdienstleistungen verkauft werden müssen. Von den Logistikmanagern werden deshalb Verhandlungsgeschick und organisatorisches Talent verlangt. Ob diese Kenntnisse der Logistikbranche entsprechen, bedarf noch, vor allem in Polen, der genaueren Klärung. Das Themenfeld der akademischen Ausbildung der Logistiker ist in der wissenschaftlichen Literatur jedoch marginal. Aus den existierenden Publikationen können lediglich die zukünftigen Logistiktrends und eventuell damit zusammenhängende Qualifikationen formuliert werden.

15 Vgl. Kurasinki (2014), S. 41.

Da es in der wissenschaftlichen Literatur in Polen bislang keine umfassende Analyse des Bildungsmarktes Logistik gibt, die die Profile der Logistiker thematisiert, wurde eine Analyse der 209 Stellenanzeigen durchgeführt. Die Analyse sollte die notwendigen Kompetenzen und Qualifikationen der Logistiker zu ermitteln helfen.

4. Qualifikationen der Logistiker aus der Perspektive der Unternehmen

Die Analyse der 209 Stellenanzeigen hat gezeigt, dass zumeist Mitarbeiter mit Hochschulabschluss (79%) mit dem Schwerpunkt Logistik, Betriebswirtschaft, Management, Transport oder Handel/Marketing gesucht werden (Abb. 1). Demnach sollen die Logistiker vor allem kaufmännisch ausgebildet werden. Die gut ausgebildete Fach- und Führungskräfte haben bessere Karrierechancen und sind für die Logistik sehr wichtig.

Abbildung 1: Erwartete Ausbildung der Mitarbeiter der Logistik

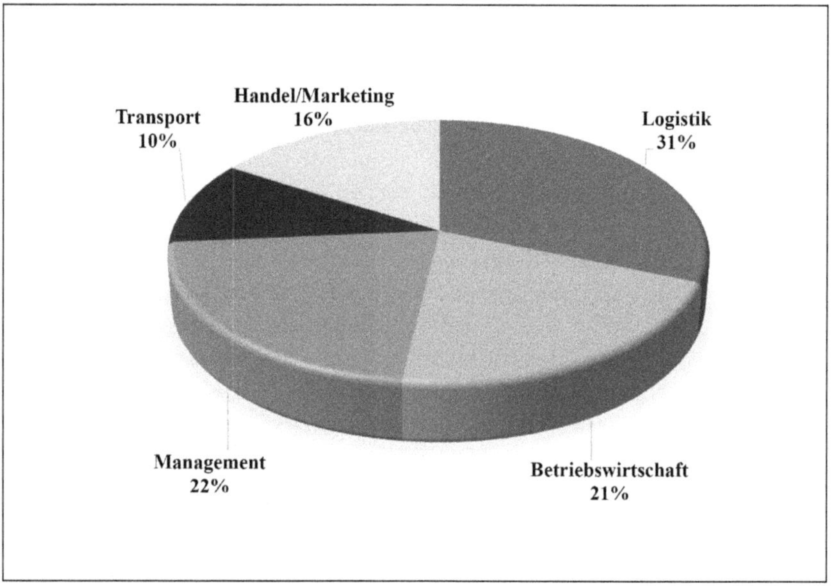

Quelle: eigene Darstellung

Von großer Bedeutung für die Unternehmen sind die Fachkenntnisse der zukünftigen Absolventen. Für die Arbeitgeber ist vor allem wichtig, was der Arbeitnehmer kann, was er in der Lage ist zu bewerkstelligen und ob er bereit ist, sich weiter zu entwickeln. Aus der Analyse der Stellenanzeigen geht hervor, dass die Mitarbeiter der Logistik selbständig sein müssen, über analytisches und synthetisches Denken verfügen und auch die IT-Unterstützungssysteme der Logistik kennen müssen. Eine der wichtigsten Fähigkeiten der Logistiker stellt die Teamarbeit dar. Die Arbeitnehmer müssen gut organisiert sein, da die logistischen Aufgaben sehr anspruchsvoll sind, viel Stress verursachen und Arbeit unter Zeitdruck erfordern. Der Mitarbeiter muss kommunikativ und offen sein. Von den potentiellen Logistikern wird die Fähigkeit verlangt, sowohl mit den Kunden, den anderen Organisationseinheiten des Unternehmens als auch mit den Zulieferern und Spediteuren zusammen zu arbeiten.

Abbildung 2: Fähigkeiten der potentiellen Arbeitnehmer in der Logistikbranche

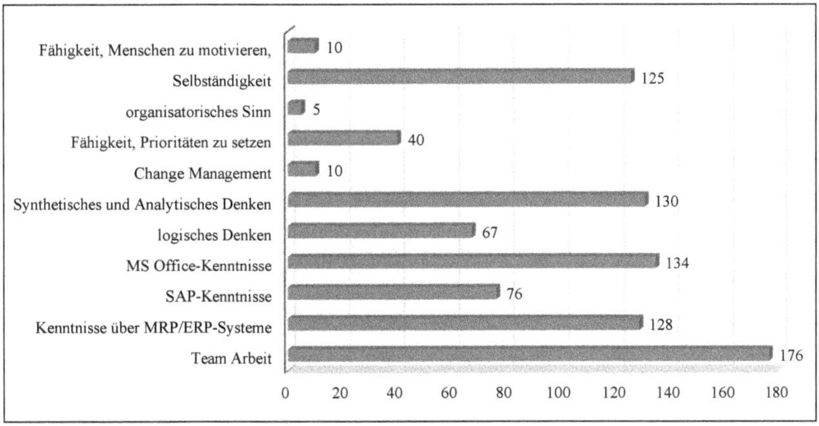

Quelle: eigene Darstellung

Von ihren Mitarbeitern verlangen die Unternehmen auch Wissen über allgemeine Logistik, logistische Prozessabläufe, Transport und Spedition, Lagerwirtschaft, Projektmanagement und Supply Chain Management (Abb. 3). Das Wissen sollte zunächst die grundlegenden Inhalte der Logistik umfassen. Unabdingbar ist das Wissen über Management im logistischen Kontext. Damit ist vor allem gemeint:

- Das Verständnis der Logistik als strategischem Wettbewerbsfaktor. Dieses Wissen ermöglicht die Klärung des Einflusses der ökonomischen und rechtlichen Rahmenbedingungen auf die Wettbewerbsposition des Unternehmens und der gesamten Wertschöpfungskette.
- Allgemeines Wissen über den Managementprozess, die klassischen und neuen Managementkonzepte und -methoden.
- Wissen über Marktanalysen und Instrumente.

Um die Voraussetzungen für eine wirksame Umsetzung der Logistikaufgaben zu schaffen, haben die potentiellen Arbeitnehmer die auch den gesamten Wirtschaftsprozess zu kennen und auf dieser Wissensbasis ökonomische Schlussfolgerungen fassen zu können. Dies betrifft sowohl das Wissen über die Integrations- und Globalisierungsprozesse, das Verhältniszwischen den Organisationen entlang der Wertschöpfungskette als auch die Fähigkeit, die richtigen Methoden der ökonomischen Analyse zu wählen.

Abbildung 3: Vom Arbeitnehmer im Bereich Logistik erwartetes Wissen

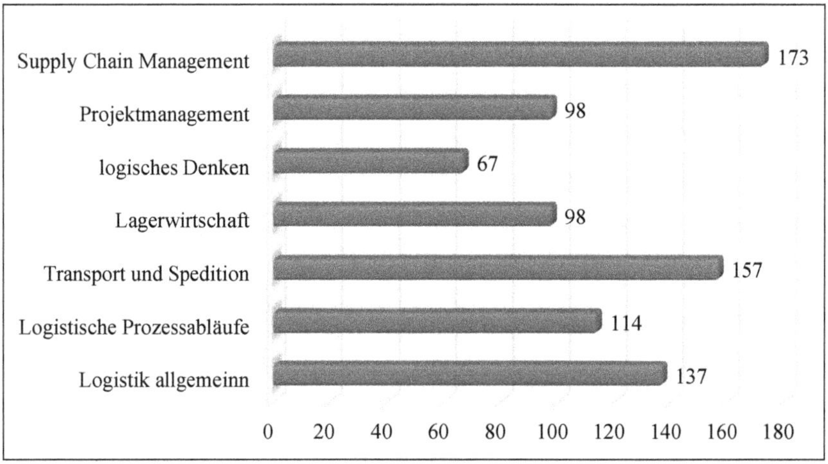

Quelle: eigene Darstellung

Die Internationalisierung und Globalisierung der Wirtschaft haben zu Folge, dass in der ganzen Logistikbranche gute deutsche oder englische Sprachkenntnisse vorausgesetzt werden. Das wurde auch in den analysierten Anzeigen deutlich. In fast allen Anzeigen (97,4%) wurden Fremdsprachenkenntnisse der Bewerber gefordert. Der Wandel der Logistikbranche erfordert zudem eine umfassende

Qualifizierung. Daher wurden in den Anzeigen auch Zertifikate im Bereich Logistik erwähnt und vorausgesetzt.

Das aus den Studiengängen mitgebrachte Wissen ist aber sehr oft nicht ausreichend. Deswegen wird von den potentiellen Arbeitnehmern eine lebenslanges Lernen erwartet, was die Anpassung an die sich ständig veränderte Marktbedingungen ermöglicht. Es werden vor allem Mitarbeiter gesucht, die über hohe Flexibilität und Unabhängigkeit in der Entscheidungsfindung verfügen, die in der Lage sind, einen Kunden zu gewinnen und in der Lage sind, ein kundenspezifisches Leistungspaket zu konzipieren und zu realisieren.

Aus der durchgeführten Analyse der Stellenanzeige geht eindeutig hervor, dass die Anforderungen der Dienstleister sehr verschieden sind. Es kann daher vermutet werden, dass die Ansprüche der Unternehmen sich verändern, da sich der Markt und die neuen Technologien in einem permanenten Wandel befinden.

5. Fazit

Logistiker, die einen Hochschulabschluss anstreben, sollen Kenntnisse und Fähigkeiten sowohl aus dem Fachbereich Wirtschaft, als auch aus dem Bereich Technik besitzen. Die Akzente der Ausbildung können entweder auf den kaufmännischen oder den technischen Bereich gelegt werden, d.h. es können Ökonomen oder Ingenieure ausgebildet werden. Egal welche Richtung eingeschlagen wird, wichtig ist, dass die Fähigkeiten der Logistiker den Anforderungen der Unternehmen gerecht werden.

Literaturverzeichnis

COM (2006) IP/06/818. Europa w ruchu: polityka transportowa służąca zrównoważonej mobilności, Brüssel.

Engelhard-Nowitzki, C. (2006) Ausbildung in der Logistik, Wiesbaden.

Handfield, R. et al. (2013) Trends and Strategies in Logistics and Supply Chain Management – Embracing Global Logistics Complexity to Drive Market Advantage, Bremen.

Jedliński, M. (1997) Rola logistyka w procesach gospodarczych, „Gospodarka Materiałowa i Logistyka", Nr 1.

Klaus P., Kille C. (2008) Die Top 100 der Logistik – Deutschland und Europa, Hamburg.

Klumpp, M. (2009) Logistiktrends und Logistikausbildung 2020. Ild Schriftenreihe Logistikforschung, Band 6, Essen.

Korzeń, Z. (1996) Logistyka w edukacji inżynierów. Założenia koncepcyjne i propozycje realizacyjne, I Forum Dyskusyjne Edukacji Logistycznej w Polsce, Polskie Towarzystwo Logistyczne, Instytut Logistyki i Magazynowania, Poznań.

Kurasiski, Z. (2014) Profesjonalna logistyka szansą gospodarki polskiej w czasach kryzysów, chaosu i zmian, in: Przedsiębiorczość i Zarządzanie, XV/ 5, Teil I.

Münchow-Küster, A., Zalewski S. (2012) Überblick über die Ergebnisse der Delphi-Studie „Trends in der Logistik in der Dekade 2010–2020", LOGFOR-Projektbericht, 5, Essen.

Rocki, M. (2015) Jakość kształcenia w logistyce, www.nm.pl.

Roth, A. (2012) Analyse von Anforderungen in der Logistikbranche – Erste Implikationen für die Berufsbildung, in: Zeitschrift für Berufs- und Wirtschaftspädagogik, Band 108, Heft 4, S. 604–626.

Technische Universität Berlin (2015) www.cki.tu-berlin.de/fileadmin/fg94/CKI/Vortraege_ Konferenz_2011/Roland_Edel_ v6.pdf.

Bartosz Bartniczak and Michał Ptak

Green Jobs in the Renewable Energy Sector

1. Definitions of green jobs

The idea of green jobs is a relatively new concept. The literature does not provide a universally accepted definition of green jobs. Examples of some commonly used definitions are following. According to Sprenger, green jobs demand skills which are related to the environment.[1] The United Nations, on the other hand, define green jobs as positions in different sectors that help to preserve or restore the quality of the environment.[2] Work in economic sectors that reduces a negative environmental effect and that leads to both socially and economically sustainable behaviour is the European Commission's perspective on the subject.[3] Workers in green jobs can be managers and technicians who use their green skills responsibly in exchange with non-green organizations, as well as people who work in green organizations.[4] Green jobs can also be defined as jobs that contribute to the reduction of the environmental impact of enterprises and economic sectors towards sustainable levels.[5] The Michigan Department of Energy, Labor & Economic Growth sees green jobs as directly involved with the support of a company's green products or services.[6] Another definition for green jobs could be the following: "Jobs that contribute to protecting the environment and reducing the harmful effects human activity has on it (mitigation), or to helping to better cope with current climate change conditions (adaptation)".[7] Green jobs depend on the environment and work towards a greener economy.[8]

Analysis of these definitions allows us to conclude that the jobs which could be treated as green must meet certain specific conditions. Among these conditions are that they must be created in the environmental sector or in a sector

1 See Sprenger (1997), p. 26.
2 See United Nations Environment Programme (2008), p. 36.
3 See European Commission (2009), p. 5.
4 See Ehmcke / Philipson / Kold-Christensen (2009), p. 7.
5 See Keivani / Tah / Kurul / Abanda (2010).
6 See Michigan Department of Energy, Labor & Economic Growth (2009).
7 See Martinez-Fernandez / Hinojosa / Miranda (2010), p. 26.
8 See European Semester Thematic Fiche Green Jobs: Employment Potential and Challenge (2015).

whose activities contribute to the improvement of the environment. Creating green jobs should contribute to reducing negative impact on the environment. It is also underlined that green jobs are those which employ people with environment skills.

2. Green jobs and jobs in renewable energy sector

According to the definition of International Energy Agency (IEA), renewable energy is obtained as a result of natural processes and constantly replenished.[9] Polish regulations define renewable energy as non-fossil energy sources, including wind, solar, aerothermal, geothermal, hydrothermal energy, hydropower, waves, currents and tides, the energy obtained from biomass, biogas, agricultural biogas and bioliquids.[10]

Among the main factors in favor the development of renewable energy sources we could point out creation of new jobs both in the phase implementation of the investment and its operation.[11] Due to the fact of its rapid development, this sector is one of the sectors with the most dynamic job creation. Definitions of green jobs show that green jobs are created in sectors that contribute to reducing the pressure on the environment. As a result, jobs created in the renewable energy sector can be considered green.

3. Green jobs in the renewable energy sector

According to Renewable Energy and Jobs Annual Review published by the International Renewable Energy Agency, the renewable energy sectors employed in 2014 about 7.7 million people around the world. China was a country with the largest renewable energy employment (Table 1) and accounted for 44% of the global renewable energy employment. Renewable energy sectors employed in China 3.4 million people. The number of employees in the renewable energy industry was three times higher than in the European Union countries and nearly five times higher than in the United States.[12]

9 See About IEA (2017), Directorate of Sustainable Energy Policy and Technology.
10 See Ustawa z dnia 20 lutego 2015 r. o odnawialnych źródłach energii, Dz. U. 2015 (2015), p. 478.
11 See Diagnoza stanu przedsiębiorstw sektora odnawialnych źródeł energii (2012).
12 See International Renewable Energy Agency (2015).

Table 1: Employment in renewable energy sector in 2014

Specifications	World	China	Brazil	European Union	United States
Solar PV	2495	1641		164	.
Liquid biofuels	1788	71	845	98	282
Wind Power	1027	502	36	320	73
Biomass	822	241	.	343	152
Solar Heating / Cooling	764	600	41	37	.
Biogas	381	209	.	66	.
Small Hydropower	209	126	12	41	8
Geothermal	154	.	.	104	35
CSP	22	.	.	15	174
Total	7662	3390	934	1188	724

Source: International Renewable Energy Agency (2015) p. 16. Data for 2013–2014.

According to the EurObserv'ER Report, the number of employees in the renewable energy industry in the European Union was 1.15 million, of which nearly one third was in Germany (Figure 1). Other three countries with the largest renewable in Europe energy employment were France, United Kingdom and Italy. Renewable energy workforce in the four countries accounted for two thirds of the total green energy jobs in the European Union.[13]

Figure 1: Jobs in renewable energy sector in the European Union (2013, in thousands)

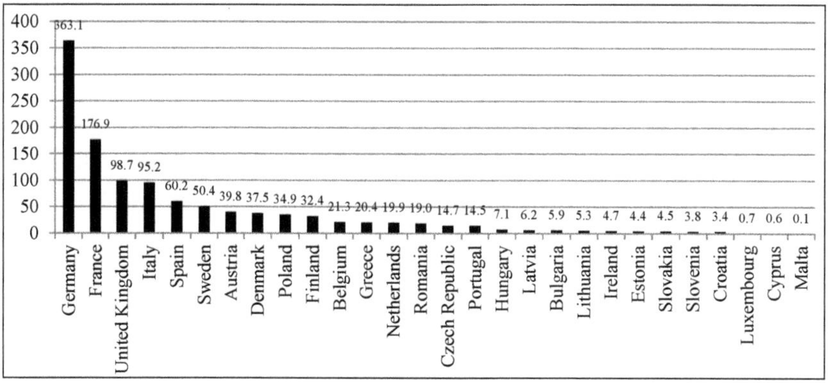

Source: 14th EurObserv'ER Report (2015), p. 137.

13 See 14th EurObserv'ER Report (2015).

Figure 2: Breakdown of renewable energy employment in the European Union countries (%)

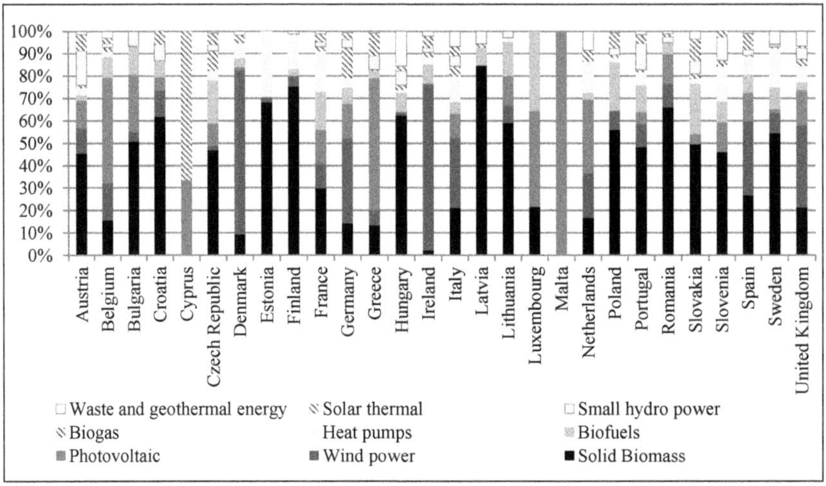

Source: 14th EurObserv'ER Report (2014), p. 137.

The largest renewable energy employers in European countries are solid biomass and wind. Biomass and wind employment accounted for more than a half of the green jobs in renewables. In the European countries fewer people are employed in small hydro power, solar thermal, waste and geothermal energy industries (Figure 2). Some of the European countries' job markets are dominated by one renewable energy technology only (Figure 2). For example, Malta's renewable energy employment is dominated by solar photovoltaics. Northern European countries markets (such as Estonia, Finland and Latvia) are dominated by solid biomass.[14]

Job markets in Denmark and Ireland are dominated by wind power. In Germany, wind employment accounted for 138,000, that is about 38% of the total renewable energy employment in this country. Germany is the largest wind industry employer in Europe. Other important employers in Germany are biomass, biogas and solar photovoltaics.[15]

14 See 4th EurObserv'ER Report (2015).

15 See 4th EurObserv'ER Report (2015).

Figure 3: Jobs in renewable energy sector in Poland, 2010–2013

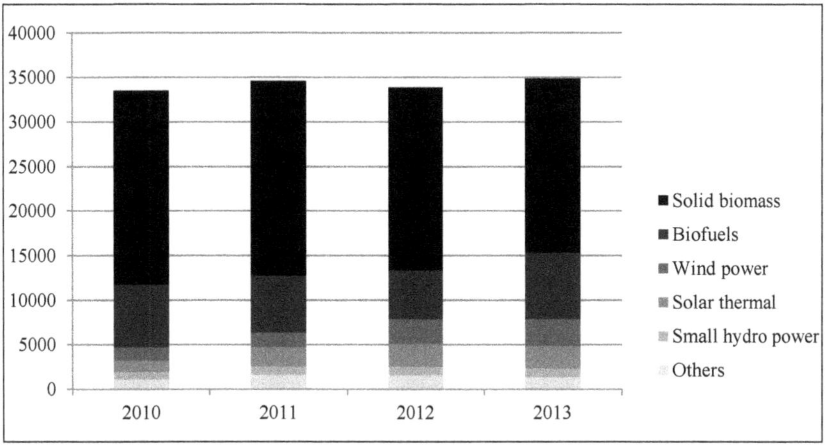

Source: 12th EurObserv'ER Report (2012), p. 94; 14th EurObserv'ER Report (2014), p. 96.

In Poland, the number of employees in the renewable energy sectors increased in 2010–2013 by about 4 percent (Figure 3). In 2013 green energy jobs reached 38,000. The employment in the sector is about 10 times lower than in Germany. The Polish job market is dominated by solid biomass, as in other Central and Eastern European countries. In Poland there has been rapid growth in wind and solar water heating employment. The number of jobs in those two sectors doubled between 2010 and 2013.[16]

The increase of jobs in the renewable energy sector, however, is associated with their elimination in the sector of non-renewable fuels. This problem is particularly important for Poland. Mining of coal and lignite is in fact one of the main economic sectors in the country. The process of moving on renewable energy can contribute to further closures of mines, and thus it can reduce the number of people working in this industry. Table 2 presents information on employment in the mining of coal and lignite in Poland in the years 2005–2013.

16 See 12th EurObserv'ER Report (2012) p. 94.

Table 2: The number of employed in the mining of coal and lignite in Poland, 2005–2013

Year	2005	2006	2007	2008	2009	2010	2011	2012	2013
Employment in thousands	145,0	142,6	138,9	141,0	136,8	121,9	122,9	121,5	113,6

Sources: Statistical Year Book of the Republic of Poland 2008/2009/2010/2011/2013.

In the years 2005–2013 the number of employed in the mining of coal and lignite decreased by over 30,000 people. It was a decrease of nearly 22%.

4. Issues of renewable energy jobs in Poland in strategic documents

There are many strategic documents in Poland which highlight the need for green job creation and the need for renewable energy jobs. These documents include:

- Strategy for Innovation and Efficiency of the Economy "Dynamic Poland 2020",
- Human Capital Development Strategy 2020,
- National Strategy of Regional Development 2010–2020. Regions, cities, rural areas,
- The National Action Plan for Employment for the years 2015–2017,
- Strategy for Energy Security and the Environment, 2020 perspective,
- Draft of the Polish Energy Policy until 2050.

Assumptions which are directly or indirectly linked to jobs in the renewable energy sector can be found in documents which relate to energy, labor market, employment and regional development (Table 3).

Table 3: Renewable energy jobs in Polish strategic documents [17][18]

Strategy for Innovation and Efficiency of the Economy "Dynamic Poland 2020"	Green jobs are supposed to be one of the results of the measures to be taken in order to achieve the strategy's objective related to increased resource and raw materials efficiency.[17]
Human Capital Development Strategy 2020	The document calls for a support for creating green jobs in new sectors of the economy.[18]

17 See Strategy for Innovation and Efficiency of the Economy "Dynamic Poland 2020".

18 See Human Capital Development Strategy 2020 (2013).

National Strategy of Regional Development 2010–2020. Regions, cities, rural areas	The document calls for a support for the change in the employment structure in new sectors of the economy resulting from implementation of the "green growth" principle.[19]
The National Action Plan for Employment for the years 2015–2017	One of the tasks to be implemented is the support for creating green jobs, particularly in economic sectors with potential for high levels of employment growth. The aim is to reform the labor market in a way that would take into account the need for a low-carbon transformation of the Polish economy. The results will be an increase in employment in sectors related to low-carbon transformation, resource management and environmental protection.[20]
Strategy for Energy Security and the Environment, 2020 perspective.	• Creating conditions for new jobs is one of the actions outlined in the strategy. It is extremely important for the development of a modern, innovative economy. This would be possible by increasing market demand for specialists in renewable energy and energy efficiency. • It is necessary to continuously increase skills of people in the energy and environmental protection sector, among others, by providing educational and vocational guidance throughout life (so called "lifelong guidance"). • New job creation will be encouraged with 1) financial and fiscal incentives, 2) increasing labor market demand for specialists in the field of environmental protection. The institution responsible for this task is the Ministry of Economy. Other institutions involved in the process include the Ministry of Finance, the Ministry of the Environment and the Ministry of Labor and Social Policy.[21]
Draft of the Polish Energy Policy until 2050	• New jobs will be created owing to the development of distributed generation.[22]

19 See National Strategy of Regional Development 2010–2020 (2011).
20 See The National Action Plan for Employment for the years 2015–2017 (2015).
21 See Strategy for Energy Security and the Environment, 2020 perspective (2014).
22 See Draft of the Polish Energy Policy until 2050 (2015).

The National Action Plan for Employment for the years 2015–2017 calls for a reform of the labor market. The market should take into account the need for a low-carbon transformation of the Polish economy. The results of this will be an increase in employment in sectors related to low-carbon transformation, resource management and environmental protection. According to the Strategy for Energy Security and the Environment, the development of the modern, innovative economy is extremely important for the country. This would be possible by increasing market demand for specialists in renewable energy and energy efficiency. New job creation will be encouraged with financial or fiscal incentives and with increasing labor market demand for specialists in the field of environmental protection. The institution responsible for this task is the Ministry of Economy. Other institutions involved include the Ministry of Finance, Ministry of the Environment and the Ministry of Labor and Social Policy.

5. Existing support schemes for the renewable energy sector in Poland

Labor market developments in the renewable energy sector are largely dependent on the existing support scheme. Under the current tradeable certificate scheme, incentives for renewable energy producers cannot be differentiated among various types of renewable energy sources. Hence, not only the cheapest technologies can be developed. The same level of support is no longer justified, as it does not lead to optimal use of local resources. Furthermore, the green certificate system limits economic development and new jobs creation. It seems that in 2004, when the act on the change of energy law was adopted, the direct impact on labor market owing to the "green certificate" support scheme was not fully expected and visible. In the explanatory memorandum to the bill there were no detailed estimates of the number of possible new jobs. Such estimates can be found in the explanatory memorandum to the act on renewable energy sources of 2015. According to the memorandum, one of the objectives of the new law is creating new jobs as a result of new renewable energy installations.[23]

It is expected that the cumulative increase in employment in the renewable energy sector in Poland would amount to over 56,000 in 2020 (in comparison to a scenario with no changes in the Polish support scheme). Table 4 presents a possible increase in employment resulting from investments in renewable energy installations. These figures assume an increase in installed capacity which was adopted by

23 See Uzasadnienie ustawy o odnawialnych źródłach energii, RM-10-33-14 (2014).

the Ministry of Economy for the purpose of calculating the cost of support system and resulting from the National Action Plan. Almost half of the additional jobs is to concern solar collectors, almost one quarter wind energy, 10% energy biogas, and a little less the heat pump. The estimates are largely simplified. For example, fixed rates are adopted for the number of employees in terms of power, even though the experience of other countries shows that with the development of market indicators concerned trend downward. In the case of wind power it is assumed that the number of jobs per 1 MW of installed capacity is equal for onshore and offshore installations. In the case of wind energy in turn we assumed that the number of jobs per 1 MW of installed capacity is equal for both small and large installations.

Table 4: Projected job growth in Poland owing to the law on renewable energy sources adopted in 2015

Specification	Assumption[a)]	2015	2016	2017	2018	2019	2020	Total
Solar panels	3.4 people/MW	4283	5710	4521	5710	2379	4521	27124
Wind energy	3.3 people/MW	2145	2162	2211	2145	2162	2211	13036
Biogas	10.4 people/ktoe	530	645	832	822	1373	1394	5596
Heat pumps	5.8 people/MW	609	667	731	812	887	980	4686
Biomas	3.2 people/MW	314	598	637	563	957	346	3415
Geothermal energy	20 people/MW	280	260	320	380	40	40	1320
Photovoltaics	4.4 people/MW	105	141	141	141	158	158	844
Water energy	3.4 people/MW	13	13	13	14	14	286	353
Total	x	8279	10196	9405	10587	7970	9935	56372

a) Constant level at 2011 r. (In the case of heat pumps and geothermal energy – from 2010) value applies both to jobs directly related to the development of an installation RES (production of equipments, installation, etc.), as well as indirectly (transport, etc.).

Source: Uzasadnienie ustawy o odnawialnych źródłach energii (2014).

It can be assumed that the expected impact on the Polish labor market, 56,000 of new jobs, will be somewhat limited. Enterprises in the renewable energy sector, that is renewable electricity producers, financial institutions, developers, biomass producers, etc., will look for opportunities to reduce operating costs. This may lead to labor productivity increase. As a result, employment growth may be lower by a few percent that it is expected.[24]

24 See Uzasadnienie ustawy o odnawialnych źródłach energii, RM-10-33-14 (2014).

It is possible that renewable energy development will affect an employment in the mining sector and in other traditional sectors. However, the impact on the employment in the mining sector can be considered negligible because of the general growing demand for energy.

6. Example of activities taken at regional level

In Dolnośląskie province, the indicator "Number of direct jobs created by project" was used for the whole program process monitoring. This indicator was obligatory for every project financed under the Programme, regardless of whether the project relates to labor market, transport, energy and environment protection, entrepreneurship, innovation, competitiveness of enterprises or something else. Table 5 shows the number of jobs to be created through implementing priority axis 5 Regional and environmentally friendly energy infrastructure. Accordingly, the majority of new jobs is to be created by measure 5.1 which relates to renewable energy sources (Table 5). However, it can be concluded that the number of new jobs is rather small. It is just ten new jobs.[25]

Table 5: Number of direct jobs created by projects financed under Regional Operational Programme for Dolnośląskie province for 2007–2013 (priority 5 "Regional and environmentally friendly energy infrastructure")

Measure	Expected level of the indicator	The number of projects which create new jobs	The number of other projects
5.1 Renewable energy sources	10	5	6
5.2 Distribution of electricity and gas	1	1	25
5.3 Heating and CHP	1	1	7
5.4 Energy efficiency improvement	2,5	1	10
Total	14,5	8	48

Source: Urząd Marszałkowski – PSDB – Ewaluacja wpływu projektów realizowanych w Priorytecie 4 „Środowisko i bezpieczeństwo ekologiczne" i Priorytecie 5 „Energetyka" (2014).

25 See Urząd Marszałkowski, PSBD – Ewaluacja wpływu projektów realizowanych w Priorytecie 4 „Środowisko i bezpieczeństwo ekologiczne" i Priorytecie 5 „Energetyka" (2014).

The importance of green jobs as professions with "occupations and sectors identified as key to the development of the country" is underlined in the Partnership Agreement. The Partnership Agreement is a document defining the strategy of interventions of European funds in the years 2014–2020. The agreement states that the implementation of the so-called "greening of the economy" should draw on the experience of environmental economics and ensure appropriate relationships between the economy and ecosystems, among others through: the development of clean technologies and renewable energy sources, improving energy and material efficiency, a change in the model of consumption and production to a more sustainable one, the use of an integrated product policy, the application of green public procurement and the creation of green jobs.[26]

There are some measures in some of the regional operational programmes for the 2014–2020 programming period. For example, in Regional Operational Programme for Podlaskie province at least 10% of the support provided under the measure 2.3 "Supporting the development of enterprises" within priority axis 8.iii "Self-employment, entrepreneurship and business creation" is earmarked for new jobs in smart specializations. Smart specializations of the region include innovation, environmental science and related sectors of the value chain, including renewables.[27]

In Regional Operational Programme for Lubelskie province, one of the main criteria for the evaluation of this projects financed under the Programme is the improvement of professional skills in green economy sectors (transport, renewable energy sources, construction and waste management). This criterion is applied to projects financed under measures:

- 9.1 "Professional activation" within priority axis 9 "The Labour market"
- 10.2 "Outplacement" within priority axis 10 "Adaptability of employees and enterprises to change".[28]

Many Regional Operational Programmes assume the possibility of some preferences for projects which generate new jobs in renewable energy. However, the introduction of such measures depends on the results of research aimed at identifying the need for support for the creation of white and green jobs within the program. The research will also determine the sectors with the greatest potential to create jobs which should be supported.

26 See Ministerstwo Infrastruktury i Rozwoju (2014).

27 See Regionalny Program Operacyjny Województwa Podlaskiego na lata 2014–2020 (2015).

28 See Regionalny Program Operacyjny – Lubuskie 2020 (2015).

7. Conclusion

Creating green jobs is a major challenge facing the world today. The need to create them has been formulated in a number of strategic documents at the national and the international level. Despite the increasingly widespread use of the term "green jobs", this term still does not have a generally acceptable definition. The lack of clear definition makes it difficult to classify which jobs can be regarded as "green". This paper attempts to diagnose green jobs in the renewable energy sector. Positions created in this sector can be regarded as "green" due to the fact that the production of energy from renewable sources is environmentally friendly. One of the key aspects governing the classification of jobs as green is that they arise in the environment-friendly sectors. The conducted analysis showed that the number of the jobs in this sector increases from year to year. The number of green jobs in the renewable energy sector around the world can be estimated at over 7.7 million, of which 44% are located in China. In the European Union, the number of green jobs in the renewable energy sector is estimated at over 1.1 million, of which 1/3 is formed in Germany. In the case of Poland, the situation improves from year to year, creating more jobs in the renewable energy sector. Currently, their number can be estimated at approximately 35,000.[29] An important issue for further discussion is the question of whether all the jobs created in the renewable energy sector can be regarded as "green". The production of particular parts of a plant for the production of renewable energy sources can cause significant pollution. Another important issue is the treatment of workers in the event of extending the concept of "green jobs" into the concept of "sustainable jobs".

References

About IEA (2017) Directorate of Sustainable Energy Policy and Technology (http://www.iea.org/about).

Bagnied, O. (2013) Fact Sheet: Jobs in Renewable Energy and Energy Efficiency (http://www.eesi.org/papers/view/fact-sheet-jobs-in-renewable-energy-and-energy-efficiency?/fact-sheet-jobs-renewable-energy-and-energy-efficiency-11-jun-2013).

Central Statistical Office (2009) Statistical Year Book of the Republic of Poland 2008, Warsaw.

Central Statistical Office (2011) Statistical Year Book of the Republic of Poland 2010, Warsaw.

29 See Renewable Energy and Jobs. Annual Review 2015.

Central Statistical Office (2014) Statistical Year Book of the Republic of Poland 2013, Warsaw.

Ehmcke, W., Philipson, G., Kold-Christensen, C. (2009) Who are the Green Collar Workers? Defining and Identifying Workers in Sustainability and the Environment (http://www.eianz.org/sb/modules/news/attachments/71/Green%20 Collar%20Worker%20re-port%20Final.pdf).

European Commission (2009) The Employment Dimension of Economy Greening. European Employment Observatory Review, Luxembourg.

European Semester Thematic Fiche Green Jobs (2015) Employment Potential and Challenge (http://ec.europa.eu/europe2020/pdf/themes/2015/green_jobs.pdf).

International Renewable Energy Agency (2015) Renewable Energy and Jobs. Annual Review 2015 (http://www.irena.org/menu/index.aspx?mnu=Subcat& PriMenuID= 36&Cat-ID=141&SubcatID=585).

Keivani, R., Tah, J., Kurul, E., Abanda, H. (2010) Green Jobs Creation through Sustainable Refurbishment in the Developing Countries, International Labour Organization, Geneva.

Krajowa Strategia Rozwoju Regionalnego 2010–2020 (2011) Regiony, Miasta, Obszary wiejskie (M.P. z 2011 r., nr 36, poz. 423).

Kwidzyński Park Przemysłowo-Technologiczny (2012) Diagnoza stanu przedsiębiorstw sektora odnawialnych źródeł energii (OZE) i instytucji wspierających rozwój sektora OZE mających siedzibę na terenie województw pomorskiego i kujawsko-pomorskiego.

Martinez-Fernandez, C., Hinojosa, C., Miranda, G. (2010) Greening Jobs and Skills: Labour Market Implications of Addressing Climate Change, Working Document, Local Employment and Economic Development (LEED) Programme, OECD, Paris (www.oecd.org/document/32/0,3343,en_2649_34417_43157920_1_1_1_1,00.html).

Michigan Department of Energy, Labor & Economic Growth (2009) Occupations & Employment in the New Green Economy, Michigan Green Jobs Report, Bureau of Labor Market Information & Strategic Initiatives, Detroit (http://www.michigan.gov/documents/nwlb/GJC_GreenReport_Print_277833_7.pdf).

Ministerstwo Infrastruktury i Rozwoju (2014) Programowanie perspektywy finansowej 2014–2020, Umowa Partnerstwa.

Regionalny Program (2015) Operacyjny Województwa Podlaskiego na lata 2014–2020, załącznik nr 1 do uchwały 24/249/2015 Zarządu Województwa Podlaskiego (www.rpowp.wrotapodlasia.pl/private/upload/tinymce/File/RPOWP%202014-2020.pdfracyjny).

Regionalny Program Operacyjny - Lubuskie 2020 (2015) Załącznik nr 1 do Uchwały nr 9/103/15 Zarządu Województwa Lubuskiego z dnia 20 stycznia 2015 r. (http://rpo.lubuskie.pl/-/regionalny-program-operacyjny-lubuskie-2020).

Resolution Nr. 104 (2013) by the Council of Ministers concerning the Human Capital Development Strategy 2020.

Resolution Nr. 28 (2015) by the Council of Ministers concerning the National Action Plan for Employment for the Years 2015–2017.

Resolution Nr. 58 (2014) by the Council of Ministers concerning the Strategy for Energy Security and the Environment, 2020 perspective.

Resolution Nr. 7 (2013) by the Council of Ministers concerning the Strategy for Innovation and Efficiency of the Economy "Dynamic Poland 2020".

Sprenger, R. (1997) Environmental Policies and Employment, OECD, Paris.

The State of Renewable Energies in Europe (2014) 14th EurObserv'ER Report, (http://www.energies-renouvelables.org/observ-er/stat_baro/barobilan/baro bilan 14_EN.pdf).

United Nations Environment Programme (2008) Green Jobs: Towards Decent Work in a Sustainable, Low-Carbon World (http://www.unep.org/PDF/UN EPGreen¬jobs_re-port08.pdf).

Ustawa z dnia 20 lutego 2015 r. (2015) O odnawialnych źródłach energii, Krajowa Strategia Rozwoju Regionalnego.

Urząd Marszałkowski, PSBD (2014) Ewaluacja wpływu projektów realizowanych w Priorytecie 4 „Środowisko i bezpieczeństwo ekologiczne" i Priorytecie 5 „Energetyka".

Uzasadnienie ustawy o odnawialnych źródłach energii (2014) RM-10-33-14, Warszawa, 30 kwietnia 2014 r.

Employer Branding und Personalbedarfsdeckung

Angela Walter

Employer Branding als Personalstrategie für Recruiting und Bindung von Fachkräften der Generation Y in kleinen und mittelständischen Unternehmen am Beispiel von Sachsen

1. Das Problem: wachsende Komplexität bei der Rekrutierung junger Nachwuchskräfte in sächsischen KMU

Die Wettbewerbsfähigkeit von Unternehmen hängt vor dem Hintergrund schneller technologischer Veränderungen, zunehmender Globalisierung und Vernetzung von Unternehmen auch in KMU von den Kompetenzen ihrer Mitarbeiter und Führungskräfte ab. Doch für die große Zahl von KMU im Bundesland Sachsen wird es immer schwieriger, bei wachsendem Personalbedarf geeignete Fachkräfte zu finden und vakante Positionen im Unternehmen adäquat und schnell zu besetzen. Als Ursachen für diese Situation können vor allem folgende Faktoren genannt werden:

a) Die demografische Entwicklung, d.h. insbesondere sinkende Geburtenraten in den letzten Jahrzehnten, die zu einem sinkenden Anteil an Erwerbspersonen und damit auch zu einem sinkenden Angebot an Fachkräften auf dem sächsischen Arbeitsmarkt führten.
b) Sachsen war in den vergangenen Jahren von Abwanderungstendenzen geprägt, das heißt auch Fachkräfte haben die Region verlassen.
c) Aufgrund einer alterszentrierten Mitarbeiterstruktur in vielen sächsischen KMU wird kurz- bis mittelfristig eine große Zahl von Mitarbeitern aus Altersgründen die Unternehmen verlassen, was zu einer erhöhten Nachfrage nach Fachkräften führen wird.
d) Die Erwartungen der in den Arbeitsmarkt eintretenden jungen Generation (Generation Y) an ihre berufliche Tätigkeit unterscheiden sich teilweise grundlegend von den Erwartungen der meisten im Unternehmen Beschäftigten, was sich sehr stark auf die Prozesse der Rekrutierung und Integration junger Fachkräfte auswirken wird.

Gleichzeitig gibt es in Sachsen eine Vielfalt an Universitäten, Hochschulen, Berufsakademien und anderen Bildungseinrichtungen, deren nach wie vor hohe Zahl an Absolventen jedes Jahr in den Arbeitsmarkt eintritt und damit als gut qualifiziertes Fachkräftepotential regionalen KMU zur Verfügung stehen kann.

Das Problem besteht demnach darin, dass es freie Arbeitsplätze in der Region gibt, die nicht mit geeigneten Fachkräften besetzt werden können und gleichzeitig gut ausgebildete Fachkräfte, die einen Arbeitsplatz überwiegend in der Region suchen. In den letzten Jahren ist es schwieriger geworden, das betriebliche Angebot an Arbeitsplätzen für junge Fachkräfte und die Nachfrage von Absolventen nach attraktiven Arbeitsplätzen in der Region zusammenzuführen. Der Fokus dieses Beitrages liegt auf der Fragestellung, inwiefern Employer Branding als personalwirtschaftliche Strategie auch in regionalen KMU dazu geeignet ist, diese Problematik zu entschärfen, indem die eigene Attraktivität als Arbeitgeber für die junge Generation erhöht und im Unternehmen ein neues Verständnis für die Erwartungen junger Fachkräfte an den Arbeitsplatz und an den Arbeitgeber entwickelt werden. Im folgenden Punkt werden zunächst die Bedeutung von KMU für den Wirtschaftsstandort Sachsens sowie deren Bedarf an Fachkräften erörtert.

2. Bedarf an Fachkräften in sächsischen KMU

Als Wirtschaftsstandort hat Sachsen eine lange Tradition. Schon früh entstand eine leistungsfähige Industrie. Heute gehört der Freistaat zu den dynamischsten Bundesländern und verfügt über die höchste Arbeitsplatzdichte in Ostdeutschland (ohne Berlin). Seit dem Jahr 2000 ist Sachsens Wirtschaft um 20,7% (Stand April 2015) gewachsen und hat damit das zweitstärkste Wachstum unter allen Bundesländern vorzuweisen. Im Jahr 2014 ist Sachsens Wirtschaft mit 1,9% überdurchschnittlich zum Vorjahr gewachsen und liegt damit an dritter Stelle im Vergleich mit allen deutschen Bundesländern. Mit einer Investitionsquote von 18,6% (2014) nimmt der Freistaat den ersten Platz unter allen Bundesländern ein. (SMWA 2015). Eine herausragende Rolle für die wirtschaftliche, regionale und gesellschaftliche Entwicklung im Freistaat Sachsen spielt der Mittelstand, wobei 99,9 % der Unternehmen in Sachsen KMU sind (Sächsischer Mittelstandsbericht 2011/2012, S. 4). In Anlehnung an die Definition der Europäischen Union werden KMU mit folgenden Merkmale gegenüber anderen Unternehmensgrößen abgegrenzt (Mittelstandsbericht 2011/2012, S. 4):

- Bis zu 250 Mitarbeiter
- Bis zu €50 Mio. Jahresumsatz
- Bis zu €43 Mio. der Bilanzsumme.

Gemäß der 5. Regionalisierten Bevölkerungsprognose wird sich die Altersstruktur der Bevölkerung in Sachsen bis 2025 deutlich verändern (Statistisches Landesamt Sachsen 2010). Während der Anteil der unter 20-Jährigen annähernd konstant bleiben wird, erhöht sich der Anteil der über 65-Jährigen von 25% im Jahr 2012 auf fast ein Drittel im Jahr 2025. Schrumpfen wird der Anteil der Bevölkerung im erwerbsfähigen Alter (20 bis 65 Jahre) von 60% im Jahr 2012 auf 53% zum Ende dieses Zeitraumes. Diese Prognose bedeutet nicht nur, dass die Bevölkerungszahl im Freistaat insgesamt weiter schrumpfen wird, sie macht auch deutlich, dass sich das anteilige Verhältnis von Menschen im erwerbsfähigen Alter zu denen im nichterwerbsfähigen Alter weiter verschlechtert (Monitoring 2015, S. 10).

Korrespondierend mit der demografischen Entwicklung in Sachsen hat sich der Anteil der über 50-Jährigen in Unternehmen innerhalb von zehn Jahren von 25% auf 33% erhöht, während der Anteil der Mitarbeiter zwischen 30 und 50 Jahren von 54% auf 47% gesunken ist. Der geringste Beschäftigtenanteil entfällt mit 18% nach wie vor auf die unter 30-Jährigen. Die Sicherung des Fachkräftenachwuchses erhält somit für die Unternehmen ein höheres Gewicht (Monitoring 2015, S. 12).

Die Fachkräftesituation wird in Sachsen regelmäßig durch eine Unternehmensbefragung der sächsischen Industrie- und Handelskammern und Handwerkskammern ermittelt. Von insgesamt 1.342 sächsischen Unternehmen, die im Rahmen des aktuellen Monitorings 2015 befragt wurden, antworteten 18%, dass sie sich einem Fachkräftemangel im eigenen Unternehmen gegenübersehen und etwa die Hälfte der Unternehmen sind der Ansicht, in ihrer Branche herrsche Fachkräftemangel (Monitoring 2015, S. 27). Über alle Wirtschaftsbereiche hinweg wird deutlich, dass die Situation im eigenen Unternehmen erheblich moderater eingeschätzt wird als die Bewertung der Situation in der eigenen Region bzw. überregional in der gesamten Branche. So sind etwa 20% der Industrieunternehmen der Meinung, im eigenen Unternehmen mit Fachkräftemangel konfrontiert zu sein, für die Region setzen sie diesen Wert hingegen mit 31% viel höher an und für die Branche sogar mit etwa 48%. Gemessen an den Beschäftigtengrößenklassen der Unternehmen unterscheiden sich die Einschätzungen. Es herrsche Fachkräftemangel im eigenen Unternehmen gaben 22% in Unternehmen mit 50 bis 249 Mitarbeitern (KMU) und nur 9% in Unternehmen mit mehr als 250 Mitarbeitern an. Die meisten offenen Stellen entfielen mit 832 auf den Dienstleistungsbereich, gefolgt von 465 in der Industrie. Wichtig ist im Zusammenhang dieses Beitrages, dass es in Sachsen die meisten freien Stellen in KMU gibt (Monitoring 2015, S. 16).

In den meisten Fällen (84%) wird ein bestehender Fachkräftemangel im eigenen Unternehmen an der Tatsache festgemacht, dass die Zahl der Bewerbungen rückläufig ist. Es folgen mit deutlichem Abstand erforderliche Überstunden der Stammbelegschaft und die Notwendigkeit, Mitarbeiter qualifizieren zu müssen. Im Rahmen der Leistungserbringung gaben 34% der Unternehmen an, mangels personeller Kapazitäten Aufträge ablehnen zu müssen, 29% nennen Probleme mit der Termintreue als Folge und 28% müssen zumindest temporär Aufträge an Dritte übertragen. (Monitoring 2015, S. 28).

In nahezu allen Unternehmen mit 50 und mehr Mitarbeitern gehört aktive Personalarbeit zum Unternehmensalltag, wobei diese auf sehr unterschiedliche Art und Weise gestaltet wird. In vorrangig kleineren und hierarchisch flach strukturierten Firmen beschränkt sich Personalarbeit häufig auf die Durchführung von Mitarbeitergesprächen, Personalentwicklungskonzepte hingegen existieren nach wie vor überwiegend nur in den größeren Firmen (Monitoring 2015, S. 29).

Aufgrund der relativ geringen personellen und finanziellen Kapazitäten existiert in der Mehrzahl der KMU kein Personalressort. Stattdessen werden personalwirtschaftliche Aufgaben häufig direkt von der obersten Managementebene, z.B. vom Geschäftsführer, oder von einem Mitarbeiter im kaufmännischen Bereich als zusätzliche Aufgabe mit übernommen. Die Nähe zu Geschäftsführung erscheint zunächst vorteilhaft, weil dadurch eine enge Anbindung an die Unternehmensstrategie möglich ist. In der Praxis erweist sich ein fehlendes Personalressort insbesondere in Zeiten zunehmender Schwierigkeiten bei der adäquaten Besetzung freier Positionen im Unternehmen als ernsthaftes Problem, weil wichtige personalwirtschaftliche Aufgabenfelder nur sekundär behandelt und nur rudimentär bearbeitet werden können (Dessler 2015, S. 592).

Damit werden evtl. bereits bestehende Wettbewerbsnachteile der KMU im Vergleich zu Großunternehmen weiter verstärkt. Große Unternehmen sind bei potenziellen Kandidaten eher bekannt, z.B. über ihre Produkte oder Dienstleistungen, sie können teure Rekrutierungskampagnen finanzieren, großzügigere Zusatzleistungen für ihre Mitarbeiter anbieten und werden damit als Arbeitgeber viel stärker wahrgenommen. Im Gegensatz dazu sind die meisten KMU kaum für ihre Produkte bekannt (zumindest nicht außerhalb von Expertengruppen oder über die eigene Region hinaus) und verfügen häufig über viel weniger finanzielle Mittel für Rekrutierungsaktivitäten (Lohaus / Habermann 2013, S. 59).

Gleichzeitig ist die Rekrutierung und Bindung von qualifizierten und motivierten Mitarbeitern ein entscheidender Faktor für das Überleben und den Erfolg eines jeden Unternehmens, unabhängig von der Größe (Brecht / Schmucker 2014, S. 201). In empirischen Studien wurde der Zusammenhang zwischen dem Ausmaß an HRM-Aktivitäten in KMU und der Gesamtleistungen des Unternehmens nachgewiesen (Dessler 2015, S. 593). Deshalb ist es für KMU ebenso wichtig wie für größere Unternehmen über eine zielorientierte Gestaltung aller personalwirtschaftlichen Gestaltungsfelder als attraktiver Arbeitgeber wahrgenommen zu werden, um bei Bedarf schnell und ohne großen finanziellen und zeitlichen Aufwand geeignete Kandidaten für zu besetzende Positionen gewinnen und binden zu können. Ein aktueller Ansatz für die strategische Ausrichtung des Personalmanagements ist das Konzept des Employer Branding, auf das im folgenden Punkt eingegangen wird.

3. Employer Branding als strategischer Ansatz des Human Resource Managements

Der Begriff der Arbeitgebermarke (Employer Brand) wird als „Zielobjekt eines marktorientierten Personalmanagements" (Stritzke 2010, S. 42) verstanden. Ambler und Barrow (1996) sprachen erstmalig von einem Transfer von Marketinginstrumenten auf das Personalmanagement. Eine Kombination von Konzepten der Markenführung und des Personalmanagements zu einem konzeptionellen Rahmen erfolgte unter der Bezeichnung Employer Branding (Christiaans 2013, S. 11, Sponheuer 2009, S. 22). Es handelt sich dabei um die „Kombination aus den fachlichen, wirtschaftlichen und psychologischen Vorteilen, die eine Anstellung bietet und mit denen der Arbeitgeber identifiziert wird" (Ambler/ Barrow 1996, S. 187 zit. nach Hesse/ Mattmüller 2015). Sowohl Zielrichtung, Verantwortung als auch Mittel haben sich inzwischen grundlegend verändert. Armstrong (2014, S. 248) versteht Employer Branding als Prozess der Schaffung einer Employer Value Proposition (EVP), d.h. "the image presented by an organization as a good employer" bzw. "a set of attributes and qualities – often intangible – that make an organization distinctive, promise a particular kind of employment experience and appeal to people who thrive and perform their best in its culture". Radermacher (2013, S. 1) definiert Employer Branding als die aktive oder passive Gestaltung der Marke oder des Images eines Arbeitgebers (Wirtschaftsunternehmen, Behörde, Organisation o. Ä.) sowohl nach innen als auch nach außen. Es geht dabei um die Wahrnehmung des Unternehmens als Arbeitgeber bei beschäftigten, potentiellen und ehemaligen Mitarbeitern. Wichtige Fragen in diesem Prozess sind folgende (vgl. Ruthus 2014, S. 1):

- Warum wird ein Bewerber unser Unternehmen als Arbeitgeber wählen?
- Warum wird er in unserem Unternehmen längerfristig bleiben?
- Warum wird ein ehemaliger Mitarbeiter sich erneut bei uns bewerben?

Die Beantwortung dieser Fragen wird bei Bewerbern und Mitarbeitern davon beeinflusst, ob ein Unternehmen als attraktiver Arbeitgeber wahrgenommen wird. Dieser Wahrnehmungsprozess kann von Unternehmen aktiv gestaltet und langfristig gestaltet werden, wenn ein ganzheitliches Präferenzmodell mit folgenden Phasen zugrunde gelegt wird (vgl. Beck 2012, S. 22–25): Assoziationsphase, Orientierungsphase, Matchingphase, Bindungsphase und Ex-Post-Phase (siehe Abbildung 1), die im Folgenden kurz beschrieben werden:

Abbildung 1: Die fünf Phasen der Präferenzbildung

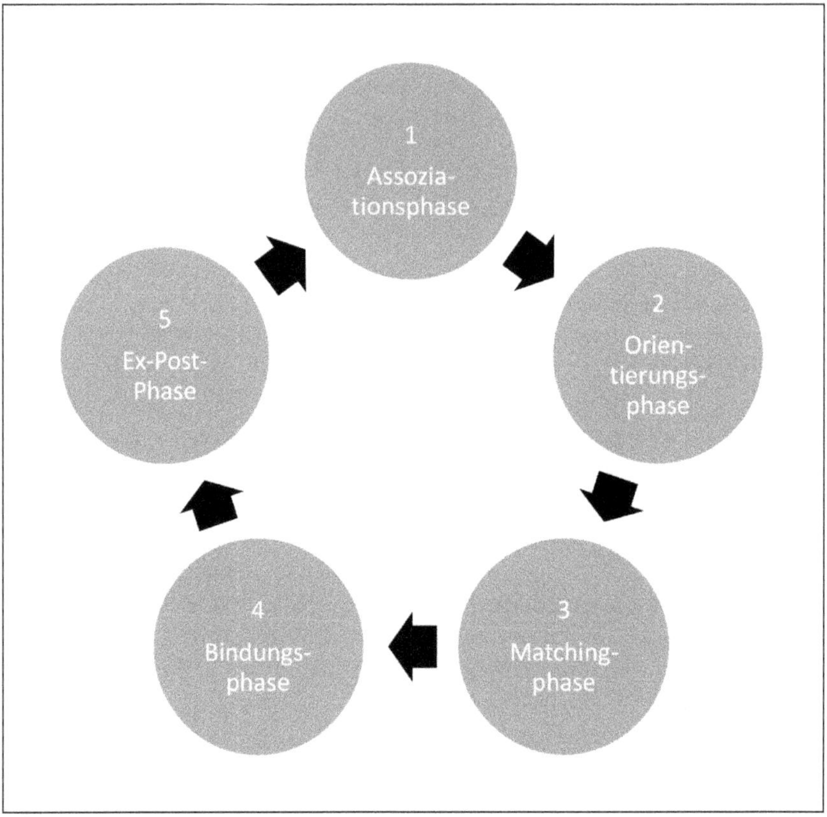

Quelle: Beck (2012), S. 22–25.

1) Assoziationsphase

Diese Phase beinhaltet im Kern die Schul- und Ausbildungszeit des künftigen Mitarbeiters. Er entwickelt grundlegende Fähigkeiten, Präferenzen und Erwartungen an sein Berufsleben, die weitgehend von den Eltern, Freunden und Lehrern beeinflusst werden. Am Ende dieser Phase stehen Präferenzen für ein (oder mehrere) Berufsfeld(er), die später bestätigt, variiert oder angepasst werden (Beck 2012, S. 22f.). Bereits in dieser ersten Phase können KMU die Aufmerksamkeit der künftigen Bewerber auf das eigene Unternehmen lenken, z.B. durch Sponsoring von kulturellen Aktivitäten und Wettbewerben in regionalen Schulen, Werksführungen für interessierte junge Menschen und deren Eltern oder interessante Veröffentlichungen in relevanten Medien.

2) Orientierungsphase
Während der Orientierungsphase treffen potentielle Mitarbeiter ihre Entscheidung für ein Berufsfeld und am Ende der Assoziationsphase wird diese Präferenz hinsichtlich ihrer Umsetzbarkeit bewertet. Eigene Stärken, Schwächen und Erwartungen an den künftigen Arbeitgeber sowie zur Verfügung stehende Arbeitsplatzangebote werden bewertet. Deshalb besteht die wichtigste personalwirtschaftliche Aufgabe in dieser Phase darin, den Bekanntheitsgrad des Unternehmens zu erhöhen, weil am Ende dieser Phase ein Arbeitsplatzsuchender zu einem potenziellen Bewerber für das eigene Unternehmen werden kann (vgl. Beck 2012, S. 24). Für Arbeitgeber ist in dieser Phase deshalb die Gestaltung der Anziehungswirkung auf potenzielle Mitarbeiter von entscheidender Bedeutung.

3) Matchingphase
In dieser Phase geht es im Wesentlichen um den Abgleich (Matching) der wechselseitigen Erwartungen der Bewerber oder potenziellen Mitarbeiter und der ausgewählten künftigen Arbeitgeber. Für die Bewertung der wechselseitigen Optionen ist ein erster Face-to-Face-Kontakt, z.B. in einem Vorstellungsgespräch oder einem Assessment Center, äußerst relevant. Auf der Grundlage der Ergebnisse wird von beiden Seiten eine Entscheidung für oder gegen die jeweils andere Seite getroffen. Aus dem anonymen Kandidaten wird so ein Mitarbeiter (Beck 2012, S. 24). Für KMU ist dieser erste direkte Kontakt zu potenziellen Mitarbeitern von entscheidender Bedeutung für die Entscheidung, ob der Kandidat für das Unternehmen geeignet ist oder nicht. Gerade in KMU sind nicht unbedingt immer die Kandidaten mit den besten Qualifikationen die Geeignetsten, sondern eher diejenigen, die gut zum Unternehmen und den bereits beschäftigten Mitarbeitern passen. Mit dem treffenden Untertitel „Nicht die Besten sind die Besten, sondern die Geeignetsten" einer aktuellen Publikation zum Thema Rekrutierung und Auswahl im deutschen Mittelstand wird dieser Zusammenhang unterstrichen (vgl. Lohaus / Habermann 2013).

4) Bindungsphase
Im Mittelpunkt dieser Phase steht die Gestaltung der internen Aspekte des Employer Branding. Hierbei spielen die „Erlebnisse" in den ersten Tagen und Wochen nach dem Eintritt ins das Unternehmen eine wesentliche Rolle. Während seiner Beschäftigung im Unternehmen bewertet der Mitarbeiter kontinuierlich seine Zufriedenheit mit den Arbeitsaufgaben, mit dem Arbeitsklima, mit den HR-Aktivitäten etc. Nur wenn das Ergebnis dieser situativen Bewertung überwiegend positiv bleibt, erhält der Arbeitnehmer sein Arbeitsverhältnis dauerhaft aufrecht und hat kein Interesse an einer Suche nach Alternativen. Um eine langfristige Bindung zu fördern ist es folglich eine wichtige Aufgabe der Arbeitgeber, das tägliche Erleben der Arbeitsaufgaben und -bedingungen so zu gestalten, dass

wesentliche Erwartungen der Mitarbeiter erfüllt werden (Beck 2012, S. 24f.). Die Qualität der gesamten Personalarbeit im Unternehmen beeinflusst täglich diese Entscheidung der Mitarbeiter.

5) Ex-Post-Phase
Diese Phase beginnt, wenn die Präferenzentscheidung des Arbeitnehmers zugunsten eines alternativen Arbeitgebers ausfällt und der Mitarbeiter das derzeitige Unternehmen auf eigenen Wunsch verlässt. Das Ziel dieser Phase besteht in der Aufrechterhaltung eines positiven Images des Unternehmens bei dem früheren Mitarbeiter, indem ihm weiterhin Informationen über den früheren Arbeitgeber gegeben werden (z.B. in Form von Newslettern) oder Einladungen zu Firmenveranstaltungen erfolgen.

Bei der Suche, Integration und Bindung junger Nachwuchskräfte sind insbesondere die Orientierungs-, Matching- und Bindungsphase (Recruiting und Retention) relevant. Um diese Phasen als KMU strategisch gestalten zu können, sind Informationen über die Erwartungen und Präferenzen der Zielgruppen wichtig. Da es in Sachsen nicht nur um die Besetzung offener Positionen mit Fachkräften geht, sondern in den meisten KMU auch um eine „Verjüngung“ der Altersstruktur der Belegschaft, sind insbesondere für diese Unternehmen Kandidaten interessant, die der Generation Y zugerechnet werden.

4. Generation Y als potenzielle Nachwuchskräfte in Sachsen

Gegenwärtig erfährt die Generation Y zunehmende Aufmerksamkeit in der Diskussion um die Arbeitgeberattraktivität, weil diese Generation den Arbeitsmarkt mittel- bis langfristig dominieren wird (vgl. Ruthus 2014, S. 1). Der Begriff Generation Y bezieht sich auf junge Menschen, die nach 1980 und vor dem Jahr 2000 geboren sind und wurde erstmalig in der amerikanischen Marketing-Fachzeitschrift „Advertising Age“ im Jahre 1993 verwendet (Advertising Age 1993, S. 16, zit. nach Klaffke / Parment 2011, S. 5). Für eine praktikable generationengerechte Personalarbeit sind solche Kategorisierungen notwendig, weil sie eine Orientierungsgrundlage bzgl. der Erwartungen und Präferenzen potentieller Arbeitnehmer bieten (Ruthus 2014, S. 6). Die Generationszugehörigkeit kann als valider Erklärungsansatz zugrunde gelegt werden, um spezifische Arbeitnehmererwartungen zu erkennen und diesen gerecht werden zu können (vgl. Holste 2012, S. 17).

Die Generation Y erwartet eine positive Unternehmenskultur kombiniert mit einer transparenten Kommunikation. Der Vorgesetzte nimmt eine wichtige Rolle ein, die sich durch ethisch korrektes Handeln im Interesse des Mitarbeiters sowie dessen Unterstützung und Einbindung in Unternehmensprozesse auszeichnet

(Ruthus 2014, S. 23). Die Generation Y erwartet feedbackgebende Führungskräfte mit Mentoreneigenschaften, die mit ihnen direkt und auf Augenhöhe kommunizieren. Hierarchieorientierte Karrieren und damit verbundene traditionelle Karrieremodelle werden von dieser Generation zunehmend abgelehnt (Hesse et al. 2015, S. 95). Mitarbeiter dieser Generation Y streben nach sinnstiftenden und erfüllenden Arbeitsinhalten sowie nach Anerkennung ihrer Leistung. Deshalb wollen sie Arbeitszeit und-ort weitgehend der eigenen Vorstellung entsprechend gestalten und Lebensfreude durch die Arbeit empfinden (Holste 2012, S. 21). Unternehmen, die diese Werte präsentieren sowie eine attraktive Unternehmenskultur bieten, wirken auf die jungen Arbeitnehmer besonders attraktiv (Parment 2009, S. 82). Nachhaltiges Wirtschaften sowie Corporate Social Responsibility stellen für die Vertreter der Generation Y wichtige Kriterien bei der Arbeitgeberwahl dar (Hesse et al. 2015, S. 92). Das soziale Leben hat für sie die höchste Priorität und daher erwarten sie eine Work-Life-Balance, d.h. Privat-, Familien- und Berufsleben sollen miteinander vereinbar sein (Holste 2012, S. 21). Die Grenzen zwischen Berufs- und Privatleben verschmelzen und klassische Arbeits- und Anwesenheitszeiten am Arbeitsplatz verlieren an Relevanz (DGFP 2011, S. 15). Karriereziele werden zwar privaten Belangen untergeordnet (Hesse et al. 2015, S. 91–93), Weiterbildungs- und Entwicklungsmöglichkeiten stellen für die junge Generation dennoch ein wichtiges Entscheidungskriterium bei der Arbeitgeberwahl dar (vgl. Ruthus 2014, S. 11). Bei der individuellen Karriereplanung möchten junge Arbeitnehmer von Beginn an aktiv einbezogen werden. Erwartet werden vom Arbeitgeber außerdem eine klare Platzierung und Kommunikation möglicher Entwicklungspfade in der Firma (Welk 2015, S. 67). Die Evolution des Internets sowie der digitalen Medien hat einen prägenden Einfluss auf die Generation Y, die technisch sehr versiert ist (Ruthus 2014, S. 14). Das Internet ist als Informationsquelle und Wissensbasis selbstverständlich und vom Arbeitgeber wird ein innovativer, mit zeitgemäßer Technologie ausgestatteter Arbeitsplatz, erwartet (DGFP 2011, S. 17).

5. Employer Branding als strategischer Gestaltungsansatz für sächsische KMU

Um Informationen über die Erwartungen und Präferenzen der Generation Y an ihren ersten Arbeitgeber in Sachsen zu erhalten, wurden an der Westsächsischen Hochschule Zwickau (WHZ) in den Jahren 2013 und 2014 zwei Online-Befragungen bei Studierenden umgesetzt (Walter / Förster 2015). Der Fokus der Erhebungen lag auf den Präferenzen künftiger Fachkräfte hinsichtlich der Gestaltung der Tätigkeit (z.B. eigenverantwortliches Handeln, der Qualifikation entsprechende Aufgaben, Projektarbeit, Auslandsentsendung) und der Rahmenbedingungen (z.B. Arbeitsklima, Vereinbarkeit von Familie und Beruf, Commitment, Arbeitszeitgestaltung). Die im Folgenden dargestellten Ergebnisse der zweiten empirischen Erhebung 2014 verdeutlichen, dass die künftigen Absolventen der WHZ ähnliche Erwartungen haben wie Absolventen in anderen Regionen bzw. wie oben literaturgestützt dargestellt wurde.

Die Attraktivität des künftigen Arbeitgebers ist für 85% der befragten Studierenden der WHZ sehr wichtig oder wichtig. Erwartet werden vor allem ein gutes Arbeitsklima, Weiterbildungsmöglichkeiten, die Vereinbarkeit von Beruf und Familie, ein sicherer Arbeitsplatz und die Unterstützung durch Vorgesetze während der Einarbeitungsphase. Regelmäßiges Feedback, ein kooperativer Führungsstil sowie ein unbefristetes Arbeitsverhältnis sind Studierenden fast ebenso wichtig (Walter / Förster 2015, S. 21 ff.). Eine angemessene und nachvollziehbare Entgelthöhe mit einer Steigerungsmöglichkeit nach den ersten Berufsjahren gehören zu den wichtigsten Erwartungen. Bevorzugt werden zudem herausfordernde Arbeitsaufgaben, die Ideen und Kreativität erfordern und eigenverantwortlich erledigt werden können. (siehe Abbildung 2)

Abbildung 2: Die wichtigsten Erwartungen bei WHZ-Studierenden (Nennungen n = 501)

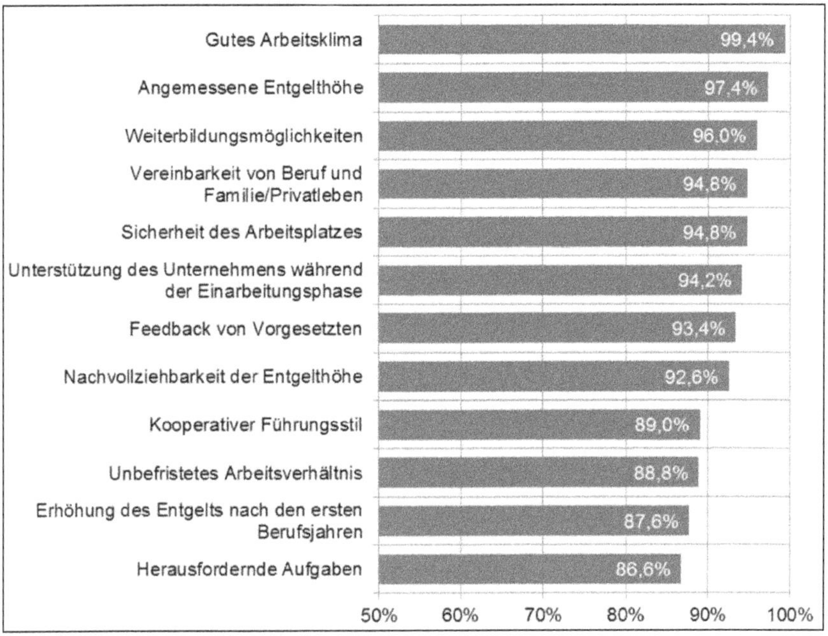

Quelle: Walter / Förster (2015), S. 21.

Ein weiteres wichtiges Ergebnis der Befragung ist, dass die Mehrheit der befragten Studierenden den ersten Arbeitgeber bevorzugt in Mitteldeutschland bzw. in Westsachsen, d.h. in der Nähe der Hochschule, sucht (Abbildung 3). Studierende, welche sich für die Region Westsachsen als bevorzugten Standort für einen künftigen Arbeitgeber entschieden haben, nennen dafür vor allem soziale Gründe, wie z.B. Familie, Freunde und Bekannte sowie ihre starke regionale Verbundenheit. Außerdem ist für fast die Hälfte die Größe des zukünftigen Arbeitgebers nicht relevant; lediglich 28% bevorzugen Unternehmen, welche mehr als 100 Mitarbeiter beschäftigen (siehe Abbildung 4). Das bedeutet, dass regionale KMU für die künftigen Fachkräfte durchaus interessant für den Berufseinstieg sind. Als Branchen beim Berufseinstieg werden die Automobilindustrie, das Gesundheits- und Sozialwesen, der Maschinenbau, Personaldienstleistungsfirmen, Logistik- und Verkehrsunternehmen sowie Technologieunternehmen bevorzugt. Die Suche nach einem Praktikum und einem Arbeitgeber nach dem Studium erfolgt bevorzugt online (Walter / Förster 2015, S. 9 ff.).

Abbildung 3: Bevorzugter Standort des ersten Arbeitgebers

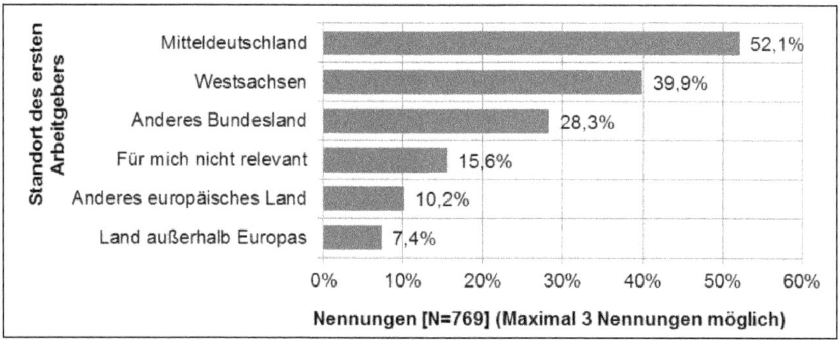

Quelle: Walter / Förster (2015), S. 11.

Abbildung 4: Bevorzugte Größe des Unternehmens beim Berufseinstieg

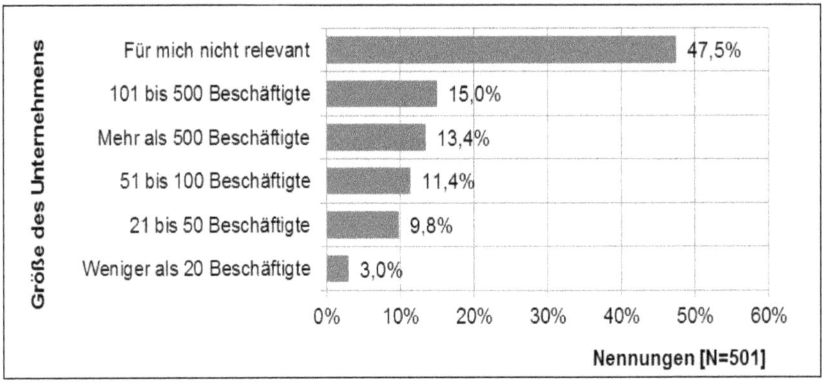

Quelle: Walter / Förster (2015), S. 9.

Etwa die Hälfte der befragten zukünftigen Absolventen erwarten von ihrem ersten Arbeitgeber ein monatliches Bruttogehalt von 2000 bis 3000 Euro. Dieser Anspruch ist nach einer akademischen Ausbildung durchaus berechtigt und auch von KMU zu leisten. Neben dem Einstiegsniveau ist vor allem eine Steigerung des Entgeltes nach den ersten Berufsjahren für künftige WHZ-Absolventen mit fast 90 % wichtig bzw. sehr wichtig (siehe Abbildung 5).

Abbildung 5: Erwartungen hinsichtlich des monatlichen Bruttogehaltes beim Berufseinstieg

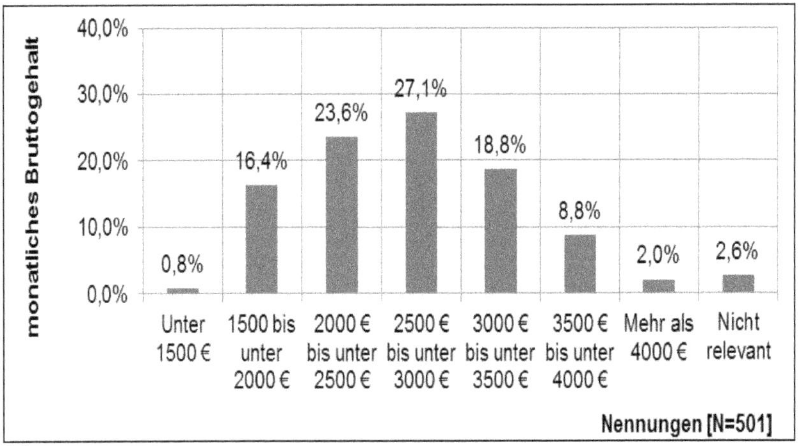

Quelle: Walter / Förster (2015), S. 12.

Als weiteres bevorzugtes Merkmal wird von etwa 85% der Befragten die Attraktivität des zukünftigen Unternehmens als Arbeitgeber genannt; die Bekanntheit des Unternehmens und seiner Produkte bzw. Leistungen sind dagegen für etwa zwei Drittel weniger wichtig bzw. unwichtig. Eine internationale Geschäftstätigkeit des künftigen Arbeitgebers gehört ebenfalls nicht zu den präferierten Merkmalen beim Berufseinstieg der befragten Studierenden (Abbildung 6). Diese Erwartungen unterstreichen ebenfalls, dass regionale KMU sehr gute Chancen haben, bei Bedarf hochqualifizierte Nachwuchskräfte für das eigene Unternehmen zu interessieren und einzustellen.

Abbildung 6: Relevanz unternehmensbezogener Merkmale

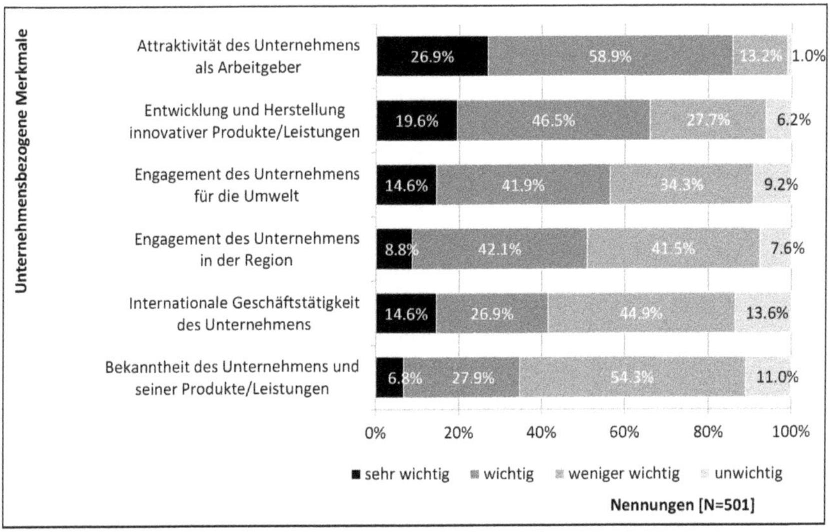

Quelle: Walter / Förster (2015), S. 13.

Die Ergebnisse der empirischen Erhebung zu den Berufseinstiegserwartungen von Studierenden (Walter / Förster 2015) an einer sächsischen Hochschule (WHZ) können somit für regionale KMU als Ausgangspunkt für eine innovative Personalarbeit dienen, die auch lokale Aspekte berücksichtigt. Die Befragungsergebnisse verdeutlichen, dass regionale KMU bereits viele Voraussetzungen haben, um für gegenwärtige Absolventen von Bildungseinrichtungen, d.h. potenziellen Fachkräften der Generation Y, als attraktiver Arbeitgeber gesehen zu werden.

Im Folgenden werden ausgehend von ausgewählten Befragungsergebnissen konkrete Gestaltungsvorschläge und Instrumente des Human Resource Managements für sächsische KMU erarbeitet, die beim Aufbau einer eigenen Arbeitgebermarke unterstützen können. Die theoretische Grundlage dafür bildet das oben dargestellte ganzheitliche Phasenmodell für eine strategische Gestaltung der Arbeitgeberattraktivität. Es werden Gestaltungsvorschläge für die drei wichtigsten Phasen dieses Modells, d.h. für die Orientierungsphase, die Matchingphase und die Bindungsphase, erarbeitet.

1) Orientierungsphase:
Die wichtigsten Informationsquellen bei der Suche nach einem Praktikum und / oder einer Abschlussarbeit sind für junge Sachsen die Webseiten des Unternehmens, Online-Jobbörsen, bereits bestehende Kontakte und die regionale Firmenkontaktmesse ZWIK (Walter / Förster 2015, S. 16). Zudem lassen sich Studierende gern von Freunden, Bekannten und von der Familie beim Berufseinstieg beraten und unterstützen. Andere Informationsmöglichkeiten wie z.B. die Agentur für Arbeit und Tageszeitungen werden von den Befragten der WHZ eher verhalten herangezogen (vgl. Walter / Förster 2015, S. 15). Um Nachwuchskräfte der Genration Y für das Unternehmens bereits lange vor deren Berufseinstieg zu interessieren, ist es in der Orientierungsphase für Unternehmen sehr wichtig, in den von der jungen Generation zur Informationsakquise genutzten Online-Medien (Homepage, Social Networks, elektronische Jobbörsen) präsent zu sein. Dies kann z.B. dadurch erreicht werden, dass die Unternehmenshomepage schnell zu findende Karrierewebseiten mit konkreten Informationen zu den von der Generation Y präferierten Unternehmensmerkmalen beinhaltet. Dazu gehören neben Hinweisen zu den Arbeitsaufgaben insbesondere Informationen über attraktive Arbeitsbedingungen wie z.B. flexible Gestaltungsmöglichkeiten von Arbeitszeit und -ort sowie zum Arbeitsklima, zu Führungsstil und individuellen Entwicklungsmöglichkeiten im Unternehmen. Diese Informationen über von der Generation Y bevorzugte Beschäftigungs- und Karrieremöglichkeiten können zusätzlich in verschiedenen Online-Jobbörsen und auf regionalen Firmenkontaktmessen wie der ZWIK oder der WIK-Leipzig und der WIK-Chemnitz präsentiert werden. Eine weitere hochwirksame und zugleich kostengünstige Maßnahme, um sich als Unternehmen bei jungen Nachwuchskräften als guter Arbeitgeber zu präsentieren und mit Ihnen vor dem Berufseinstieg in Kontakt zu kommen, ist die Zusammenarbeit mit regionalen Hochschulen und anderen Bildungseinrichtungen. Dazu gehören Praktikumsangebote, Themen für Bachelor-. Master- und Diplomarbeiten ebenso wie Gastvorträge oder gemeinsame Projekte zwischen Unternehmen und Bildungseinrichtungen. Die Vergabe von Stipendien, wie z.B.

das Deutschlandstipendium, stellt eine weitere gute Möglichkeit dar, um frühzeitig Beziehungen mit leistungsstarken Studenten der regionalen Hochschulen aufzubauen.

2) Matchingsphase:
Wie oben dargestellt, geht es in Matchingphase um den konkreten Abgleich der Erwartungen von Bewerber und Unternehmen an das künftige Beschäftigungsverhältnis. Wurden bereits in der Orientierungsphase Kontakte zur Zielgruppe aufgebaut und die Arbeitsweise in einem gemeinsamen Projekt wechselseitig beurteilt, kann der Bewerbungsprozess nicht nur verkürzt, sondern vor allem erfolgreicher gestaltet werden. Es ist wesentlich einfacher einen geeigneten Mitarbeiter auszuwählen, wenn beide Seiten sich nicht erst im Vorstellungsgespräch kennen lernen. In dieser Phase ist es wichtig, dass der Arbeitgeber die von der Generation Y vorzugsweise gewünschten Arbeitsbedingungen – wie z.B. ein gutes Arbeitsklima, flexible Arbeitszeiten, die Vereinbarung von Beruf und Familie – an die potenziellen Mitarbeiter klar und eindeutig kommuniziert. Gleichzeitig ist es notwendig, als Arbeitgeber authentisch zu bleiben und ein realistisches Bild von der Arbeitstätigkeit im eigenen Unternehmen abzugeben, das auch Schwächen einschließen kann. Wenn ein gut qualifizierter Bewerber sich für das Unternehmen entscheidet, zu Beginn der Tätigkeit aber erkennt, dass die im Bewerbungsprozess vom Arbeitgeber kommunizierten Bedingungen nicht der Realität entsprechen, wird er dem Unternehmen nicht langfristig als Mitarbeiter erhalten bleiben. Somit werden in der Matchingphase die Voraussetzungen für die Gestaltung der Retentionphase geschaffen.

3) Bindungsphase:
Zu Beginn dieser Phase ist es nicht nur wichtig, die schnelle und erfolgreiche Integration des neuen Mitarbeiters in die Arbeitsprozesse zu gestalten, sondern auch seine soziale Integration. Vom ersten Tag im Unternehmen an erlebt der neue Mitarbeiter im täglichen Arbeitsprozess unmittelbar die während des Bewerbungsprozesses kommunizierten Arbeitsbedingungen und vergleicht, inwiefern seine Erwartungen und der Berufsalltag übereinstimmen. Nur wenn dieser Vergleich bereits während der ersten Tage im Unternehmen positiv ausfällt, wird er langfristig dem Unternehmen als Fachkraft zur Verfügung stehen. KMU können mit einer wertschätzenden Arbeitsatmosphäre gegenüber neuen Mitarbeitern, mit innovativ und freundlich gestalteten Arbeitsbereichen sowie einer offenen sozialen Interaktion von Anfang an ihre Vorteile bei der Integration und langfristigen Bindung von jungen Fachkräften nutzen. Auch die von jungen Akademikern gewünschten flexiblen Arbeitszeiten oder die Möglichkeit, zeitweise von zu Hause arbeiten zu können, sind in KMU realisierbar. Über

Online-Kommunikations-Tools wie Skype oder Adobe Connect können Unternehmen in Kontakt mit ihren Mitarbeitern zu bleiben, auch wenn sie außerhalb des Unternehmens ihre Aufgaben erledigen. Auch das von der Generation Y erwartete regelmäßige Feedback von ihren Vorgesetzten und damit die individuelle Förderung können in mittelständischen Unternehmen viel direkter und kostenneutraler realisiert werden als in Unternehmen mit ausgeprägten Hierarchien. Mit diesen Maßnahmen der beruflichen und sozialen Integration junger Fachkräfte kann gleichzeitig deren emotionale Bindung gestärkt werden. Ergänzend können weitere regional- und betriebsspezifische Maßnahmen dazu beitragen, dass sich junge Fachkräfte mit ihrem KMU verbunden fühlen. Beispiele dafür reichen von der Organisation gemeinsamer Outdoor-Aktivitäten wie Wandern oder Klettern z.B. im Erzgebirge oder Elbsandsteingebirge über junge Menschen ansprechende Betriebsfeiern bis hin zu Tagen der offenen Tür für Familienangehörige, an denen den Kindern und Ehepartnern der Arbeitsplatz vorgestellt werden kann.

6. Zusammenfassung

Die Ausgangsfrage lautete: Wie können in Sachsen KMU mit Fachkräftebedarf und Absolventen, die nach dem Studium auf der Suche nach einem attraktiven Arbeitsplatz sind, besser zueinander finden und eine langfristige Bindung aufbauen? In einer Region wie Sachsen, die in den letzten Jahren stark vom demografischen Wandel und der Abwanderung junger Menschen geprägt war, erscheinen KMU, die nicht die Popularität von großen Unternehmen besitzen bzw. in der Region viel weniger bekannt sind und keine kostenintensiven Rekrutierungskampagnen finanzieren können, zunächst als Verlierer im Wettbewerb um die besten Arbeitsbedingungen für junge Fachkräfte der Generation Y. Bei genauerer Betrachtung können jedoch KMU aus ihrer geringen Größe, ihren flachen Hierarchien sowie ihrer hohen Flexibilität und Wandlungsfähigkeit viel schneller auf veränderte Erwartungen der jungen Generation eingehen, wenn sie ihre Vorteile aktiv für die Gestaltung der Prozesse der Suche und Einstellung junger Fachkräfte nutzen. Eine weitere Stärke ist die feste Verwurzelung der meisten KMU in der Region, der sich den Ergebnissen der aktuellen Studierendenbefragung an der WHZ auch potentielle Bewerber eng verbunden fühlen, weshalb sie ihren Berufseinstieg bevorzugt in der Region suchen. Für die Entwicklung einer eigenen Employer Brand, d.h. einem von potenziellen und beschäftigten Mitarbeitern bevorzugten Arbeitgeber, besitzen regionale KMU großes Potenzial, das sie mehr als bisher für die Gewinnung und Bindung junger leistungsstarker Mitarbeiter aktiv und zielgerichtet nutzen können. In Sachsen haben die Empfehlungen der

Eltern bzw. der Familie und der Freunde entscheidenden Einfluss auf Karriereentscheidungen junger Menschen (Walter / Förster 2015). Deshalb ist internes Employer Branding, d.h. die Gestaltung der Arbeitsbedingungen für die im KMU beschäftigten Mitarbeiter (die Eltern der Generation Y) und deren Wertschätzung ebenso wichtig wie externes Employer Branding, d.h. die Erhöhung der Bekanntheit und Attraktivität des Unternehmens als Arbeitgeber für potenzielle Bewerber. Die Authentizität als Arbeitgeber bei der internen Gestaltung der Arbeitsinhalte und -bedingungen sowie bei deren Kommunikation nach innen und nach außen ist eines der wichtigsten Kriterien für den langfristigen Erfolg des strategischen Employer Branding für sächsische KMU und damit für die wechselseitige Wahrnehmung von Unternehmen und jungen Fachkräften.

Literaturverzeichnis

Allihn, L. (2013) Generation Y. Kinder unserer Zeit. In Künzel, H.: Erfolgsfaktor Employer Branding. Mitarbeiter binden und die Generation Y gewinnen. Berlin: Springer-Verlag, S. 17–34.

Ambler, T., Barrow, S. (1996) The employer brand. In: Journal of Brand Management 4, S. 185–206.

Armstrong, M., Taylor, S. (2014) Armstrong's Handbook of Human Resource Management Practice. London: Kogan Page.

Beck, C. (2012) Personalmarketing 2.0 – Personalmarketing in der nächsten Stufe ist Präferenz-Management. In Beck, C.: Personalmarketing 2.0. Vom Employer Branding zum Recruiting (S. 9–70). Köln: Luchterhand Verlag.

Brecht, S., Schmucker, H. (2014) Employer Branding im Mittelstand. Strategische Umsetzung bei Wilo. In Künzel, H.: Erfolgsfaktor Employer Branding. Mitarbeiter binden und die Generation Y gewinnen, Berlin: Springer-Verlag, S. 201–216.

Buckesfeld, Y. (2012) Employer Branding. Strategie für die Steigerung der Arbeitgeberattraktivität in KMU. Hamburg: Diplomica Verlag.

Christiaans, L. (2013) International employer brand management. A multilevel analysis of European students' preferences. Wiesbaden: Springer Gabler.

Dahlmanns, A. (2014) Generation Y und Personalmanagement. München: Rainer Hampp Verlag.

Dessler, G. (2015) Human Resource Management. Harlow: Pearson Education.

Deutsche Gesellschaft für Personalführung e.V. (DGFP) (Hrsg.) (2011) Zwischen Anspruch und Wirklichkeit: Generation Y finden, fördern und binden. Praxispapier 9/2011. Düsseldorf.

Hesse, G., Mattmüller, R. (Hrsg.) (2015) Perspektivwechsel im Employer Branding. Neue Ansätze für die Generationen Y und Z. Wiesbaden: Springer Gabler.

Holste, J. (2012) Arbeitgeberattraktivität im demographischen Wandel. Eine multidimensionale Betrachtung. Wiesbaden: Gabler Verlag.

Klaffke, M., Parment, A. (2011) Herausforderungen und Handlungsansätze für das Personalmanagement von Millennials. In: Klaffke, M. (Hrsg.): Personalmanagement von Millennials. Konzepte, Instrumente und Best-Practice-Ansätze. Wiesbaden: Gabler Verlag, S. 3–22.

Lohaus, D., Habermann, W. (2013) Personalauswahl im Mittelstand. Nicht die Besten sind die Besten, sondern die Geeignetsten. München: Oldenbourg Verlag.

Monitoring (2015) Landesarbeitsgemeinschaft der Industrie- und Handelskammern im Freistaat Sachsen und der Arbeitsgemeinschaft der Sächsischen Handwerkskammern: Fachkräftesituation der sächsischen Wirtschaft, 2015, Dresden.

Parment, A. (2009) Die Generation Y – Mitarbeiter der Zukunft. Herausforderung und Erfolgsfaktor für das Personalmanagement. Wiesbaden: Gabler Verlag.

Radermacher, S. (2013) Die Herausforderungen des Employer Brandings. In H. Künzel, Erfolgsfaktor Employer Branding. Mitarbeiter binden und die Generation Y gewinnen. Berlin: Springer-Verlag. S. 1–16.

Rehm, F. (2014) Web 2.0 im Bereich der Personalbeschaffung. München: Rainer Hampp Verlag.

Ruthus, J. (2013) Employer of Choice der Generation Y. Herausforderungen und Erfolgsfaktoren zur Steigerung der Arbeitgeberattraktivität. Wiesbaden: Gabler Verlag.

Ruthus, J. (2014) Arbeitgeberattraktivität aus Sicht der Generation Y. Handlungsempfehlungen für das Human Resources Management. Wiesbaden: Gabler Verlag.

Sächsisches Staatsministerium für Wirtschaft, Arbeit und Verkehr (SMWA) (2013) Sächsischer Mittelstandsbericht 2011/2012. Dresden.

Sächsisches Staatsministerium für Wirtschaft, Arbeit und Verkehr (SMWA) (2014) Standort Sachsen im Vergleich mit anderen Regionen. Dresden.

Sächsisches Staatsministerium für Wirtschaft, Arbeit und Verkehr (SMWA) (2015) Freistaat Sachsen im Überblick, 29. April 2015, Zugriff am 07.01.2016: http://www.wirtschaft.sachsen.de/9271.html

Statistisches Landesamt des Freistaates Sachsen (2010) 5. Regionalisierte Bevölkerungsprognose bis 2025, Kamenz 2010, Zugriff am 07.01.2016: http://www.statistik.sachsen.de/bevprog/

Sponheuer, B. (2010) Employer Branding als Bestandteil einer ganzheitlichen Markenführung. Wiesbaden: Springer Gabler Verlag.

Stritzke, C. (2010) Marktorientiertes Personalmanagement durch Employer Branding. Theoretisch-konzeptioneller Zugang und empirische Evidenz. Wiesbaden: Gabler Verlag.

Walter, A., Förster, S. (2015) Befragung von Studierenden der Westsächsischen Hochschule Zwickau 2014. erschienen als FOKUS Print 04/15 an der Technischen Universität Chemnitz: http://www.tu-chemnitz.de/wirtschaft/bwl6/publikationen/index.php#FSA/ FOKUS%20Print.

Weinrich, K. (2015) Nachhaltigkeitsorientierte Unternehmensführung. Employer Branding als Ansatz zur Gewinnung geeigneter Mitarbeiter. Wiesbaden: Gabler Verlag.

Welk, S. (2015) Die Bedeutung von Führung für die Bindung von Mitarbeitern. Ein Vergleich unterschiedlicher Führungsstile im Kontext der Generation. Wiesbaden: Gabler Verlag.

Ruey Komulainen

Employer Branding for SMEs: Attracting Graduating Students in the IT Industry

1. Introduction

The recent years in Finland have seen a talent war for labor due to the challenges of aging population and shortage of talents in dynamic industries, especially IT. Finland is a Nordic country with the population of approximately 5.4 million people. It is a part of the Scandinavia and is renowned for its supportive social welfare system. As a highly developed country, Finland's GDP is up to the amount of $45.000 per capita. GDP comes mostly from the services sector (70%), and R&D activities are strongly valued in this country.

Small and medium-sized enterprises (SMEs) are significant elements of Finnish Business environment. According to European Commission (2012), the estimated number of SMEs in Finland in 2011 (based on the figures from 2005–2009) is 212.508, which amounts to 99.7% of total enterprises in Finland. These 212.508 SMEs employ around 869.776 people, which corresponds 61.7% workforce. 195.446 companies in Finland are micro-sized firms. Among the SMEs, 28% of them operate in high-tech or medium- to high-tech activities.

Technology, the principal focus of the Finnish economy, accounts for 60% of total Finnish exports and for 80% of private-sector R&D investment (Rönkkö 2011). The IT sector is an integral industry of technology in Finland, and software development is crucial to this industry. The size of the software industry in Finland is estimated to be approximately €3 to €6 billion (Rönkkö / Peltonen 2012). Besides, the Finnish software and IT services sector increased 5.8% in 2012, compared to 3.6% of worldwide software market growth.

Employer Branding, thus, has been an emerging topic that draws particular attention from big corporations in Finland as an ideal solution for talent shortage. As a result, there is plenty of research on this topic for large companies. However, there are few studies showing a clear relationship between SMEs and Employer Branding. Questions such as "Would Employer Branding work for SMEs?" or "Would Employer Branding be a concern for SMEs?" have been raised, yet the answers for them are still limited. A notable research in this field is a master's thesis from Aalto University, in which the author, Simonen Aleksi (2011), studies the position of Employer Branding in large Finnish companies. It was an exploratory research, and the study of Employer Branding is still limited up to this point.

This study aims at exploring the connection between Employer Branding and SMEs, specifically Finnish SMEs in IT industry. The foundation of the study would mainly be based on the fields of corporate brand, resource-based view, and the topics of recruitment and selection process of human resource management.

Within the scope of this research, the business and IT students currently studying at Kajaani University of Applied Sciences are considered as the primary targets of research. According to the definition of the European Commission, the term SME comprises of three types of companies, based on their size and turnover. Medium-sized companies are those employing less than 250 people and having the turnover of less than €50 million. Small-sized companies employ less than 50 people and have the turnover of less than €10 million. Micro-sized companies, which are the majority of all types, employ less than 10 people and have the turnover of less than €2 million. The scope of this study only concentrates on small and micro companies. Thus, the term "SMEs" in this research refers to small and micro companies based on the definition of European Commission. The study includes key aspects of the business environment in Finland and the IT industry here.

The objective of the research is to answer the following research questions:

- RQ1: What is the impact of Employer Branding on students' decision to work for an SME?
- RQ2: What attracts the graduating students when they look for a job?
- RQ3: From which source do the students build their Employer Brand perception?
- RQ4: What is the career orientation of the student after graduating?

2. Literature Review

2.1 Brand as a Marketing Concept

According to American Marketing Association (Aurand et al. 2005) and Keller (2008), a brand is a consequence of creating a new name, logo, symbol, design or a combination of them for a new product. A brand is structured by brand attributes, which differentiate one brand from another. The establishment of a brand would generate the values of awareness, reputation and prominence in the marketplace. This argument suggests that branding is about giving reasons for customers why they should choose this brand instead of another.

Apart from the value of the product or service, the brand of that product or service has a commercial value itself. This value is derived from the perception of consumers using the product of that brand. In marketing terminology, the value of a brand is construed as "brand equity". Aaker (1991) categorizes brand equity into five brand assets including brand loyalty, brand awareness, perceived quality, brand associations and other proprietary assets.

Corporate brand, according to Balmer (2001), is a means for a corporation to deliver characteristics of corporate identity towards its internal and external stakeholders. Employer Branding, on the other hand, is the message inside corporate branding, the Employer Branding activities are steered by the strategy of corporate branding. While the target of corporate branding aims at a broader scope, the goal of Employer Branding is limited to the labor pool. Thus, the apparent connection between corporate branding and Employer Branding is they both serve as the instrument to convey the organization's message.

2.2 Strategic Human Resource Management

HRM is "a strategic, integrated and coherent approach to the employment, development and well-being of the people working in organizations" (Armstrong 2012). The main functions of HRM include organization, resourcing, learning and development, reward management and employee relations.

Regarding recruitment and selection, Armstrong (2009) illustrates that recruitment is the whole process of attracting and catching sight of candidates that fit the job or organization. This suggests why Employer Branding, which is partially concerned with attracting potential employees, is closely related to recruitment.

2.2.1 Resource Based View (RBV)

Resources of a firm, from the viewpoint of Barney (1991), are everything including assets, capabilities, organizational processes, know-how, human capital, etc. that empowers a firm to formulate and utilize a specific strategy. Based on previous research of Williamson (1975), Becker (1993) and Tomer (1987), Barney (1991) categorizes resources into three fields that are physical capital resources, organizational capital resources and human capital resources.

Human capital is considered an important source of competitive advantage and the corporate goals are achieved through human resources of the organizations using the means of "integrated HR strategies, policies and practices" (Armstrong 2006, 2011, 2012). As mentioned above, Barney (1991) points out that resources of a firm are everything including assets, capabilities, organizational processes, know-how, human capital, etc. that empower a firm to formulate and utilize a specific strategy. Wright / McMahan / McWilliams (1994) mention that all those four requirements: value, rarity, inimitability and non-substitutability are potentially possessed by the employees. Colbert (2004) further argues that that RBV is an integrating ground for SHRM in which "most resource-based arguments are rooted in human resources – the skills, knowledge, and behaviour of employees – or organizational resources – control systems, routines, and learning mechanisms – that are products of complex social structures built over time and, thus, are difficult to understand and imitate".

The theory review of SHRM and the resource-based view of SHRM provide a solid ground to consider HRM as a valuable source for sustainable competitive advantage. The reason behind this is that HRM has all four elements of such competitive advantage, namely value, rarity, inimitability and non-substitutability. Only when human capital is viewed as a source of sustainable competitive advantage that help organizations outpace in the market and fulfil their goals can they value human resources and spend the effort to attract and develop an effective strategy for them. The aforementioned reasoning suggests that Employer Branding is a part of HRM strategy. The presence of RBV in SHRM would leverage the status of HRM in every organization.

2.2.2 Employer Branding

Employer Brand is a concept denoting perception of current and prospective employees towards an organization as a great place to work (McLeod / Waldman 2013). In line with this definition, Employer Branding is the process of sending out the "great place to work" image to those groups.

Generally speaking, marketing is the communicating process of selling a product or service to customers. On the other hand, human resource management plays the role of attraction, recruitment, selecting, training, development, assessment, rewarding and other activities related to employment. Thus, Employer Branding is regarded as the connection between those two fields, as it involves building an appealing image of the employer in the mind of potential employees. Thus, marketing concepts of branding, image, reputation, awareness, and HR concepts of organizational identity and employee satisfaction converge into Employer Branding (Barrow / Mosley 2005).

In marketing literature, the repeated exposure of a brand would increase its familiarity and, thus, brand awareness. Experiences of a brand that a consumer can have include seeing, hearing, thinking about it. Discussing about brand awareness, Keller (2008) illustrates that various forms of exposure ranging from "brand name, symbol, logo, character, packaging, or slogan" to advertising and promotion, sponsorship and event marketing, publicity and public relations, and outdoor advertising have the possibility of increasing familiarity and awareness among the consumers. Similarly, in Employer Branding the pérceptions of consumers (in this case, current and potential employees) towards the Employer Brand are partly shaped by their exposure of the brand.

Another perspective of Employer Branding to consider is how a job or organizational factors and characteristics of a company affect the perceptions of potential employees towards the company's attractiveness as an employer. Lievens / Highhouse (2003) have conducted research on this aspect in which they assume that the instrumental-symbolic framework has major significance on attracting applicants to the companies.

Table 1: Instrumental-Symbolic Framework in Marketing (Lievens / Highhouse 2003)

	Instrumental attributes	Symbolic attributes
Synonyms	• Utilitarian or functional attributes	• Self-expressive attributes
Content (Keller 2008)	• Product-related attributes • Describe a product regarding objective, physical, and tangible attributes that a product either has or does not have	• Non-product-related attributes, especially user imagery • Describe a product regarding subjective and intangible attributes that accrue from how people perceive a product and make inferences about it rather than what a product does/has
Motive (Katz 1960, Shavitt 1990)	• People's need to maximize rewards and minimize punishments. In other words, they enable consumers to maximize benefits and minimize costs • Utility serves as the primary reason for consumers' attraction to instrumental attributes	• People's need to maintain their self-identity, to enhance their self-image, or to express themselves (beliefs, traits, personality, etc.) • Self-expression serves as the primary reason for consumers' attraction to symbolic attributes

	Instrumental attributes	Symbolic attributes
Example	• A consumer wants to buy a car be-cause it drives fast and has comfortable seats	• A consumer wants to buy a car because it seems cool and trendy • Sincerity: "A workplace that is open, friendly and sincere where honesty is emphasized".

Source: Lievens / Highhouse (2003).

Within symbolic attributes, they utilize the literature of brand personality developed by Aaker (1997) to explore how symbolic values of the jobs and organizations affect how students form perceptions towards Employer Brands. Within this research, the five symbolic attributes are interpreted as following:

- Excitement: "A workplace where my innovative and creative thinking are encouraged and valued".
- Competence: "A workplace where my competences are valued and rewarded".
- Sophistication: "A workplace where the values of being trendy, classy or having charming style are appreciated".
- Ruggedness: "A workplace which is dynamic, performance-driven and result-oriented".

Figure 1: Brand personality scale (Aaker 1997)

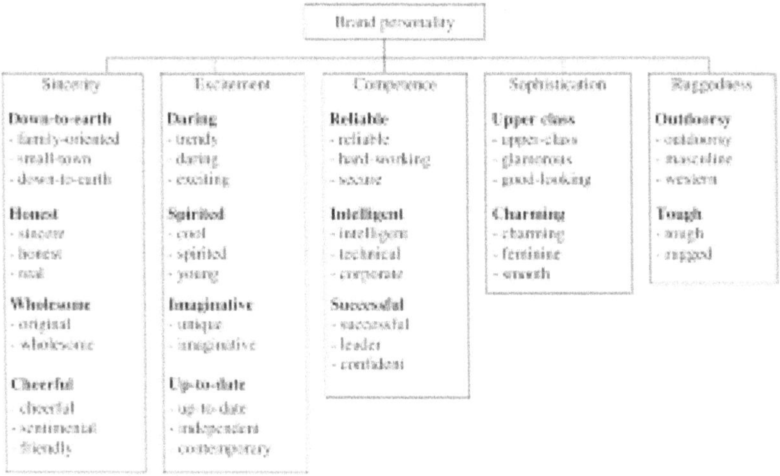

Source: Chase (2012).

2.3 Theoretical framework of the research and the questionnaire

Within the questionnaire, each question corresponds to a domain of knowledge presented in chapter 2 and 3. Question 1 aims at figuring out if the concept of Employer Branding is popular among the students. The knowledge of students about the researched topic would determine how they react to the following questions.

The survey consists of 8 questions. Questions 2 (7 items) and question 3 (6 items) are coordinated with the literature of instrumental and symbolic values of Employer Brand (Lievens / Highhouse, 2003). However, Question 3f is not part of the literature but is intentionally included to study the importance of international diversity when students look for a job. Question 4 (8 items) lists out the possible sources that are most likely exposed to the students. Question 4 is included to investigate how experiences of the perceivers affect the process of building brand awareness and how brand awareness is shaped (Keller, 2008). Then, question 5 (3 items) closely reflects the facts presented in chapter 3. The sub-questions in question 5 help discover the career preference of the students after graduating. Responses from question 5a and 5b are expected to show if there is a connection between working for a SME and working in IT industry, and, thus, leading to working in a SME in IT industry.

Questions 6 and 7 directly figure out opinions of students towards SMEs' Employer Brand and the impact of SMEs' Employer Brand (if any) on students' preference. Lastly, question 8 is an additional open-ended question to acquire other opinions on how a SME could attract the students if its Employer Brand does not work.

Figure 2: Employer Branding in recruitment process

H1: Employer Brand positively affects students' decisions to apply for a job in SMEs.
H2: Instrumental attributes are positively related to perceptions of students on Employer Branding.
H3: Symbolic attributes are positively related to perceptions of students on Employer Branding.
H4: In Employer Branding, symbolic values have stronger influence than instrumental values.
H5: Students prefer to work for companies with more than 50 employees.

Source: Knox / Freeman (2006).

Figure 3: Recruitment process

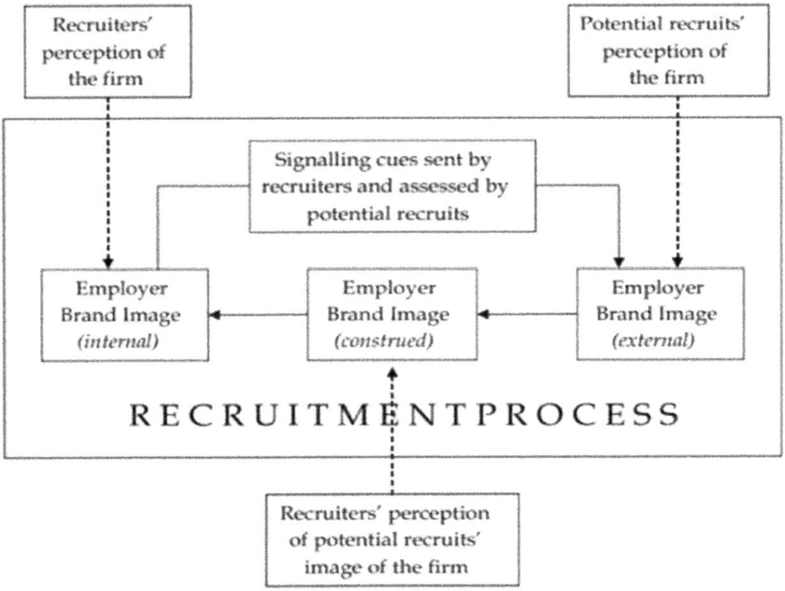

Source: Dukerich / Carter (2000).

Table 2: Theoretical framework

Research objective: Study the role of Employer Branding in IT SMEs in Finland

Literature	Research Questions	Hypotheses	Survey Questions
Employer Brand	**RQ1**: What is the impact of Employer Branding on students' decision to work for a company?	**H1**: Employer Brand positively affects student's decisions to apply for a job in SMEs	Question 6 and 7
Instrumental and symbolic attributes of Employer Branding	**RQ2**: What attracts the graduating students when they look for a job?	**H2**: Instrumental attributes are positively related to perceptions of students on Employer Branding **H3**: Symbolic attributes are positively related to perceptions of students on Employer Branding **H4**: In Employer Branding, symbolic values have stronger influence than instrumental values.	Question 1, 2, 3 and 7

Literature	Research Questions	Hypotheses	Survey Questions
Brand awareness	**RQ3:** From which source do the students build Employer Brand perception?		Question 4
Business environment in Finland	**RQ4**: What is the career orientation of the students after graduating?	**H5**: Students prefer to work for companies with more than 50 employees	Question 5

3. Methodology

This research was conducted with quantitative methods using paper survey. The data gathering in quantitative social studies is done from a group who represent a certain population via a questionnaire designed for the purpose (Bryman / Bell 2007, pp. 632–634). Questionnaires are used to ensure an orderly and structured approach to data gathering (McDaniels / Gates 2006, p. 35). Since the main targets are students studying at Kajaani University of Applied Sciences, the survey was circulated physically in lectures and collected on the spot to ensure high response rate and completeness of survey answers. The data was then inserted into Excel through a maker, and the author then acts as a checker to ensure input accuracy. The data was analyzed with SPSS.

3.1 Quantitative Research

A fixed questionnaire with closed-ended questions is chosen, as this type of research allows the usage of various statistical analysis tools. This chosen method would make the collected data quantifiable, reliable and easy to generalize to a larger population, which helps understand the role of Employer Branding on a larger scale.

3.2 Data Collection

The IT and business students from 12 groups at Kajaani University of Applied Sciences are the target in this research. Within the 181 respondents, 40 are business students, the other 141 are IT students. Within those students, there are 93 first year students, 79 second year students, 8 third year students and 1 last year student. The number of senior students is limited since most of them are not present as they are doing their practical training or do not have any other classes.

The students from 12 groups were directly asked to fill the questionnaire in the classrooms during the lecture, as the approval was given by the lecturers and school president beforehand. The direct approach assures the response rate to be 100% with the sample size of 181.

3.3 Questionnaire

The questionnaire was developed in English, based on the aforementioned theoretical framework. The survey was then translated into Finnish, since almost every targeted student is Finnish or speaks Finnish fluently.

The survey was designed to have 8 major questions: 3 among which are Yes/No questions; one was an open-ended question and the other 4 contain totally 24 sub-questions. In the 4 questions containing sub-questions, respondents were asked to rank their opinions on 1–5 liker scale (either "unimportant" to "very important" or "strongly disagree" to "strongly agree" or "least preferred" to "most preferred"). The time to answer the survey completely was estimated to be 3 to 5 minutes.

3.4 Validity and Reliability

Content validity is a method to measure whether research is measuring what it aims to measure, in which the questions on the questionnaire have to relate to the construct measured. This requires the definition of what to measure and discussion of what to include (Mooi / Sarstedt 2011). This aspect of validity – content validity – could be assessed through the theoretical framework, mainly based on Employer Branding, which clearly defines what to measure and directly links the theory with the items in the questionnaire.

Reliability was assessed using Cronbach's α, an index that measures internal consistency. The value of Cronbach's α varies from 0 to 1. The questionnaire is generally regarded as reliable when the coefficient is 0.70. For exploratory studies such as this research, 0.60 is an acceptable value (Mooi / Sarstedt 2011). Aligning with this guideline, within this questionnaire, the items in Q1 measure the same topic, instrumental values of Employer Brand. Correspondingly, the items in Q2 measure symbolic values of Employer Brand. The usage of SPSS makes it simple to calculate Cronbach's α of items in Q1 and Q2. The coefficient of Q1 was 0.616 (7 items) and that of Q2 is 0.732 (6 items) which satisfied the conditions to be regarded as reliable.

4. Empirical Findings

The hypotheses of the research were tested by statistical methods to analyze findings of the questionnaire.

***H1**: Employer Brand positively affects students' decisions to apply for a job in SMEs.*

The research suggests that there is positive relation between the students' perception that "SMEs have an Employer Brand" and "Employer Brand of a SME attracts the students to consider the SME as a prospective employer". Although the correlation is low, it can still be inferred from this result that the Employer Brand positively affects students' decisions to apply for a job in SMEs. This means that H1 is accepted.

***H2**: Instrumental attributes are positively related to perceptions of students on Employer Branding.*

In order to test H2, the Mann-Whitney U test is utilized to compare means of answers from two questions Q2 and Q7 to see if instrumental attributes are positively related to perceptions of students on Employer Branding. In Q2, the 1–5 Likert scale was used to measure opinions of the respondents.

In this test, the means of 7 variables are calculated to use for Mann-Whitney U test to compare with the answer from Q7. The calculation of mean rank gives the value of 74.80 for "No" answers and 89.24 for "Yes" answers. The p-value is 0.289, which is higher than 0.05. Thus, the means from Q2 and Q7 are equal. This suggests that a change in one variable would not lead to a change in another variable, and that the two variables are not correlated. Therefore, H2 is rejected, which means that instrumental attributes are not proven to be positively related to perceptions of students on Employer Branding.

***H3**: Symbolic attributes are positively related to perceptions of students on Employer Branding.*

Similarly, the identical test is carried out to test H3 to explore if symbolic attributes are positively related to perceptions of students on Employer Branding. Within symbolic attributes, the mean rank of "No" answers is 88.4, while the mean rank of "Yes" answer is 89.6. The p-value from this Mann-Whitney U test is 0.931, which is very close to 1, implies that the means of Q3 and Q7 are basically the same, and thus, H3 is also rejected. The conclusion from this H3 test suggests that symbolic attributes are not proven to be positively related to perceptions of students on Employer Branding.

***H4**: In Employer Branding, symbolic values have stronger influence than instrumental values.*

The preconditions of H4, which are H2 and H3 are not fulfilled. Thus, H4 is abandoned due to the unavailability to carry out the test and compare the correlation between two groups Q2xQ7 and Q3xQ7.

***H5**: Students prefer to work for companies with more than 50 employees.*

As mentioned, in the Finnish business environment 24.5% of the workforce is employed at micro-sized companies (less than 10 employees), while 20.5% work for small-sized companies (less than 50 employees). The rest of the workforce are employed by either medium-sized (16.7% of the workforce) or large (38.3% of the workforce) companies. Thus, prior to this research, it is expected that the majority of the respondents would prefer working for companies with more than 50 employees. However, the results of the study show otherwise. Up to 63% (49.2% preferred and 13.8% most preferred) choose companies with less than 50 employees for their career orientation. This indicates that size of the company does not matter for the students, and it can be concluded that H5 is rejected, as within the sample research the majority of the respondents prefer to work for companies with less than 50 employees.

5. Discussion

Aiming at exploring the role of Employer Brand in SMEs from the perspective of students, this research encompasses a literature review, research questions, hypotheses and survey questions. While the theories are utilized to reflect the observations, hypotheses and survey questions play a vital role in answering the research questions.

RQ 1: What is the impact of Employer Branding on students' decision to work for a SME?

Most of the respondents strongly believe that SMEs have Employer Brand and that the Employer Brand of SMEs would significantly affect the decision of the students to consider the SME as a prospective employer. Furthermore, the results also show that those who think that SMEs have Employer Brand and those who think employer brand of SMEs would attract them have a closely related opinion.

Regarding the impact of Employer Branding on students' decision to work for a SME, Employer Brand has shown to have positive impact on the decisions of students to apply for a job in SMEs. This strongly convinces that exercising Employer Branding would help SMEs to win the people of their choice over other SMEs.

RQ 2: What attract the graduating students when they look for a job?

On the side of instrumental values of Employer Brand, career opportunity and competitive financial benefits are obviously seen as the most attractive attributes that a student considers when he or she looks for a job after graduating. However, financial benefits are a challenging point for a SME to compete with other SMEs or large companies to attract graduating students, due to limited funds for HR and branding activities. Notwithstanding, opportunities for career advancement are what SMEs could offer their employees as a selling point.

In terms of symbolic values of Employer Brand, "Sincerity", "Competence" and "Excitement" are ranked among the top, with no significant difference. "Sincerity" refers to a workplace that is open, friendly and sincere where honesty is emphasized. "Competence" indicates a workplace where competences are valued and rewarded. "Excitement" specifies a workplace where innovative and creative thinking are encouraged and valued. Those are the three symbolic fields that students pay special attention to.

The answer to RQ2 is discovered by testing H2 and H3. H2 and H3 imply that the instrumental and symbolic attributes play an important role on Employer Branding and they shape the perceptions of students towards Employer Branding. The answer could be considered as a guideline for IT SMEs on which attributes they could focus spending efforts on in case they decide to exercise Employer Branding. However, as both hypotheses H2 and H3 are rejected, neither instrumental nor symbolic attributes have direct influence on how students shape perceptions towards Employer Brand of a IT SME and make them consider that SME as a prospective employer.

Although supported by the research of Lievens / Highhouse (2003), which proves that symbolic attributes hold stronger influence than instrumental attributes, hypothesis H4 could not be tested in this research due to the rejection of H2 and H3.

However, the validity of the two hypotheses H2 and H3 is suspicious. The reason behind the guess is the limitation of respondents as well as their knowledge of Employer Branding, since most of the respondents are first or second year students. Further analysis on limitation is presented in the conclusion.

RQ 3: From which source do the students build their Employer Brand perception?

Regarding the sources of Employer Branding, the data presented give an idea through which channel Employer Branding should be directed in order to reach the most attendants SMEs might be interested in. Positioning on the top is the attribute "use product or service of the company". This indicates that directly using the product or service of a company has a strong effect on how an individual shape the brand of that company.

The results from Q4 partially support that direct interaction with the employer is one of the strongest sources of brand perception. "Using the product or service of the company" is agreed by the majority, which is 86.7%. Considering applying this practice of Employer Branding in the context of IT SMEs in Finland, the number of products and services of those IT SMEs used by graduating students and the number of students using products and services of those IT SMEs are very limited. Thus, direct interaction can be accepted in this context as the strongest source of Employer Brand for IT SMEs.

RQ 4: What is the career orientation of the student after graduating?

The results obtained from students' preference towards their career orientation suggest that between working for a company and starting up an own company, most of the students preferred working for a company. Reflecting this tendency, 66.3% of the respondents (38.1% preferred and 28.2% most preferred) are affiliated with the "work for a company in IT industry" option. Likewise, 63% of the respondents (49.2% preferred and 13.8% most preferred) are on the side of "work for a SME". On the contrary, only 30.9% think that starting up a company is their choice (23.2% preferred and 7.7% most preferred). This is seen as an ad-vantage for SMEs that right after graduating, most of the students tend to jump directly to the job market. However, this is as well a challenge that it brings up the questions on how to attract and recruit the right ones once there are many of the graduates.

Moreover, another challenge for IT SMEs in practicing its Employer Branding strategy is that although the majority of students choose to work for SMEs and the majority also choose to work in the IT industry, it should be noted that there is no relationship between these two fields. This signifies that IT SMEs might not be a preference for students and it requires attention from IT SMEs to attract the right people. Meanwhile, it is considered as an opportunity when students already prefer to choose either working for a SME or working in the IT industry.

6. Conclusion

The main objective of this research is to study the role of Employer Branding in IT SMEs in Finland. The process of attaining the research objective involves answering four research questions. Theoretical framework of the research was built by using the theories of marketing, human resource management, strategic human resource management, resource-based view and finally Employer Branding. From the foundation of Employer Branding and related topics, research questions were framed to shape the outline of the research in which several hypotheses were initiated and the questionnaire was conducted to collect appropriate data to test the hypotheses. Eventually, the answers of research questions were provided both directly and via testing hypotheses. In addition, business environment in Finland is the object of research.

Quantitative research in the form of a close-ended questionnaire has been chosen for this research as it allows the usage of further statistical methods to analyze numeric data and generalize the results up to a larger scale, which is IT SMEs in Finland.

The outcome of the research is intriguing when it suggests that Employer Branding has positive influence on students' decision to apply for a job at a SME. Thus, the practicing of Employer Branding by IT SMEs would seemingly attract the graduating students. However, although mentioning that Employer Branding is useful and several instrumental and symbolic values of Employer Brand appear to gain preferences of the students, both types of instrumental and symbolic values might not have direct impact on perceptions of students towards the Employer Brand. Notwithstanding, larger scale of research regarding more students in third or fourth year are suggested to conduct as they could help study more deeply on the correlation between two types of Employer Brand's value and perceptions of prospective employees towards the Employer Brand.

In addition, the research specifies that using the product or service and having direct interaction with the company are the strongest sources upon which students build their Employer Brand perception. Moreover, regarding career orientation after graduating, working for IT SMEs is yet to be seen as a preferable choice for most of the respondents.

7. Limitations of the Research and Suggestions for Future Research

The major limitation of this research is that most of the researched students are first year or second year students, which account for 95% of the respondents. The first and second year students are those who have just entered school or have recently chosen their major and start to shape their mind about the real working environment. As a result, it was challenging to generalize the opinions of all the students in general, and the third and fourth year students were challenging to reach in a large scale.

Another barrier to the research is that information regarding business environment in Finland presented in English was limited or usually obsolete. It then became a difficulty to obtain up-to-date information for the topic researched.

It would be interesting if further research could examine Employer Branding from another perspective, that is from the side of IT SMEs. The empirical findings from this research could be used as preliminary data for that research that view from the side of SMEs. Furthermore, examining the opinion of senior students or student from other parts of Finland is another suggestion for future research. The results would be interesting as they help understand the viewpoint of business and IT students towards Employer Branding in SMEs in general.

Acknowledgment: This paper is made possible through the cooperation with my thesis student from Kajaani University of Applied Sciences, Mr. Nha To Tran.

References

Aaker, David (1991) Managing Brand Equity, Free Press, New York.

Aaker, Jennifer Lynn (1997) Dimensions of Brand Personality, in: SSRN Journal, DOI: 10.2139/ssrn.945432.

Armstrong, Michael (2009) Armstrong's Handbook of Human Resource Management Practice, 11th ed., Kogan Page, London.

Armstrong, Michael (2011) Armstrong's Handbook of Strategic Human Resource Management, 5th ed., Kogan Page, London.

Armstrong, Michael (2012) Armstrong's Handbook of Human Resource Management Practice, 12th ed., Kogan Page, London.

Aurand, Timothy W.; Gorchels, Linda; Bishop, Terrence R. (2005) Human Resource Management's Role in Internal Branding: An Opportunity for Cross-functional Brand Message Synergy, in: Journal of Product & Brand Management, 14 (3), pp. 163–169.

Balmer, John M.T. (2001) Corporate Identity, Corporate Branding and Corporate Marketing – Seeing through the Fog, in: European Journal of Marketing, 35 (3/4), pp. 248–291.

Barney, Jay (1991) Firm Resources and Sustained Competitive Advantage, in: Journal of Management, 17 (1), pp. 99–120.

Barrow, Simon; Mosley, Richard (2005) Working Brand Management. Going the Extra Mile, John Wiley, Chichester.

Baumol, William J. (1967) Macroeconomics of Unbalanced Growth: The Anatomy of Urban Crisis, in: American Economic Review, 57 (3), pp. 415–426.

Bryman Alan; Bell, Emma (2007) Business Research Methods, 2nd ed., Oxford University Press, Oxford.

Chase, Fleming (2012) Identity Crisis: Just Who is Your Content? Image Fleming Chase.

European Commission (2012a) Enterprise and Industry: SBA Factsheet 2012: Finland. Available online: http://ec.europa.eu/enterprise/policies/sme/facts-figures-analysis/perf-ormance-review/files/countries-sheets/2012/finland_en.pdf.

European Commission (2012b) SME Definition. Available online: http://ec.eu ropa.eu/enter-prise/policies/sme/facts-figures-analysis/sme-definition.

Keller, Kevin Lane (2008) Strategic Brand Management. Building, Measuring, and Managing Brand Equity, 3rd ed., Pearson/Prentice Hall, Upper Saddle River, NJ.

Lievens, Flip; Highhouse, Scott (2003) The Relation of Instrumental and Symbolic Attributes to a Company's Attractiveness as an Employer, in: Personnel Psychology, 56 (1), pp. 75–102.

McDaniel Jr., Carl; Gates Roger (2006) Marketing Research, 7th ed., John Wiley, Hoboken.

McLeod, Christine; Waldman, Jeff (eds.) (2013) The HR Trailblazer: Unlock the Potential of Your Employer Brand, eBookit.com.

Mooi, Erik; Sarstedt, Marko (2011) A Concise Guide to Market Research. The Process, Data, and Methods Using IBM SPSS statistics, Springer, Berlin.

Rönkkö, Mikko (2011) Finnish IT and Software Industry. Available online: http://www.softwareindustrysurvey.fi/sites/default/files/slides2011.pdf.

Rönkkö, Mikko; Peltonen, Juhana (2012) Software Industry Survey 2012. Available online: http://softwareindustrysurvey.org/ReportFinland2012.pdf.

Wright, Patrick M.; McMahan, Gary C.; McWilliams, Abagail (1994) Human Resources and Sustained Competitive Advantage: A Resource-Based Perspective, in: The International Journal of Human Resource Management, 5 (2), pp. 301–326.

Sandro Freudenberg und Sandra Stephan

Fachkräftebedarfsdeckung heute und in der Zukunft: Handlungsempfehlung für eine erfolgreiche Personalbedarfsdeckung in Unternehmen

1. Einführung

Unternehmen beklagen zunehmend den wachsenden Fachkräftemangel in Deutschland. Gleichzeitig erhalten Berufseinsteigerinnen und Berufseinsteiger reihenweise Absagen trotz guter Abschlüsse, internationaler Erfahrung, hoher Grundmotivation und umfangreicher Praktika. Wie passt das zusammen? Zum einen verhindern starre Unternehmensstrukturen, veraltete Personalmarketingmodelle und Generationenkonflikte eine zeitgemäße Anpassung an die Dynamik des Arbeitsmarktes. Zum anderen gibt es nach wie vor die Herausforderung des demographischen Wandels. Wenn sich Unternehmen zukunftsgerichtet und nachhaltig aufstellen wollen, ist ein Umdenken im Personalmanagement zwingend erforderlich. Instrumente zur Bewusstmachung und Reduzierung von Alters-, Gender- und Herkunftsdiskriminierung werden dringend benötigt. Vielfalt sollte als Chance verstanden werden. Damit sind – auch kurzfristige – Lösungen des Fachkräftebedarfs möglich. Auf der anderen Seite sollte der Gesetzgeber den Rahmen für internationale Personalaustauschsysteme schaffen, die der heute gleichzeitig existierenden hohen Arbeitslosigkeit und dem Fachkräftemangel in verschiedenen Teilen Europas entgegenwirken. Bisher ungenutzte Potenziale zur Deckung des Fachkräftebedarfs können ebenso in einer integrativen Lösung der Flüchtlingsthematik liegen. Der Beitrag liefert Handlungsempfehlungen für ein zeitgemäßes Personalmarketing und eine potenzialabschöpfende Personalbedarfsdeckung in Unternehmen.

Aktuellen Prognosen zufolge werden dem deutschen Arbeitsmarkt im Jahr 2025 aufgrund des demografischen Wandels ca. 6,5 Millionen Arbeitskräfte fehlen (Bundesagentur für Arbeit 2015) – vorausgesetzt, wir machen weiter wie bisher. Ändern aber Unternehmer und Personalentscheider umgehend ihre Rekrutierungsstrategie und ihr Personalmanagement, gibt es noch eine Vielzahl von möglichen Maßnahmen und ungenutzte Potenziale, um dieser Entwicklung entgegenzuwirken. Eine ganze Reihe politischer Bestrebungen und Arbeitsergebnisse unterstützen die Unternehmen bei diesen Aufgaben. So hat die

„Zukunftsperspektive Sachsen/Deutschland 2025" (Bundesagentur für Arbeit 2015) zehn Handlungsfelder definiert, deren praktische Umsetzung dazu beitragen kann, zukünftige Vakanzen weiterhin aus dem Arbeitsmarkt zu besetzen. Die Verantwortung für ein Gelingen liegt dabei nicht allein bei den Unternehmen, sondern ebenso bei Politik und der Gesellschaft.

In den folgenden Abschnitten werden ausschließlich Handlungsfelder betrachtet, auf die Unternehmen direkten Einfluss nehmen können. Nach Auswertung zahlreicher aktueller Studien aus den betreffenden Bereichen werden Fragestellungen herausgehoben, auf die Firmen eine Antwort finden und ihre Struktur und Arbeitsweisen dahingehend anpassen müssen:

- Integration eines ganzheitlichen Diversity Managements für alle Unternehmensbereiche,
- Perspektivwechsel im Personalmanagement,
- Personalmarketing und Arbeitsmarkttransparenz,
- Personalgewinnung und Bewerbungsverfahren,
- Verbesserung des Übergangssystems Schule über die Ausbildung zum Beruf,
- Personalentwicklung,
- Betriebliches Gesundheitsmanagement/gesundes Arbeitsklima,
- Industrie 4.0,
- Internationaler Arbeitsmarkt,
- Asylanten und Flüchtlinge.

Die Umsetzung vieler dieser Punkte erfordert einen tiefgreifenden Umdenkprozess, einen Perspektivwechsel und zumindest eine gewisse Offenheit gegenüber bisher ungenutzten Potenzialen. Um auch in Zukunft den eigenen Bedarf an Personal decken zu können, werden kreative Lösungsansätze im Personalmanagement und insbesondere Personalmarketing gebraucht. Ziel sollt die verbesserte Wahrnehmung des Unternehmens als attraktiver Arbeitgeber auf dem Fachkräftemarkt sein.

Ein professionelles Diversity Management wird für Unternehmen, die wettbewerbsfähig bleiben wollen, unabdingbar sein. Das bedeutet, dass sich Unternehmen klarmachen sollten, dass Diversität keine zu vernachlässigende Komponente des Personalmanagements mehr ist, sondern vor allem aus ökonomischer Sicht der einzig zukunftsträchtige Ansatz. Dazu müssen tradierte Haltungen und Denkmuster – die heutzutage einfach überholt sind – aufgegeben werden. Da Veränderungsprozesse immer Zeit brauchen, benötigen Unternehmen eine adäquate Strategie, um ein Diversitätsmanagement langfristig umsetzbar und dessen Erfolge und Fortschritte messbar zu machen. Dazu gehören konkrete Ziele und Kontrollinstrumente.

Im Folgenden werden zu überprüfende Bereiche identifiziert, die jeweilige Ausgangssituation beschrieben, Maßnahmen herausgearbeitet und Empfehlungen für Unternehmen ausgesprochen. Diese sollten kritisch anhand der aktuellen betrieblichen Situation überprüft und danach in Entscheidungsprozesse integriert werden. Im Rahmen dieses Beitrags werden die Schwerpunkte betrachtet, die starken Einfluss auf die zukünftige Fachkräftebedarfsdeckung haben werden und mit denen sich Unternehmen auseinandersetzen müssen. Gleichwohl können die Hinweise nicht als Musterlösung für alle Unternehmen verstanden, sondern müssen an die jeweilige Situation, Branche und Region angepasst werden.

2. Integration eines ganzheitlichen Diversity Managements in alle Unternehmensbereiche

Für die Deckung des heutigen und zukünftigen Personalbedarfs ist die Etablierung eines ganzheitlichen Diversity Managements unbedingt notwendig. Dabei sollte die Offenheit gegenüber Vielfalt schon in der Unternehmensstrategie und -philosophie tief verankert und so für alle Unternehmensbereiche und vor allem die Mitarbeiterinnen und Mitarbeiter selbstverständlich werden (Stangel-Meseke et al. 2014). Das erfordert vielerorts ein radikales Umdenken und ein Verlassen alter und starrer Denkstrukturen – angefangen bei der Geschäftsführung (Schulz 2009) über alle Führungsebenen bis hin zur kompletten Belegschaft. Dafür sind entsprechende Führungskräfte- und Mitarbeiterschulungen für eine gezielte Kompetenzentwicklung notwendig, um auf diese Herausforderung gut vorbereitet zu sein.

Eine bewusste Gestaltung von Vielfalt heißt, eine gemischte Belegschaft von Männern, Frauen, Führungs- und Fachpersonen mit und ohne Behinderung, mit und ohne Migrationshintergrund, aus unterschiedlicher Nationalitäten, mit kulturellen Prägungen und unterschiedlichem Alter aufzubauen.

Diversität hat viele Dimensionen, die sehr komplex miteinander verbunden sind und gegenseitig voneinander abhängen. Aus diesem Grund ist zu allererst ein fundiertes Verständnis von Vielfalt notwendig, das von der Unternehmensspitze abwärts authentisch vorgelebt und implementiert wird. Dieses Wissen und die daraus abgeleiteten messbaren und nachhaltigen Maßnahmen sind unerlässlich, um Vielfalt vorleben, um dann die Führungskräfte entsprechend schulen und coachen zu können. Diversität ist eine Grundhaltung, die sich über alle Bereiche erstrecken sollte. Sie sollte in eine ganzheitliche Firmenstrategie eingebettet und durch alle Mitarbeiter und Mitarbeiterinnen des Unternehmens gelebt werden (Charta der Vielfalt 2013, DGFP 2014, DGFP 2013, FidAR 2015).

Nur so ist ein von Vorurteilen und Diskriminierung freier Unternehmensalltag überhaupt erst möglich und die offene Haltung gegenüber Vielfalt für die eigene Belegschaft und auch nach außen glaubhaft. Dabei ist Diversität nicht nur ein Instrument zur Fachkräftebedarfsdeckung. Mitarbeiterinnen und Mitarbeiter, die in einem wertschätzenden und vorurteilsfreien Arbeitsumfeld wirken, sind zufriedener, motivierter und auch leistungsbereiter. Es wird weniger Fluktuationen und einen geringeren Krankenstand geben. Auch der wirtschaftliche Nutzen liegt auf der Hand: so sind gemischte Teams, in denen sich die Mitglieder durch unterschiedliche persönliche Hintergründe und Ansichten ergänzen, am produktivsten (McKinsey 2011, S. 4). Um auch in einer immer globaler werdenden Welt mit entsprechend dynamischen Märkten wettbewerbsfähig zu bleiben, sind Unternehmen auf kreative und innovative Mitarbeiterinnen und Mitarbeiter angewiesen.

Im Einzelnen kann eine Öffnung gegenüber Vielfalt wie folgt aussehen: eine sofort umsetzbare Möglichkeit ist die optimale Nutzung des Potenzials der bereits im Unternehmen Beschäftigten. Dabei müssen die bisher unbekannten und damit ungenutzten Fähigkeiten und Kompetenzen sowie Interessen der Mitarbeiter in einem ersten Schritt festgestellt und anschließend nachhaltig entwickelt werden. Hier sollten Führungskräfte entsprechend sensibilisiert und deren Fähigkeiten zur Wahrnehmung von Vielfalt Schritt für Schritt aufgebaut werden. Das Gleiche gilt für das Personalmanagement, das über die geeigneten Fach- und Methodenkenntnisse verfügen oder sich diese aneignen sollte. Mitarbeiterinnen und Mitarbeiter aller Ebenen sollten ermutigt werden, ihre Ideen und Fähigkeiten für den Geschäftserfolg einzubringen. Für den wertschätzenden Umgang sind passende Incentive-Kataloge zu entwickeln und anzuwenden. Weiterbildungsinteressen seitens der Belegschaft sollten erfragt und zur Verbesserung der Mitarbeiterbindung auch ermöglicht werden. So gewinnen beide Seiten gegenseitiges Vertrauen, Loyalität und Respekt.

Das bei weitem größte oft ungenutzte Potenzial liegt in der Verbesserung der Beschäftigungssituation von Frauen im Unternehmen. Viele unbewusste Effekte wie der Halo-Effekt und der Similar-to-me-Effekt erzeugen eine eher homogene Besetzung bei neuen Stellen und verhindern die Einstellung weiblicher Fachkräfte. Rund die Hälfte aller Deutschen ist weiblich und gerade heute ist die Zahl der gutausgebildeten Frauen so hoch wie nie zuvor (Statistisches Bundesamt 2012, S. 19). Die Anteile von Frauen in allen Berufen und Studiengängen haben sich in den letzten Jahren merklich erhöht. Frauen haben bessere Abschlussnoten als Männer und sind höher qualifiziert. Trotzdem spielen sie für Unternehmen nach wie vor eine nachrangigere Rolle und werden seltener eingestellt als Männer. Irgendwann verschwinden diese Frauen ganz vom Arbeitsmarkt. Das hat diverse Gründe. Zu diesen zählen die Übernahme der Familienverantwortung in wichtigen Karrierephasen, die schwierigere Vereinbarkeit von Familie und Beruf, selbstunterschätzte Fähigkeiten und Leistungen durch zu wenig Rückmeldung und Akzeptanz, zu wenig Bewerbungen überhaupt auf Führungspositionen und vor allem männlich geprägte Unternehmenskulturen, die den Aufstieg verhindern (FidAR 2015, S. 7). Mit einem „Wir müssen da mal was machen" ist es noch lange nicht getan. Hier müssen konkrete Maßnahmen und deren Umsetzungen folgen.

Um diese beträchtliche Ressource besser nutzen zu können, sollten Unternehmen als Arbeitgeber für Frauen attraktiver werden. Beflügeln würde dies ein Wandel der Unternehmenskultur hin zu einer offenen, vorurteils- und diskriminierungsfreien Kultur. Das fängt beim Personalmanagement und Personalauswahlverfahren an, betrifft eine gerechte Bezahlung, Beurteilung und hört bei leistungsgerechter Beförderung und damit Karrierechancen noch lange nicht auf. Natürlich müssen auch hier Rahmenbedingungen geschaffen werden, die eine Vereinbarkeit von Beruf und Familie ermöglichen. Damit ist nicht nur die Schaffung von organisatorischen Faktoren wie Betriebskindergärten gemeint, sondern eine gelebte Kultur der Diversität und Gleichbehandlung für alle.

Eine weitere Maßnahme ist der Wissenstransfer von älteren, erfahrenen Mitarbeitern auf Jüngere über Mentoring, Coaching bzw. Peer-Programme, aber auch der gegenseitige Erfahrungsaustausch zwischen den Generationen. So bleiben wertvolles Wissen und Erfahrungen im Unternehmen.

Zahlreiche Ressourcen können auch durch die Schaffung von Rahmenbedingungen gehoben werden, die eine Vollzeitbeschäftigung bisher Teilzeitbeschäftigter oder zumindest eine Anhebung der Arbeitszeit vollausgebildeter Personen zur Folge haben. Dabei können flexiblere Arbeitszeitmodelle, Einführung von Homeoffice-Optionen, ein Betriebskindergarten oder sogar Unterstützungsmöglichkeiten für privatbezogene Dienstleistungen wie ein Reinigungsservice eingeführt werden, um die Nutzbarkeit der Freizeit für Erholung und persönliche Entfaltung zu verbessern. Die erzielten und messbaren Arbeitsergebnisse sollten der Maßstab für Beurteilungen und Beförderungen sein, nicht die bloße Anwesenheit am Arbeitsplatz in Zeitstunden. Mit der Einführung von Effizienz- und Effektivitätskriterien sollte die Belegschaft Gestaltungsmöglichkeiten erhalten, wann und wie sie die geforderten Ziele und Ergebnisse erreichen. Natürlich sollten auch hier Mitarbeitergespräche vorangehen, die die individuellen Lebenssituationen, Erwartungen und Bedürfnisse erfassen.

Mit einer Erhöhung der Erwerbspartizipation der Menschen über 55 Jahre folgen Unternehmen dem demografischen Wandel, wonach sich die Altersstruktur der deutschen Bevölkerung in Zukunft ändert. Gerade die Beschäftigung älterer

Menschen birgt ein erhebliches Potenzial, insbesondere deren gereifte soziale Kompetenz und Lebenserfahrung sowie deren Willen zur Arbeit. Auf diese Fähigkeiten sollten Unternehmen auch nach deren Eintritt ins Rentenalter noch zurückgreifen. Mit Modellen für eine beratende oder zeitlich beschränkte Tätigkeit können engagierte Pensionärinnen und Pensionäre auch weiterhin in Projekten, in Auftragsspitzen und als Multiplikator für das Unternehmen tätig sein.

Weitere Maßnahmen betreffen die ungenutzten Potenziale auf dem überregionalen und internationalen Arbeitsmarkt, auf die in den Abschnitten 10 und 11 eingegangen wird.

3. Perspektivwechsel im Personalmanagement

Viele Unternehmen, die auch zukünftig wettbewerbsfähig sein wollen, müssen sich den Herausforderungen des demografischen Wandels, der Globalisierung und des allgemeinen Wertewandels stellen. Dabei hat erst jedes dritte Unternehmen (vgl. DGFP 2013) das Management von Diversität als einen zentralen Handlungsansatz für die Zukunftsfähigkeit der Organisation erkannt. Immer mehr Unternehmen vollziehen einen Perspektivwechsel, bei dem die Ressource Mensch nicht mehr als austauschbare Ware, sondern mit seinen vielfältigen Fähigkeiten, persönlichen Hintergründen und Kompetenzen endlich als Hauptfaktor für einen umfassenden Geschäftserfolg (Aretz / Hansen 2003) gesehen wird. Welche Handlungsfelder bezüglich Vielfalt auf Umsetzung geprüft werden könnten, wurde bereits oben erläutert.

Wurde die Notwendigkeit einer gegenüber Vielfalt offenen Unternehmenskultur erkannt und akzeptiert, müssen vorherrschende Denk- und Verhaltensmuster reflektiert und überdacht werden. Dabei sollten alle Mitarbeiter und Mitarbeiterinnen der Organisation über die unternehmerischen und gesellschaftlichen Vorteile von Vielfalt informiert und in den Veränderungsprozess einbezogen werden. Wichtig ist, dass die individuellen Vorteile einer offenen Haltung gegenüber Vielfalt bewusst und erkannt werden. Denn von außen vorgegebenen Veränderungen werden sehr wahrscheinlich Widerstände verursachen, hervorgerufen durch Unverständnis, Unsicherheit und vor allem Angst (Doppler / Lauterbach 2014). Die zum Veränderungsprozess gehörenden Handlungsanweisungen werden dann nur zögerlich, teilweise oder auch gar nicht umgesetzt. Innovative Prozesse werden dadurch gebremst. Veränderungen brauchen Zeit – immer. Deshalb sollten die betroffenen Mitarbeiter über den gesamten Zeitraum von entsprechend geschulten Führungskräften oder auch externen Coaches und Trainerteams unterstützt werden.

Wenn es um Schwierigkeiten geht, die bei der Implementierung und dann tatsächlich gelebten offenen Unternehmenskultur auftreten können, gibt es noch einen weiteren sehr wichtigen Punkt zu bedenken, der den meisten Menschen unbekannt ist bzw. dessen Bedeutung erheblich unterschätzt wird: die Wirkung von unbewussten Vorurteilen. Wir alle nutzen tagtäglich Bilder und Stereotypen, um uns unseren Alltag zu erleichtern und uns in der immer komplexer werdenden Welt zu orientieren. Oft fällen wir dabei einfach Vorannahmen, die aus verschiedenen Quellen gespeist werden, selten aber aus tatsächlichen Begegnungen und Erlebnissen stammen. Dieses unbewusste Kategorisieren führt dazu, dass wir bestimmten Gruppen oder Personen von vornherein Eigenschaften und Fähigkeiten zuschreiben. Oft sprechen wir bestimmten Personengruppen aber auch Kompetenzen ab oder trauen ihnen die Bewältigung bestimmter Aufgaben gar nicht erst zu.

In der Arbeitswelt kann das fatal werden, wenn es um Karriereentscheidungen oder die Kandidatenauswahl in Bewerbungsprozessen geht. Wenn hier Personen nicht objektiv nach ihren Fähigkeiten beurteilt werden, übersieht man damit Potenziale. Fehlentscheidungen an dieser Stelle können einen weitreichenden wirtschaftlichen Schaden verursachen. So kosten personelle Fehlentscheidungen schnell zwischen 30.000 und 100.000 Euro pro Fehlbesetzung, vor allem im Management und Vertrieb (Pape Lab 2013). Das wirkt sich direkt auf das Betriebsergebnis und die Wettbewerbsfähigkeit aus. Auch wenn wir uns sicher sind, vorurteilsfrei zu handeln, spielen die unbewussten Vorteile eine sehr große Rolle bei Entscheidungen (Hammond et al. 2006). Das gilt für jeden Menschen und beginnt schon im Säuglingsalter (Hamlin et al. 2013, S. 589 f.). Diese sogenannten „Unconscious Bias" sind biologische Pfade, die tief in unserem Gehirn verankert sind. Es handelt sich um ein Netz persönlicher Erfahrungen, aus denen Muster gebildet werden. Damit ist unser Gehirn in der Lage, schnelle und effiziente Entscheidungen zu treffen. Wir fallen immer wieder in diese Muster zurück und verstärken sie dabei.

All das passiert unbewusst und automatisch – wir haben nicht einmal einen Zugang dazu. Einen unbewussten Verzerrungsfilter zu ändern heißt, biologische Verschaltungen zu ändern. Sich mit einfachen psychologischen Ursachen auseinander zu setzen und diese auszuräumen, reicht in diesem Fall nicht aus.

Die Herausforderung besteht nun darin, die Wirkung und Arbeitsweise unbewusster Vorurteile zu erkennen, sich und seine Urteile bewusst zu hinterfragen und diese gegebenenfalls zu korrigieren. Hier ist die Fähigkeit zur Selbstreflexion der gesamten Organisation an sich und jedes einzelnen gefordert – allen voran die von Führungskräften und Personen mit Personalverantwortung. Nur so kann sich ein konstruktiv-reflexiver Umgang mit den „Unconscious Bias" entwickeln. Diese Fähigkeiten zur Toleranz und zur selbstkritischen Reflexion müssen erlernt werden. Folgende Maßnahmen werden dazu empfohlen:

1. Erkenntnisprozess, dass es unbewusste Verzerrungsfilter gibt, die einen erheblichen Einfluss auf unser tägliches Handeln und unsere Entscheidungen haben,
2. Akzeptanz und Bewusstmachen, welchen Nutzen es bringt, Vorannahmen und Urteile zu hinterfragen und gegebenenfalls zu korrigieren,
3. selbstkritische Reflexion, welche Vorbehalte das eigene Handeln bestimmen und wie man eingefahrene Denkweisen feststellen und korrigieren kann,
4. Austausch mit anderen und sogenannte „Anti-Bias-Trainings" zur Sensibilisierung für das Thema und zur Bewusstmachung der persönlichen Stereotype und Muster,
5. begleitend implizite Assoziationstests (Greenwald et al. 2009).

4. Personalmarketing und Arbeitsmarkttransparenz

Unternehmen können sich nur durch eine personalwirtschaftliche Strategie und zielgerichtete Maßnahmen auf die zukünftigen Herausforderungen vorbereiten. Sie werden investieren müssen – in die Bereitstellung von Personal, Zeit und Ressourcen. Wenn die eigene Kreativität und die internen Möglichkeiten nicht ausreichen, werden sie mehr finanzielle Mittel als bisher aufwenden müssen, um eine Antwort auf die Entwicklungen der Arbeitswelt geben zu können. Die wichtigste Maßnahme überhaupt ist die Entwicklung und Etablierung einer ganzheitlichen Unternehmensstrategie, die Personal nicht nur als rechnerische Größe, sondern als Kern einer Wissens- und Innovationskultur im Unternehmen betrachtet. Anders als in den Zeiten der großen Nachfrage nach Arbeit hat sich der Fachkräftemarkt hin zu einem Angebotsmarkt entwickelt. Heute sind die Bewerber die limitierende Größe. Wenn Unternehmen auf diese Entwicklung nicht entsprechend reagieren, werden sie ihre Vakanzen zukünftig nicht mehr oder erst mit einem unnötig hohen finanziellen Aufwand besetzen können.

Konkret geht es hier um die Gestaltung eines Strategie-Marketing-Mix, der auf die Bedarfe des Unternehmens zugeschnitten ist. Das kann durch eigene Ideen und interne Projekte geschehen. Vielerorts wird das schon erfolgreich umgesetzt. Zukünftig aber werden insbesondere die Unternehmen Probleme mit der Stellenbesetzung und der damit verbunden schwierigen Auftragsverarbeitung bekommen, die sich nicht offensiv und selbstkritisch mit der Problematik auseinandersetzen.

Ein besonderer Fokus sollte dabei auf dem Personalmarketing liegen. Wenn es dem Unternehmen gelingt, Erfahrungen aus dem Produktmarketing auf die Ressource Personal zu übertragen, ist schon ein erster Schritt getan. Wie man anhand des Aufbaus aktueller Unternehmens-Webseiten feststellen kann, gibt es gerade hier noch großen Handlungsbedarf. So wird man häufig durch eine ansprechende Produktpräsentation und die Unternehmensdarstellung geführt. Aktuelle Stellenangebote und Alleinstellungsmerkmale für die Karriere im Unternehmen findet man aber entweder gar nicht oder nur in versteckten Unterregistern. In diesem Bereich sollte schnellstens gehandelt werden. Denkbar sind hier eine extra gestaltete und an die Zielgruppe angepasste Karriere-Webseite. Darüber hinaus sollte diese zweckmäßig in soziale Medien integriert und Interessierte sofort dorthin umgeleitet werden. Die richtige Information sollte mit wenigen Klicks zu finden sein. Man sollte die Zielgruppe dort abholen, wo sie zu finden ist, und dann dahinführen, wo man sie haben möchte – digital und persönlich.

Großer Handlungsbedarf besteht auch in einer langfristig angelegten Personalbedarfsplanung, die auch bei kurzfristigen Änderungen von Märkten und Gesetzen reagieren und ausgleichen kann. So hat die „Rente mit 63" viele Unternehmen aus der Bahn geworfen. In einem Beispiel verließ der langjährige Schweißfachingenieur die Firma binnen eines Jahres. Die so freiwerdende Stelle konnte nicht adäquat nachbesetzt werden, wodurch Nachweisprüfungen und eigene Projekte ins Stocken gerieten. Die Firma sah sich vor die Herausforderung gestellt, zeitgerecht eine Nachbesetzung zu finden, aufzubauen und einzuweisen. Oft wird der Personalbedarf nur „…situativ-kurzfristig artikuliert, was mehr ein reaktives, als ein proaktives Personalmarketing erlaubt…" (Beck 2008, S. 11). Es geht also auch hier um eine frühzeitige Reserveplanung mit der Einweisung und Ausbildung entsprechender Vertretungen für Urlaub, Abwesenheit, Fluktuation und Pensionierung.

Damit sich potenzielle Arbeitskräfte und Arbeitgeber auch finden, ist eine verstärkte Sichtbarmachung der Unternehmen im regionalen, nationalen, globalen und branchenbezogenen Arbeitsmarkt besonders wichtig. Firmen sollten sich transparent und attraktiv in entsprechenden Unternehmensverbänden, Medien und Foren darstellen und platzieren. Viele Unternehmen verstecken sich hinter hübsch gestylten Logos, grauen Mauern und Zäunen, hinter die man nur schwer sehen kann. Um als Unternehmen attraktiver und greifbarer für potenzielle Bewerberinnen und Bewerber zu werden, bedarf es fähiger Personalmarketingverantwortlicher, die eine umfassende und passgenaue Strategie entwickeln können, und die auch über die Mittel zu deren Umsetzung verfügen.

Ebenso ist die Schulung aller Personen notwendig, die an den Schnittstellen nach außen tätig sind. Zu diesen zählen vor allem die Geschäftsführung, der Vertrieb, die Personalabteilung und insbesondere die Personalgewinnung. Dieser Personenkreis sollte sich zudem bezüglich potenzieller Karrierewege als „Markenbotschafter" des Unternehmens verstehen. Auch die gezielte Teilnahme an Veranstaltungen, bei denen man sich im Übrigen nicht immer nur mit den gleichen Leuten unterhalten sollte, kann diesbezüglich sehr hilfreich sein, um im Sinne der Netzwerkbildung als Vertreter des Unternehmens aufzutreten. Damit weckt man Interesse und macht potenzielle Kandidaten auf die Organisation aufmerksam.

Zu den aktiven Elementen zählen viele regionale und überregionale Projekte wie die „Lange Nacht der Industrie", Tage der offenen Tür, Mitarbeiterempfehlungsprogramme oder die Unterstützung von Integrationssprachkurse für Migranten und Flüchtlinge. All diese Projekte sollten als Instrumente in eine ganzheitliche Unternehmensstrategie eingebettet sein. Situativer Aktionismus hingegen verbrennt Geld und Ressourcen und erweist sich oft als wenig hilfreich.

5. Personalgewinnung und Bewerbungsverfahren

Während sich immer mehr Unternehmen einen Perspektivwechsel bezüglich der Bewerbergewinnung vornehmen, gibt es aber nach wie vor viele Organisationen, die an der Nutzung von statischen und klassischen Informationsmedien festhalten. Aufgabe der firmeninternen und beauftragten Personalgewinnung ist es, die passenden Kandidaten und Kandidatinnen auf dem Arbeitsmarkt zu finden, die die von der Geschäftsführung und Fachabteilungen festgelegten Einstellungsmerkmale optimal erfüllen. Damit kommt dem Personalbereich die herausfordernde – bei kleineren Firmen der Geschäftsführung und allen weiteren Mitarbeitern obliegende – Aufgabe zu, mit vorhandenen Mitteln und Kreativität auf die eigene Organisation aufmerksam zu machen. Im Ergebnis sollte die eigene Firma am Arbeitsmarkt attraktiver als die Marktbegleiter wahrgenommen werden, um die notwendige Anzahl an Bewerbungen in der gewünschten Qualität zu erhalten. Damit ist Rekrutierung keine Nebenaufgabe mehr, sondern wird mehr und mehr zum Grundsatzanliegen aller Interessengruppen der Organisation.

Hier gibt es zwei Aspekte zu beachten: wo platzieren die Unternehmen ihre Stellen und in welchen Medien suchen die Interessenten nach freien Positionen für eine neue berufliche Herausforderung? Während die Platzierungen der Stellenangebote auf der Unternehmenswebseite und in Internetstellenbörsen deutlich gestiegen sind, ist die Nutzung der Angebote der Bundesagentur für Arbeit nach einem leichten Rückgang nahezu gleichgeblieben. Klar rückläufig ist die Nutzung von Printmedien (Weitzel et al. 2015b, S. 44).

Aus der Wahrnehmung der Bewerber gestaltet sich die Stellensuche etwas differenzierter: während der letzten zehn Jahre ist die Nutzung von Internetstellenbörsen leicht rückläufig, die Suche auf Unternehmenswebseiten nach einem Rückgang derzeit stagnierend, die Nutzung von Printmedien dahingegen stark gesunken. Stabil sind die Empfehlungen durch Bekannte. Einen wesentlichen Aufschwung hingegen erlebten die Karrierenetzwerke (Weitzel et al. 2015a, S. 41). Es stellt sich also in dem Zusammenhang nicht mehr die Frage, ob man als rekrutierende Firma und mit welchen Personen überhaupt in den sozialen Medien präsent ist, sondern wie man dort auftritt und was man dem Netzwerk mitteilt.

Noch ein Wort zur wahrgenommenen Attraktivität des neuen Arbeitgebers: wenn die Unternehmen und Bewerber dann das erste Mal im Bewerbungsgespräch aufeinander treffen, werden Jobangebote selbst von attraktiven Unternehmen erst dann angenommen, wenn der neue Job in abnehmender Wichtigkeit folgende Kriterien erfüllt: die Gehaltsvorstellungen, die Möglichkeit der Weiterbildung, klare Entwicklungsmöglichkeiten, flexible Arbeitszeiten, klare Regelungen zur Vereinbarkeit von Familie und Beruf, die Möglichkeit des Home-Office, keine Standard-Arbeitszeiten und Möglichkeiten der Kinderbetreuung (ebd., S. 9). Je besser die Unternehmen also auf die Kandidatenwünsche eingehen können, desto wahrscheinlicher ist der Eintritt nach erfolgreich abgeschlossenem Bewerbungsverfahren.

Schon durch den direkten Vergleich mit den vorherigen Aussagen ergeben sich Handlungsschwerpunkte, die über das reine Schalten der Stellen hinausgehen. Eine schlüssige und authentische Personalgewinnungs-Strategie sollte entwickelt und auf den Weg gebracht werden. Wenn das Unternehmen hier keine geeigneten und engagierten eigenen Personen beschäftigen oder diese zusätzliche Aufgabe nicht durch vorhandene Beschäftigte bewältigen kann, sollte man die Fachexpertise externer entsprechend spezialisierter Dienstleister und Berater nutzen. Passende Personalgewinnungsinstrumente müssen ermittelt und auf Umsetzbarkeit geprüft werden. Wenn Fachbegriffe wie „active sourcing“, „social media“, „content management“, „targeting“, „talent acquisition“ und „corporate media“ noch Fremdwörter sind, sollte man sich im Unternehmen sicher sein, dass man diese Elemente – zumindest im Moment – noch nicht braucht.

Zudem ist eine permanente Überarbeitung der Stellenanforderungen und darauf aufbauenden Stellenangebote notwendig. Während in Zeiten hoher Arbeitslosigkeit Ingenieure oft auf Positionen beschäftigt waren, die fachlich ein Techniker ausfüllen kann, oder Ausbildungsstellen ausschließlich mit Abiturienten besetzt wurden, obwohl diese für Realschüler geplant waren, sollte heute eine sogenannte „Stellenwahrheit“ und „Stellenklarheit“ geschaffen werden. Für jede Stelle sollte die Frage beantwortet werden, welche Kompetenzen und Anforderungen tatsächlich gebraucht werden. In einem weiteren Schritt werden die passenden Kandidatinnen und Kandidaten ausgewählt, die dafür geeignet sind.

Eine weitere Maßnahme ist die sichtbare Platzierung in Stellenbörsen, Fachforen und Beschäftigungsplattformen, die von den für das Unternehmen interessanten Fachkräften genutzt werden. Auch hier geht es um die Wahrnehmung des Unternehmens als attraktiver Arbeitgeber durch entsprechend platzierte und an die Zielgruppe angepasste Botschaften. Für die Moderation von sozialen Medien und Online-Foren empfiehlt sich dann ein „Social Media Manager", der die Sprache der Zielgruppe spricht und regelmäßig passenden Content erzeugen kann.

Auf das Thema Diversität wurde oben schon eingegangen. Im Sinne der Bewerbungsverfahren ist es wichtig, Prozesse und Abläufe gesetzeskonform zu gestalten und die Entscheider entsprechend zu schulen, um unbewusste Diskriminierungen und Benachteiligungen weitgehend zu reduzieren, die eine Ungleichbehandlung aufgrund von Geschlecht, Herkunft, Rasse, der familiären Situation und anderen Kriterien nach sich ziehen. Das beginnt im Übrigen schon, wenn „Deutsch als Muttersprache" gefordert wird.

Schattenbewerber helfen bei der transparenten Überprüfung und Identifikation von Kommunikationsdefiziten während der verschiedenen Phasen des Einstellungsverfahrens. Schon mit der Verbesserung der Prozesse in jeder einzelnen Stufe des Bewerbungsverfahrens besteht die Möglichkeit, für Kandidaten attraktiver zu erscheinen.

Durch die Schaffung von Recruiting-Netzwerken mit Schulen, Hochschulen und sogar anderen Unternehmen werden die Möglichkeiten geschaffen, frühzeitig Potenzialträger für das eigene Unternehmen und die regionale Wirtschaft zu interessieren und zu binden. Meist folgen einer neu eingestellten Person auch deren Partner und Familie, womit weitere Fachkräfte in die Region gelockt werden. Eine aktuelle Entwicklung sind dabei Recruiting-Netzwerke zwischen Unternehmen, die gemeinsam zur Stärkung der Attraktivität einer Region oder Stadt zusammenwirken (Gaedt 2014).

Durch den persönlichen Kontakt zu Arbeitgebern werden die Unternehmen transparenter und damit attraktiver, wenn die Vorstellungen des Bewerbers von Beruf und Karriere erfüllt werden. Schon vor Jahren gab es ein funktionierendes Modell von Paten oder Mentoren, die mehrfach im Jahr mit den Schulklassen in Kontakt standen und diese in berufsbezogenen Projekten betreuten. Ausgebaut werden können die Kooperationen mit Personaldienstleistern und Personalberatungen, die die temporären oder permanenten Stellenbesetzungen unterstützen können.

6. Verbesserung des Übergangssystems Schule über die Ausbildung zum Beruf

Im Übergangsprozess von der Schule bis zur ersten Berufstätigkeit in der Wirtschaft existieren auch für Unternehmen noch Potenziale, das Interesse zukünftiger Fachkräfte an einer Ausbildung und Karriere im Unternehmen zu wecken. Im Gegensatz zu anderen Modellen zur Fachkräftegewinnung müssen Firmen hier oft in Vorleistung gehen, ohne den Anspruch darauf zu haben, dass die unterstützten Schülerinnen und Schüler am Ende den Weg ins Unternehmen finden. In diesem Prozess steht eher eine gesamtgesellschaftliche Verantwortung im Vordergrund, zu dem Unternehmen einen wichtigen Beitrag leisten können.

Jungen Menschen sollte schon während der frühkindlichen Prägung und Erziehung der Sinn und Nutzen von Arbeit und Leistung als Hauptfaktoren für den späteren schulischen und beruflichen Erfolg nahegebracht werden. Die Verantwortung liegt hier bei Schule, Elternhaus und Gesellschaft – also bei den Generationen darüber, die die Jugendlichen erzogen und entwickelt haben. Das Zwischenziel sollte ein erfolgreicher Schulabschluss mit integrierter Berufs- und Studienorientierung sein, der idealerweise in das erste Ausbildungsverhältnis oder Studium mündet. [Alternativen wie Bundesfreiwilligendienst und Auslandsjahr als „au pair" werden in diesem Beitrag nicht betrachtet.] Nicht alle Schülerinnen und Schüler erreichen dieses Ziel: derzeit schwankt die Quote der Jugendlichen ohne Hauptschulabschluss zwischen 4,4% (Bayern und Hamburg) und 9,6% (Mecklenburg-Vorpommern). Auch innerhalb der Länder gibt es große Unterschiede. So verließen in Dresden 7,00% und in Leipzig 12,3% der Schüler die Schule ohne Abschluss (Caritas 2015). Das erschwert von vornherein den Zugang zu Aus- und Weiterbildungsmöglichkeiten und auch die spätere Entwicklung.

Mit einer Begleitung durch Unternehmen und einer zielorientierten Unterstützung bei der Berufsorientierung und der damit verbundenen Verdeutlichung der Wichtigkeit eines – guten oder sehr guten – Schulabschlusses, sollte die Eigenverantwortung der Schülerinnen und Schüler für eine selbstbestimmte Karriere mit Verbesserung der Ausbildungschancen klar herausgestellt werden. Jugendliche brauchen greifbare Vorbilder, denen sie mit realistischen Zielen nacheifern können. Unternehmen sollten sich mit der Frage auseinandersetzen, welche Maßnahmen sie ergreifen können, damit sich das Ranking der Traumberufe von Kindern von Tierarzt/Tierärztin, Fußballprofi, Kinderkrankenschwester, Pilot oder Polizist endlich hin zur Mechatronikerin, Ingenieur, Informatikerin oder Steuerfachangestellten verschiebt (LEGO 2013).

Darüber hinaus berichten die Medien regelmäßig über den großen Anteil der Ausbildungs- und Studienabbrecher. Ein Großteil dieser Gruppe verlässt oder wechselt den Ausbildungsbetrieb oder die Universität schon im ersten Lehr- bzw. Studienjahr. Was sind die Gründe dafür? Die existierenden Auswertungen vom Statistischen Bundesamt zu diesem Thema berücksichtigen lediglich die [Auf]-Lösungsquote von Ausbildungsverträgen und deren Gründe. Dabei wird nur eine reine Lösungsquote über alle Berufsgruppen erfasst, obwohl riesige Unterschiede in den Quoten unterschiedlicher Berufsfelder existieren und es unterschiedliche Begründungen für einen Abbruch gibt. So liegt die Abbruchquote vieler Berufsausbildungen wie der zur/m Steuerfachangestellten oder Biologielaborant/in nur im einstelligen Bereich. Bei der zur/m Gebäudereiniger/in oder Restaurantfachfrau/-mann liegt die Abbruchquote dagegen bei mehr als 50% (Uhly 2014, S. 44). Die durchschnittliche Abbrecherquote liegt schon seit 1990 bei relativ stabilen 20 bis 25% über alle Berufe, was unreflektiert nur unsichere Prognosen zulässt. Deshalb sollte man diese Auswertungen nicht kritikfrei in die Ursachenanalyse einbeziehen.

Interessanter in diesem Zusammenhang ist die Erfassung der Beendigungsgründe aus Sicht der Auszubildenden auf der einen und aus Sicht der Unternehmen auf der anderen Seite. Während erstere vor allem über betriebliche Gründe, aber auch persönliche Gründe wie Kommunikationsprobleme, Konflikte mit Ausbildern und Vorgesetzten, die Ausbildungsqualität und Arbeitsbedingungen wie ungünstige Urlaubsregelungen und unbezahlte Überstunden klagen, sind es bei Unternehmen mangelnde Leistungen und Motivation, falsche Vorstellungen vom und mangelnde Eignung für den Beruf, zu geringes Interesse, Leistungsfähigkeit, Leistungsbereitschaft, Motivation und Integration, also unzureichende Identifikation mit dem Betrieb, und mangelndes Durchhaltevermögen (Uhly 2014, S. 20). Diese wechselseitigen Schuldzuweisungen offenbaren zahlreiche Ansätze für ein Überdenken und eine Optimierung der bestehenden Ausbildungsmodelle betroffener Unternehmen.

Der Abschluss einer Ausbildung sollte nicht nur für den Auszubildenden ein attraktives Ziel sein, sondern für alle Beteiligten. Darum gilt es, ein stabiles System aus Betrieb, Auszubildenden, Ausbildern, Berufsschule und berufsbezogenen Kriterien zu schaffen, das dieses Ziel unterstützt. Schwer kalkulierbar ist der Einfluss einer negativen wirtschaftlichen Situation, die sich auch auf die Zahl von Ausbildungsabbrechern auswirkt.

Unternehmen sollten prüfen, ob ihr derzeitiges Ausbildungsmodell zeitgemäß ist. Dabei kann die Beantwortung folgender Fragen Impulse liefern: Sind die Ausbildenden in Bezug auf generationsbezogene Kriterien sensibilisiert und wenden sie aktuelles Wissen an? Nutzen die Ausbildenden methodische und didaktische Elemente der Wissensvermittlung, die auf heutige Jugend angepasst sind? Nutzen sie die Wirkung von wertschätzendem Feedback für verstärkendes und zu änderndes Verhalten? Sind sie offen für Ideen und Impulse der Auszubildenden? Aktualisieren sie ständig ihr Wissen auf den Stand der Technik und der Zeit? Sind sie interkulturell geschult?

Unternehmen können schon im Bereich der frühzeitigen Berufsorientierung in Schulen und teilweise in Kindergärten unterstützen, indem sie verstärkt auf Schulen, Sportvereine und Institutionen zugehen, um über praxis- und berufsorientierte Einblicke in das Unternehmen Interesse an Produkten und Verfahren zu entwickeln. Durch authentische und erlebte Vorbilder kann die Berufsorientierung zur frühzeitigen Berufszielbildung, Motivation und Bewusstmachung der eigenen Leistungsbereitschaft im Berufsleben dienen.

Schüler- und studentische Praktika kosten zwar Zeit, wecken aber beim Unternehmensnachwuchs frühzeitig Interesse am Unternehmen und ermöglichen eine konkrete Planung. Durch zeitweise Begleitung, Unternehmensbesuche, Projekteinbindung, Arbeitsproben, Ferienjobs, Einführung von beruflichen Mentoren und Einladungen zu Tagen der offenen Tür erzeugt man bei den in der Berufsorientierung befindlichen Jugendlichen mindestens in den letzten beiden Schul- oder Hochschuljahren eine Prägung auf das Unternehmen.

7. Personalentwicklung

Die Anpassung der Kompetenzen und Fähigkeiten des derzeitigen Personalbestands im Unternehmen an aktuelle und zukünftige Bedarfe ist eine Kernaufgabe der Personalentwicklung. Die persönlichkeitsorientierte Potenzialabschöpfung der Belegschaft fördert die Motivation, indem sie neben vielen anderen die Bedürfnisse nach Leistung, Zugehörigkeit, aber auch nach Macht erfüllen hilft. Eine zeitgemäße, offene und wertschätzende Führungskultur unterstützt die Entwicklung der Belegschaft durch positive und weiterbringende Rückmeldung, Verbesserung der Zielerreichung und vorurteilsfreie oder zumindest vorurteilsreduzierte Grundeinstellungen aller Führungskräfte. Heute sind die Unternehmen viel transparenter und die Mitarbeiter kommunizieren viel offener als noch vor einigen Jahren. Über Unternehmensbewertungsplattformen gibt es zwar auch kritische Stimmen besonders ehemaliger Mitarbeiterinnen und Mitarbeiter, die aber bei der offenen Auseinandersetzung mit der Thematik Konfliktherde aufzuspüren und zu bewerten helfen. Dabei gilt es, mit einem ganzheitlichen Ressourcenmanagement das folgendes Dilemma zu bewältigen: während in auftragsstarken Zeiten eigentlich kein Platz für Weiterbildung zu sein scheint, fehlt in auftragsschwachen Phasen das Budget für gezielte Personalentwicklung oder es wird gekürzt.

Mit Hilfe eines aussagekräftigen Personalcontrollings und Auswertung der Ist-Zahlen der Vergangenheit sind Prognosen des zukünftigen Personalbedarfs möglich. Dabei sind personelle Reserven zu planen, die der Überlastung des vorhandenen Personals vorbeugen und die Umsetzung von personenbezogenen Entwicklungsprogrammen zur Mitarbeiterbindung sicherstellen. Personalausfälle sind in Zeiten hoher Auftragsdichte besonders schwerwiegend und können das Image beim Kunden schädigen, der für Auftragserledigungen eine zuverlässige Planung benötigt. Diese Investition in die eigene Belegschaft sichert eine marktgerechte und persönlichkeitsbezogene Personalentwicklung und die damit einhergehende Mitarbeiterbindung.

Gut strukturierte und methodisch sauber entwickelte Mitarbeiterbefragungsinstrumente helfen bei der Ermittlung des Status Quo im Unternehmen und leiten Handlungspotenziale ab. Den Befragungsergebnissen müssen aber zwingend transparente Reaktionen und Maßnahmen folgen, da sich dieses wertvolle Instrument sonst schnell abnutzt, wenn keine Verbesserungen umgesetzt werden. Eine andere Möglichkeit ist die Beauftragung eines externen spezialisierten Dienstleisters, der den objektiven Blick auf eine vorurteilsfreie Bewertung der Ergebnisse hat. Dieser kann dann mit Hilfe seiner Expertise die Geschäftsführung und die Führungsebenen hinsichtlich einer Umsetzung beraten. Lohnend ist hier die Investition in die eigenen Führungskräfte und deren Fähigkeit, Personal zeitgemäß zu führen. Das beinhaltet insbesondere eine wertschätzende und offene Führungskultur.

Unternehmen sollten ihre Entscheider durch gezielte Schulungen in den Themen Diversität, Führung, Kommunikation, interkulturelle Kompetenz und Projektmanagement weiterentwickeln, denn es gilt: „Wer Vielfalt will, muss Vielfalt managen können.“ (DGFP 2014, S. 54). Außerdem muss der Personalbereich Konzepte entwickeln, die die Führungskräfte in ihren Aufgaben unterstützen und die derzeitigen und zukünftigen Herausforderungen bewältigen helfen. Eine marktgerechte Ausbildung und Qualifizierung ist unter Beachtung strategisch orientierter Konzepte voranzutreiben.

Über alle Ebenen sind die Kompetenzen in Bereichen wie wertschätzende Kommunikation, gute Führung, Feedback, interkulturelle Kompetenz, allgemeine Gleichbehandlung und Diversität zu entwickeln. Daraus entwickelt sich letztlich eine zukunftsgerichtete Unternehmenskultur, die die Marktpotenziale auch aufzunehmen weiß. Es genügt hier nicht, dies nur nach außen auf seine Fahnen zu schreiben, sondern es muss von der Mehrzahl der Belegschaft aktiv gelebt werden.

Das Innovations- und Wissensmanagement ist ein Wesens- und Wettbewerbsmerkmal deutscher Unternehmen im globalen Markt. In der Ableitung erfordert dies ein die Kompetenzen erhaltendes Wissensmanagement, das insbesondere die Erfahrungen wechselnder oder in den Ruhestand gehender Fachkräfte erfasst und für andere zugänglich macht.

8. Betriebliches Gesundheitsmanagement / Gesundes Arbeitsklima

„Erfolgreiche Unternehmen organisieren ihre Arbeit so, dass ihre Beschäftigten gesund, motiviert und produktiv arbeiten können. Eine Hilfe bei der Organisation ist ein systematisches betriebliches Gesundheitsmanagement.“, lautet es in der Broschüre „Gesundheit mit System“ der VBG. Ein Geschäftsführer bringt die Ergebnisse auf den Punkt: „Die Steigerung des Bewusstseins für gesunde Arbeitsbedingungen sowie die Verbesserung des Betriebsklimas und die gesundheitsfreundliche und -fördernde Gestaltung des Kundencenters haben für die Mitarbeiter und das Unternehmen viele positive Effekte. So reduzierte sich der Krankenstand von 7,5 Prozent im Jahr 2002 auf 5,6 Prozent im Jahr 2007 und erzielte damit Einsparungen im sechsstelligen Bereich. Das Projekt steigert zudem die Attraktivität ... als Arbeitgeber.“ Ziele sind weiterhin, dass die Beschäftigten ihre Potenziale motiviert in die Arbeit einbringen, Fehlzeiten reduziert und die Mitarbeiter an das Unternehmen gebunden werden (ebd., S. 6 f.).

Je nach Argumentation wird das Thema „Burn out“ als Modekrankheit oder eine ernstzunehmende Entwicklung mit starken Auswirkungen auf das betriebliche Gesundheitsmanagement bezeichnet. Wenn ein Unternehmen bei guter Wirtschafts- und Auftragslage gleichzeitig Probleme mit der Stellenbesetzung hat, kann die Abarbeitung der Aufträge oft nur mit Überstunden und Mehrarbeit des derzeitigen Personalbestandes gewährleistet werden. Abgesehen von der dennoch notwendigen Einhaltung der gesetzlich vorgesehenen Grenzen führt das auf Dauer zu einer Überlastung bis hin zum Ausfall der verfügbaren Kräfte. Diesem Spannungsfeld sollten Unternehmen durch ein ausgewogenes Verhältnis von Arbeits- zur Erholungszeit und ein nachhaltiges Personalmanagement mit entsprechender Entlastung begegnen. Die Unterstützung der Work-Life-Balance findet schon kurzfristig jede Woche statt und sollte über das Jahr hinweg auch längere Ruhe- und Erholungsphasen beinhalten.

Das schließt die Verhinderung der Kontaktaufnahme und von arbeitsbezogenen Aufgaben und Tätigkeiten während der Urlaubsphase mit ein. Einer aktuellen Studie zufolge sind mehr als drei Viertel der Berufstätigen im Urlaub erreichbar und beantworten E-Mails und Anrufe (Bitkom Research 2015). Ein Abschalten ist dabei kaum möglich. Interessanterweise haben 22 Prozent der Befragten der Studie zufolge in diesem Sommer gar keinen Urlaub! Die Folgen liegen auf der

Hand. Lösungen sind hier geeignete Vertreterregelungen mit Einarbeitungskomponenten, die eine vollständige Urlaubsvertretung ermöglichen. Dies verhindert auch, dass nach der Rückkehr aus dem Urlaub der Schreibtisch mit unbearbeiteten Vorgängen und Aufgaben und das E-Mail-Postfach mit Mails überquellen.

9. Industrie 4.0

Die derzeit von Regierung und zuständigen Ministerien angestrebte Überleitung der Produktion in die Industrie 4.0 sowie dem damit einhergehenden Ausbau der Breitbandnetze bringt massive Änderungen in den davon beteiligten Branchen mit sich, insbesondere bei Arbeitsprozessen und -inhalten sowie die Erweiterung von Qualifikationsprofilen der Facharbeiter in den Betrieben, der praxiserfahrenen Ingenieure und vor allem in der Ausbildung (BMBF 2015b). Mittlerweile müssen auch Produktions- und Logistikprozesse umfassend dynamisch reagieren. Der heutige Status Quo mit seinen zentral gesteuerten Prozessen lässt dies kaum zu. Umsetzbar werden die kommenden Anforderungen nur mit Produktionssystemen, die mittels Cyber-Physischer Systeme (CPS) gesteuert werden. Diese wiederum werden über intelligente Sensoren zur Wahrnehmung ihrer Umwelt und über Aktoren verfügen, mit denen sie die Umwelt beeinflussen können. Produkte, Maschinen und Anlagen können sich mit ihrer Hilfe selbst optimieren und rekonfigurieren und sich so an ändernde Aufträge und Betriebsbedingungen anpassen. „…Ziel ist es, Deutschland zum Leitanbieter und Leitmarkt für CPS zu entwickeln. … Mitarbeiterinnen und Mitarbeiter werden dadurch von Routineaufgaben entlastet". (ebd., S. 2).

Hier stellt sich dann die entscheidende Frage: Was machen diese dann noch im Unternehmen? Welche Auswirkungen hat dies auf den Arbeitsmarkt und die dort befindlichen Fachkräfte? Welche Berufsgruppen profitieren von dieser Entwicklung? Welche Auswirkungen hat dies auf derzeitige Berufe und Kernkompetenzen? Der Trend geht dann „…weg vom reinen ‚Bediener' hin zum ‚Regulierer' und ‚Steuerer'" (ebd., S. 4). „Die Produktion kundenindividueller Produkte verlangt nach ständiger Erhöhung der Dynamik, Wandlungsfähigkeit und Kundenorientierung. Dies erfordert höchste Flexibilität – sowohl der technischen Einrichtungen als auch des eingesetzten Personals" (ebd., S. 18). Wenn die verfügbaren Fachkräfte nicht in der Lage sind, die neuen Technologien zu beherrschen und zu erlernen, wird sich der Fachkräftemangel noch verstärken. Es wird dann eine große Anzahl an Fachkräften geben, die in den Tätigkeitsfeldern der Industrie plötzlich keine Verwendung mehr findet. Die Industrie 4.0 wird durch die höhere Technisierung sogar weniger, dafür besser qualifizierte Mitarbeiterinnen und Mitarbeiter brauchen.

Die Forschungsunion Wirtschaft und Wissenschaft verspricht sich von der flexiblen Arbeitsorganisation, dass den Mitarbeitern die bessere Kombination von „Beruf und Privatleben sowie Weiterbildung" ermöglicht und die Work-Life-Balance erhöht wird (Promotorengruppe Kommunikation der Forschungsunion Wirtschaft – Wissenschaft 2013). Eine praktische Überprüfung dieser Prognose liegt bei den Unternehmen und unterstützenden Gremien.

Zunächst muss festgestellt werden, welche Herausforderungen das für die Belegschaft hat und wie flexible Produktion mit einer planbaren Worklife-Balance und Vereinbarkeit von Beruf und Familie für eine höhere Arbeitszufriedenheit zu gestalten ist. Wenn der Kundennutzen und die daraus entstehenden Umsätze der Firmen an höchster Stelle stehen, inwiefern verträgt sich dies mit der steigenden Bedürfnisbefriedigung nach Selbstentfaltung der eigenen Mitarbeiterinnen und Mitarbeiter? Inwiefern können den Beschäftigten erweiterte Entscheidungs- und Beteiligungsspielräume sowie Möglichkeiten zur Belastungsregulation zugestanden werden? Derzeit lässt sich feststellen, dass die auf Industrie 4.0 eingestellten CPS-Betriebe einen klaren Vorteil beim Werben um gute Mitarbeiter auf einem schrumpfenden Arbeitsmarkt besitzen (ebd. S. 20). Ein besonderes Augenmerk wird dabei die Sicherstellung der Informationssicherheit und die Sensibilisierung der Belegschaft für Sicherheitsfragen haben. Daraus kann sich schon die Forderung der Unternehmen an die ausbildenden Hoch- und Berufsschulen ergeben, neue Pflichtveranstaltungen für den Nachwuchs einzuführen.

10. Internationaler Arbeitsmarkt

In der Zukunftsstrategie der Europäischen Union – Europa 2020 – werden Fakten, Trends und Ziele zusammengefasst, die die „…Grundlagen für eine längerfristig orientierte, andere Art des Wachstums… – ein Wachstum, das intelligent, nachhaltig und integrativ ist…", bilden (Statistisches Bundesamt 2013, S. 6). Vor allem das integrative Wachstum zielt auf eine „…Förderung der Wirtschaft mit hoher Beschäftigung und ausgeprägtem sozialen und territorialen Zusammenhalt…" ab. Dabei soll es unter anderem zu einer „…bessere[n] Abstimmung von Angebot und Nachfrage auf dem Arbeitsmarkt u. a. durch höhere Arbeitsmobilität…" kommen (ebd. S. 9).

Darauf haben Unternehmen aber wenig direkten Einfluss. Gleichwohl können sie aber regionale und überregionale Initiativen zum Fachkräfteaustausch unterstützen und initiieren. Potenziale gibt es hierfür genug. Der vergleichende Blick auf den europäischen Arbeitsmarkt zeigt ein klares Bild: während im EU-Durchschnitt 68% der Erwerbstätigen aus der Altersgruppe der 20- bis 64-jährigen einer regelmäßigen Beschäftigung nachgingen, liegt die Quote bei den

20- bis 24-jährigen bei nur noch 49 Prozent, ebenso mit 49 Prozent bei den 55- bis 64-jährigen. Der Unterschied zwischen den Ländern ist dabei erheblich größer: während Schweden (80), die Niederlande und Deutschland (je 77%) das Ziel der Erwerbstätigenquote Europa 2020 von 75 Prozent übererfüllen, sind Länder wie Griechenland (54%), Spanien (59%) und Italien (61%) noch weit davon entfernt. (Statistisches Bundesamt 2013, S. 14).

Es gibt dabei auch aktuell gegenläufige Trends: während es in Deutschland in den vergangenen Jahren deutliche Beschäftigtenzuwächse gegeben hat (ebd., S. 12), ist in der Mehrheit der EU-Staaten die Erwerbstätigenquote in den vergangenen Jahren gesunken (ebd., S. 14). Weiter heißt es: „Die Folgen der Finanz- und Wirtschaftskrise machen es für alle Erwerbspersonen, besonders aber für Migranten, junge Menschen und gering Qualifizierte, schwierig, einen Arbeitsplatz zu finden."

Gerade die hohe Jugendarbeitslosigkeit in manchen Ländern Europas bietet enorme Potenziale im gegenseitigen unbürokratischen Austausch. So bildet die Handwerkskammer Dresden derzeit 21 junge Leute aus Spanien, Polen und Tschechien aus, die über das Sonderprogramm der Bundesregierung zur „Förderung der beruflichen Mobilität von ausbildungsinteressierten Jugendlichen und arbeitslosen jungen Fachkräften aus Europa (MobiPro-EU)" eine handwerkliche Ausbildung bei Betrieben im Kammerbezirk Dresden anstreben (Handwerkskammer Dresden 2015). Hier geht es weniger um den Verbleib der Fachkräfte in Deutschland, sondern um die qualifizierte Ausbildung der Berufsanfängerinnen und Berufsanfänger und die Ausbildung von Perspektiven und Potenzialen, die sowohl im Ausbildungsland als auch im Herkunftsland von Interesse sein können.

All diese Maßnahmen dürften das Ziel der EU für Europa 2020 unterstützen, den Bildungsgrad zu erhöhen, den Anteil der frühen Schulabgänger in der EU auf 10% zu reduzieren und den Anteil der 30- bis 34-Jährigen, die über einen Hochschul- oder gleichwertigen Abschluss verfügen, auf 40% zu steigern (Europa 2020, Statistisches Bundesamt 2013, S. 7). Gerade aber der letzte Punkt sollte kritisch hinterfragt werden. Deutschland ist ein Land mit einem überproportional hohen Anteil an Fachkräften, die über die dualen Ausbildungssysteme der Kammern geschult wurden, was nicht zuletzt eine solide Grundlage für eine Sicherung der Beschäftigungsfähigkeit zu sein scheint. Bundesbildungsministerin Johanna Wanka führt dazu aus: „Ich setze mich klar für die Stärkung der beruflichen Bildung in Deutschland ein, die traditionell eine zentrale Säule des deutschen Bildungssystems und des deutschen Wirtschaftserfolgs ist. Angesichts des zunehmenden Wettbewerbs mit Hochschulen und vollzeitschulischen Angeboten muss die berufliche Bildung noch besser, attraktiver und durchlässiger werden“ (BMBF 2014).

Was hier derzeit noch weiter zu entwickeln und auszubauen ist, ist eine internationale Transparenz und Vergleichbarkeit der Abschlüsse. Mit der International Standard Classification of Education (ISCED), dem European Qualifications Framework (EQF), dem National Qualifications Framework (NQF), dem Deutschen Qualifikationsrahmen (DQR) und nicht zuletzt dem ECTS (European Credit Transfer System) gibt es eine ganze Reihe Bestrebungen, Bildungsinhalte und -abschnitte national und international vergleichbar zu machen. Mit dem Projekt „Modelle und Verfahren zur Anerkennung im Ausland erworbener beruflicher Qualifikationen und Kompetenzen in ausgewählten Staaten – Gestaltungsprinzipien, Konstruktion, Umsetzung“ (MoVA) des Bundesinstitutes für Berufliche Bildung (BiBB) wurde am 1.1.2013 ein diesbezügliches Vorhaben gestartet, dessen Ergebnisse Ende des I. Quartales 2016 vorliegen sollten.

Wenn man berücksichtigt, dass es alleine in Deutschland derzeit 328 anerkannte oder als anerkannt geltende Ausbildungsberufe (Bundesinstitut für Berufsbildung, Bekanntmachung des Verzeichnisses der anerkannten Ausbildungsberufe und des Verzeichnisses der zuständigen Stellen, 19. Juni 2015, Vorwort) gibt, kann man den erforderlichen administrativen Aufwand zur Umsetzung im Unternehmen und die Integration in Personalauswahlprozesse nur erahnen. Dazu kommen noch 17.437 Studiengänge, davon 7.685 Bachelor- und 7.689 Master-Studiengänge, die vergleichend bewertet werden wollen (Statistiken zur Hochschulpolitik 1/2014, S. 7).

Im Zwischenbericht des Projekts MoVA kommt das BiBB zu folgendem vorläufigen Ergebnis: „Die Akteure des [jeweiligen nationalen] Arbeitsmarktes wissen, über welche beruflichen Kompetenzen jemand verfügt, der einen bestimmten beruflichen Abschluss erworben hat. Zwischen Arbeitsmarkt (als dem Abnehmer von Qualifikationen) und dem Bildungssystem (als den Produzenten von Qualifikationen) herrscht Vertrauen. Dieses Vertrauen gründet sich auf berufliche Standards, die entweder gemeinsam entwickelt oder klar kommuniziert und transparent dargestellt werden. Dieses Vertrauen macht aber an Ländergrenzen Halt.

In einem anderen nationalen, kulturellen, sprachlichen oder auch arbeitsmarktbezogenen Kontext ist die berufliche Qualifikation nicht mehr selbsterklärend. Im Ausland erworbene berufliche Abschlüsse oder Diplome erschließen sich den Vertretern des Arbeitsmarktes nicht auf den ersten Blick – und vor allem bleibt offen, welche beruflichen Kompetenzen sich hinter einer bestimmten Berufsqualifikation verbergen. Wo können die Arbeitskräfte eingesetzt werden? Welche Aufgaben können sie übernehmen? Wie verhalten sich die Qualifikationen zu denen, die im Zuwanderungsland ausgebildet werden?“ (BiBB 2014, S. 17). Gefordert ist hier also ein Instrumentarium, dass den Personalentscheidern mit einfachen und schnellen Mitteln die Möglichkeit eröffnet, Potenziale insbesondere internationaler Bewerberinnen und Bewerber einzuschätzen und Vorbehalte zu reduzieren.

Eine erste Umsetzung für das Anerkennungsgesetz ist das Portal www.anerkennung-in-deutschland.de. Als besonderer Service leitet die Website Ratsuchende mit wenigen Klicks zu der für die Antragstellung zuständigen Behörde oder Kammer. Derzeit sind die acht Sprachen verfügbar – Deutsch, Englisch, Spanisch, Italienisch, Rumänisch, Polnisch, Türkisch und Griechisch. Eine zeitnahe Erweiterung um Französisch und Arabisch scheint sinnvoll, um Einwanderern und Flüchtlingen aus diesen Regionen im Sinne der Fachkräftebedarfsdeckung eine schnelle und unbürokratische Unterstützung bieten zu können.

Bemerkenswert ist dabei, dass erst 35% der Betriebe von den Anerkennungsgesetzen gehört und sich nur 3% intensiver damit beschäftigt oder sogar schon in der Personalrekrutierung damit Erfahrungen gemacht haben (BMBF 2015, S. 137). Die in der Studie befragten Jobcenter stimmen zu 80% der Aussage zu, dass sie „...die Beratung ... in der Regel auf Deutsch führen" (ebd., S. 156). Wenn man berücksichtigt, dass die Kundinnen und Kunden bei Sprachproblemen dolmetschende Personen mitbringen müssen und der andere Teil angibt, dass sich die Beratung aufgrund der Sprache schwierig gestaltet, lassen sich noch einige Potenziale nutzbar machen.

Die Herausforderung bei den nationalen und internationalen Gremien für die Festlegung der Standards und Übersetzungshilfen wird in einer transparenten, nachvollziehbaren und verlässlichen Einstufung liegen, die den Entscheidern in den Unternehmen eine Vergleichbarkeit der Qualifikationen ermöglicht. Jedes noch so gute Vorauswahlinstrument muss sich aber nach wie vor daran messen lassen, inwiefern eine Voraussagbarkeit einer Einstellungsprognose auch zur tatsächlichen betrieblichen Anwendbarkeit der Kompetenzen und Fähigkeiten führt. Am Beispiel des EQF als Mobilitätsinstrument werden die Kriterien im europäischen Arbeitsmarkt „...über Grenzen hinweg nur dann erfüllt werden, wenn Lernergebnisse auch im Hinblick auf ihre Relevanz im Arbeits- und Erwerbsleben erfasst werden können" (BiBB 2005).

Aus der aktuellen Studie der Vereinten Nationen zur weltweiten Bevölkerungsentwicklung bis zum Jahr 2050 lassen sich Trends zur langfristigen internationalen Ausrichtung der deutschen Arbeitsmarktpolitik ableiten. Während für Deutschland ebenso wie für die Nachbarländer Polen und Tschechien ein Bevölkerungsrückgang prognostiziert wird, erleben Frankreich und die Niederlande einen Zuwachs an Einwohnern (United Nations 2015, S. 18 f.).

Für Unternehmen in Sachsen gibt es damit zwar kurzfristig realisierbare Möglichkeiten, mit den direkt angrenzenden Nachbarländern Tschechien und Polen Programme zur Fachkräftebedarfsdeckung zu entwickeln. Langfristig müssen aber auch hier andere Lösungen entwickelt werden, die an die wirtschaftliche und Bevölkerungsentwicklung anderer Länder angepasst werden. Das betrifft zum Beispiel die Niederlande und Frankreich in direkter Nachbarschaft oder Spanien und Italien mit derzeitig und zukünftig guten Potenzialen.

In der Betrachtung der Bevölkerungsentwicklung aller Kontinente zeigt sich jedoch ein ganz anderes Bild. Europa wird hier als einzige Gesamtregion einen Rückgang der Einwohnerzahlen verzeichnen müssen, während alle anderen Kontinente – allen voran Afrika – einen klaren Zuwachs an Bevölkerung erwarten (ebd., S. 1). Hier bedarf es einer langfristigen globalen Strategie, die alle wirtschaftlichen und politischen Interessen und Möglichkeiten zusammenführt.

Erfahrungen aus der Untersuchung grenzüberschreitendender Regionen und Projekte zeigen, dass es vor allem um den Abbau von Interaktionsbarrieren rechtlich-administrativer, finanzieller und interkultureller Natur geht, die bewältigt werden müssen (Groß / Schmitt-Egner 1994, S. 99 f.). Zu beachten sind das Problem der Souveränität und Territorialität sowie die unterschiedlichen Zuständigkeitsebenen. Kernprobleme waren demnach auch die unterschiedlichen Rechtsgrundlagen, unterschiedlichen Verwaltungsstrukturen, das mangelnde politische Gewicht sowie die Grundfinanzierung durch öffentliche Haushaltsmittel, die oftmals nur auf die Förderungsjahre beschränkt sind. Dazu kommen auch unterschiedliche Arbeitsmentalitäten (ebd., S. 100). Daraus folgen Gestaltungsnotwendigkeiten zukünftiger Projekte, um den Erfolg sicherzustellen.

11. Asylanten und Flüchtlinge

Prognostische Aussagen zur Fachkräftegewinnung sind aufgrund der derzeit sehr dynamischen Berichterstattung in den Medien nur schwer zu treffen. Nach einer Studie der Bertelsmann Stiftung in 2015 gingen 59% der Befragten davon aus, dass Einwanderer „vor Ort freundlich empfangen“ werden. Andere Untersuchungen zeigen, dass die Ablehnung gegenüber Asylbewerbern in der Bevölkerung hoch ist. Nach der ZuGleich-Studie von 2014 hegen rund 20% der Befragten starke Vorurteile und Ablehnung gegenüber Asylbewerbern. Die Befragten warfen Flüchtlingen pauschal vor, sie würden bewusst täuschen, um einen Aufenthaltsstatus zu erlangen. Eine Befragungs-Studie der Antidiskriminierungsstelle des Bundes kam 2014 zu ähnlichen Ergebnissen: Asylbewerber werden als fremd (23%) und problematisch in ihrem Verhalten wahrgenommen – sie provozierten die Feindseligkeit, sagten sogar 41% der Befragten.

Dennoch sind bei den Flüchtlingen enorme Potenziale in Bezug auf Beschäftigung vorhanden, wenn sie nach der Annahme des Asylantrages eine Beschäftigungserlaubnis erhalten haben. Dies reicht vom hochdotierten Wissenschaftler bis hin zu Fachkräften, die einfache Tätigkeiten nach kurzer Anlernphase ausführen können.

Voraussetzung ist die Nutzung der Integrationsinstrumente und das Erlernen der deutschen Sprache, um die Einarbeitung und das Verständnis der betrieblichen Situation zu verbessern und zu beschleunigen. Hier kann auch die Wirtschaft Initiativen anregen. So wächst der Druck aus der Wirtschaft auf die Politik, ein Einwanderungsgesetz zu schaffen. Der Vorstandsvorsitzende des Chemiekonzerns Evonik, Klaus Engel, sagt dazu: „Niemand prüft die Qualifikation und Leistungsfähigkeit der Flüchtlinge, um festzustellen, ob sie unser Land nicht trotzdem bereichern können. Ich finde das falsch" und weiter „Weil wir kein ordentliches Einwanderungsgesetz haben, sind diese Leute gezwungen, Asylanträge zu stellen" (Spiegel Online 2015). Daraus folgt dann wiederum, dass aufgrund des Nichterfüllens der Voraussetzungen eine reihenweise Ablehnung von Anträgen attraktiver Fachkräfte erfolgt. Wie lange kann und will sich die deutsche Wirtschaft und Politik das noch leisten?

12. Zusammenfassung und Ausblick

Unternehmen, die heute und zukünftig wettbewerbsfähig bleiben wollen, sollten auf die dynamischen und globalen Marktentwicklungen zeitnah reagieren können. Dafür sind vor allem gut ausgebildete und motivierte Führungskräfte, Mitarbeiterinnen und Mitarbeiter notwendig. Um diese zu rekrutieren und im Unternehmen zu halten, stehen den Firmen schon heute zahlreiche Handlungsfelder zur Verfügung: die Etablierung eines ganzheitlichen Diversity Managements, ein Perspektivwechsel im Personalmanagement hin zu Wertschätzung, guter Führung und Integration der Ideen und Fähigkeiten jedes einzelnen Mitarbeiters und jeder einzelnen Mitarbeiterin, ein zeitgemäßes und innovatives Personalmarketing, Recruiting und Bewerberverfahren sowie der Bereich der Personalentwicklung. Jedes Unternehmen sollte diese anhand der individuellen Geschäftssituation auf Relevanz, Optimierungspotenzial und konkrete Umsetzbarkeit prüfen. In einem zweiten Schritt sollten dann geeignete konkrete Maßnahmen abgeleitet werden, deren erfolgreiche Umsetzung durch die Erreichung entsprechender Ziele messbar sind.

Vorliegender Beitrag gewichtet die Prioritäten durch die Reihenfolge der entsprechenden Handlungsbereiche. Gleichwohl kann man hier von keiner „Zielhierarchie" sprechen, da viele Prozesse parallel ablaufen und mit Maßnahmen in die

Praxis umzusetzen sind. Die Handlungsbereiche sind dabei eher quervernetzt, da zum Beispiel ein gelebtes Diversitätsmanagement auch positiven Einfluss auf das Personalmarketing und das Arbeitsklima haben wird.

Ausschlaggebend für die Initiierung sind die Auswahl geeigneter Personen für die Durchführung der Umsetzung und die Bereitstellung finanzieller und zeitlicher Ressourcen. Idealerweise liegt die Federführung direkt bei der Geschäftsführung oder in deren unmittelbarem Unterstellungsbereich für ein direktes Reporting.

Damit werden die Veränderungsprozesse auch für andere im Unternehmen sichtbar und stark gewichtet, was eine wesentliche Voraussetzung für das Gelingen der Implementierung eines professionellen Managements von Vielfalt, Personalmarketing, -gewinnung, -entwicklung und damit Mitarbeiterbindung ist.

Es gilt schon heute, die Weichen für die zukünftige Entwicklung und Nutzung von Fachkräftepotenzialen zu stellen. Im Einklang mit der Personalstrategie können das regionale Kooperationen mit Schulen und Hochschulen oder sogar die Beteiligung des Unternehmens an überregionalen und internationalen Initiativen sein. So werden entsprechend aufgestellte Unternehmen auch weiterhin ihren Fachkräftebedarf decken können, während andere nur noch mit bedeutend mehr Aufwand und Kosten rekrutieren oder gar keinen Nachwuchs mehr generieren können.

Wir prognostizieren für die Zukunft eine dynamische Marktbereinigung und Neudefinition von Branchen und Regionen. Dies trifft vor allem die Organisationen, die sich der Herausforderung nicht stellen und sich nicht anpassen. Wir wünschen Ihnen viel Erfolg beim Erkennen der Zeichen der Zeit und der Ergreifung der notwendigen Maßnahmen!

Literaturverzeichnis

Aretz, H.-J., Hansen, K. (2003) Erfolgreiches Management von Diversity. Die multikulturelle Organisation als Strategie zur Verbesserung einer nachhaltigen Wettbewerbsfähigkeit. In: Zeitschrift für Personalführung, 17 (1), S. 9–36.

Beck, C. (Hrsg.) (2008) Personalmarketing 2.0. Vom Employer Branding zum Recruiting, Köln: Luchterhand.

Bertelsmann Stiftung (2015) Willkommenskultur in Deutschland: Entwicklungen und Herausforderungen.

Bitkom Research (2015) Große Mehrheit der Berufstätigen ist im Urlaub erreichbar. Pressemitteilung, 22.7.2015, https://www.bitkom.org/Presse/Presseinformation/Große-Mehrheit-der-Berufstätigen-ist-im-Urlaub-erreichbar.html.

Bundesagentur für Arbeit (2015) Perspektive 2025: Fachkräfte für Deutschland.

Bundesagentur für Arbeit. Regionaldirektion Sachsen (2011) Perspektive 2025: Fachkräfte für Sachsen.

Bundesinstitut für Berufsbildung (BiBB) (2005) Europäischer Qualifikationsrahmen (EQF) Stellungnahme des Hauptausschusses des Bundesinstituts für Berufsbildung, 47/2005.

Bundesinstitut für Berufsbildung (BiBB) (2014) Modelle und Verfahren zur Anerkennung im Ausland erworbener beruflicher Qualifikationen und Kompetenzen in ausgewählten Staaten – Gestaltungsprinzipien, Konstruktion, Umsetzung (MoVA) Zwischenbericht.

Bundesministerium für Bildung und Forschung (BMBF) (2014) Die Zukunft der beruflichen Bildung sichern, Pressemitteilung, 1.7.2014 http://www.bmbf.de/_media/press/ PM0701-059.pdf.

Bundesministerium für Bildung und Forschung (BMBF) (2015a) Anerkennungsgesetz 2015.

Bundesministerium für Bildung und Forschung (BMBF) (2015b) Industrie 4.0 Innovationen für die Produktion von morgen. April 2015.

Caritas (2015) Abgänger ohne Hauptschulabschluss. http://www.caritas.de/fuer profis/ fachthemen/kinderundjugendliche/bildungschancen/karte-bildungs chancen.

Charta der Vielfalt e. V. (2013) Diversity Management – Mehrwert für den Mittelstand. www.charta-der-vielfalt.de/service/publikationen.html.

Charta der Vielfalt e. V. (2014) Vielfalt erkennen – Strategien für einen sensiblen Umgang mit unbewussten Vorurteilen. www.charta-der-Vielfalt.de/service/publikationen.html.

Deutsche Gesellschaft für Personalführung e. V. (2013) DGFP-Studie: Megatrends und HR Trends 2013. www.dgfp.de/wissen/empirische-studien/dgfp-studie-megatrends-und-hr-trends-2013-4106.

Deutsche Gesellschaft für Personalführung e. V. (2014) Vielfalt bereichert Unternehmen. Erfolgreiches Diversity-Management in DGFP-Mitgliedsunternehmen. www.dgfp.de/ wissen/praxispapiere/vielfalt-bereichert-unterneh men-4224.

Doppler, K., Lauterbach, C. (2014) Change Management. Den Unternehmenswechsel gestalten. Frankfurt: Campus.

FidAR – Frauen in die Aufsichtsräte e. V. (2015) Stimmungsbarometer zum Gesetz für die gleichberechtigte Teilhabe von Frauen und Männern an Führungspositionen in der Privatwirtschaft und im öffentlichen Dienst. www.fidar.de/presse-aktuelles/-stimmungsbarometer.html.

Gaedt, M. (2014) Mythos Fachkräftemangel. Was auf Deutschlands Arbeitsmarkt gewaltig schief läuft. Weinheim: Wiley-VCH.

Greenwald, A. G., et al. (2009) Understanding and using the Implicit Association Test: III. Metaanalysis of predictive validity. In: Journal of Personality and Social Psychology, 97(1), S. 17–41.

Groß, B., Schmitt-Egner, P. (1994) Europas kooperierende Regionen. Baden-Baden: Nomos.

Hamlin, J. K., Mahajan, N., Liberman, Z., Wynn, K. (2013) Not like me = bad: Infants prefer those who harm dissimilar others. In: Psychological Science, 24 (4), S. 589–594.

Hammond, J. S., Keeney, R. L., Raiffa, H. (2006) The Hidden Traps in Decision Making. In: Harvard Business Review, 84(1), S. 118–126.

Handwerkskammer Dresden (2015) Neuer Handwerksnachwuchs aus Spanien. Pressemitteilung, 23.7.2015, http://www.hwk-dresden.de.

Hochschulrektorenkonferenz (2014) Statistische Daten zu Studienangeboten an Hochschulen in Deutschland. 1/2014.

Köppel, P. (2014) Diversity Management in Deutschland: Benchmark 2014. Strategie oder Alibi? Synergy Consult. www.synergie-durch-vielfalt.de/synergie-durch-vielfalt/-diversity-benchmark.html.

LEGO GmbH (2013) Traumberufe für Groß und Klein: Diese Berufe wollen Kinder später ergreifen. Pressemitteilung, 19.11.2013, http://www.presseportal.de/pm/65052/2601785.

McKinsey & Company (2011) Vielfalt siegt! Warum diverse Unternehmen mehr leisten. http://www.mckinsey.de/sites/mck_files/files/Vielfalt_siegt_deutsch.pdf.

PAPE Lab (2013) Recruiting Trends Report 2014.

Promotorengruppe Kommunikation der Forschungsunion Wirtschaft – Wissenschaft (Hrsg.) (2013) Deutschlands Zukunft als Produktionsstandort sichern Umsetzungsempfehlungen für das Zukunftsprojekt Industrie 4.0 Abschlussbericht des Arbeitskreises Industrie 4.0. April 2014.

Schulz, A. (2009) Strategisches Diversitätsmanagement. Unternehmensführung im Zeitalter der kulturellen Vielfalt. Wiesbaden: Gabler.

Spiegel Online (2015) Konzernboss will abgelehnte Asylbewerber in Deutschland halten. http://www.spiegel.de/wirtschaft/soziales/fluechtlinge-evonik-chef-fordert-einwanderungsgesetz-a-1049433.html#utm_source=wirtschaft#utm_medium=medium# utm_campaign=plista&ref=plista.

Stangel-Meseke, M., Hahn, P., Steuer, L. (2014) Balance durch Diversity Management. Lösungsansätze für unternehmerische Herausforderungen aus Megatrends. In: R. Lanwehr, M. Müller-Lindenberg, D. Mai (Hrsg.): Balance Management. Vom erfolgreichen Umgang mit gegensätzlichen Zielen, Wiesbaden: Springer Gabler, S. 145–166.

Statistisches Bundesamt (2012) Frauen und Männer auf dem Arbeitsmarkt – Deutschland und Europa.

Statistisches Bundesamt (2013) Europa 2020. Die Zukunftsstrategie der EU.

Uhly, A. (2014) Vorzeitige Vertragslösungen und Ausbildungsverlauf in der dualen Berufsausbildung. BiBB (Hrsg.), Heft 157. http://www.bibb.de/dokumente/pdf/wdp-157_barrierefrei.pdf.

United Nations (2015) World Population Prospects: The 2015 Revision. Key Findings and Advance Tables.

Verwaltungs-Berufsgenossenschaft (Hrsg.) (2012) „GMS – Gesundheit mit System". Leitfaden für ein betriebliches Gesundheitsmanagement.

Weitzel, T., Eckhardt, A., Laumer, S., Maier, C., von Stetten, A., Weinert, C., Wirth, J. (2015a): Bewerbungspraxis 2015, Otto-Friedrich-Universität Bamberg.

Weitzel, T., Eckhardt, A., Laumer, S., Maier, C., von Stetten, A., Weinert, C., Wirth, J. (2015b): Recruitingtrends 2015, Otto-Friedrich-Universität Bamberg.

Zick, A., Preuß, M. (o. J.): Zugehörigkeit und (Un)Gleichgewicht. Ein Zwischenbericht. Universität Bielefeld.

Internationale Arbeitsmarktanalyse

Jüri Sepp, Helje Kaldaru and Uku Varblane

The Development and Typology of the Employment Structure in OECD Countries

1. Introduction

Sectoral changes are nowadays an integral feature of economic development in all countries and hence gaining the attention of several economists. Structural changes occur in different aggregation levels, from inter-industry change to inter-sectoral change. In this paper we are considering shifts at a more aggregated sectoral level. According to the three-sector-hypothesis (Fisher 1939, Clark 1940 or Fourastié 1949) and the convergence argument of Chenery and Taylor (1968), European countries should have experienced similar development patterns and should achieve a similar economic structure with a dominant tertiary sector. The results of previous studies (Eichengreen / Gupta 2009, Maroto-Sanchez 2010, Jorgenson / Timmer 2011, Dzhain 2012), confirm that the process of tertiarization (orientation towards the service economy) is spreading throughout the world, especially among the postindustrial countries. However, it is noteworthy that in terms of employment tertiarization the European Union (EU) significantly lags behind United States, while at the same time, in terms of value added, the difference is substantially smaller. This indicates that tertiarization is a complex, multidimensional phenomenon, which is influenced by sectoral returns and the internal structure of the economy, as well as the socio-economic characteristics of the countries (Gregory / Salverda / Schettkat 2007).

The gradually increasing share of the service sector could be explained by various factors. In general this process is influenced by changes in both the supply side and the demand side. The former mostly reflects the developments in technology, while the latter is influenced by consumer preferences (Schettkat / Yocarini 2003, Krüger 2008). The commonly accepted explanations are associated with works of Kuznets (1966), Baumol (1967) and Fuchs (1968). Baumol's concept of "cost disease" explains the rising share of service sector in GDP and employment with the technological stagnation of the essential elements of the sector, which increases the relative price of the respective services. In other words, compared to the manufacturing industry, technology plays a significantly smaller role in the service provision and changes much less over time. Hence, the price of services are gradually increasing, as there is less room for cost-reducing technological innovations and rationalization and skill upgrading is less pronounced (Heilbrun 2011).

Based on Maslow's hierarchy of needs, Fuchs propounded the quantitative legitimacy of tertiarization, which continues to find empirical proof: the correlations between the share of service sector and the income level of the country could be illustrated by the logistic curve. Another aspect to consider here under increasing prices is inelastic demand that may lead to the consumption of services provided by shadow economy, hence underestimating employment in the service sector.

In addition, the roots of tertiarization could be explained by the hypothesis of externalization and innovation. The former explains the rise in the share of the service sector with work allocation and the development of existing production processes (different support activities being integral part of the production process becoming now individual services). More services as R&D, marketing, financing and transportation are outsourced to specialized firms and hence the role of intermediate services has increased significantly (Gershuny / Miles 1983). The second hypothesis presents the general increase in knowledge intensity as a result of internationalization and globalization, which increases the demand for knowledge-intensive research, development and marketing services. A comprehensive empirical review of tertiarization is provided by Memedovic / Lapadre (2010).

However, aggregate patterns often hide large differences at the regional or the national level. Different endowments of productive factors or specific historical and geographical conditions contribute to the great diversity of development paths across countries (Gürbus 2011, Szirmai 2012). The topic of varying economic structures between countries was brought up by Wacziarg / Imbs (2000) and from a convergence viewpoint by Wacziarg (2001) specifically. Studies on structural convergence include Höhenberger / Schmiedeberg (2008). Olczyk / Lechman (2011) used multidimensional taxonomy methods. Janger et al. (2011), Melihovs / Kasjanovs (2011) and Grodzicki (2014) have attempted to find a structural typology among European countries by using cluster analyses. Sepp / Kaldaru / Eerma (2009), Paas / Sepp / Scanell (2010) and Sepp / Kaldaru / Joamets (2014) have combined factor and cluster analyses to show that European countries may be divided into certain groups which can be characterized by specific traits:

- Western- and Northern-European welfare states with developed private and public services and relatively small (in terms of employment) albeit productive manufacturing sector,
- Southern-European countries where tourism related traditional commerce still plays a major role. Public sector is small in terms of employment share, but relatively well-funded,
- Eastern- and Central-European transition economies with large share of employment in low value-added manufacturing sector. Business and public service sectors in these countries are still on the increase.

However, there is still a research gap in the literature of structural change and tertiarization in terms of describing and explaining regional peculiarities of tertiarization. It is still unanswered whether all countries follow the same trajectories in tertiarization and whether the process always concerns specific branches within the service and manufacturing sectors.

The purpose of this paper is to analyze the specificities of the process of tertiarization of OECD countries. For this purpose, multi-dimensional analysis of branch structure of OECD countries is implemented using the STAN (Structural Analysis) database. First, an overview of the OECD averages is presented. Then cluster analysis is applied to explain how the countries are grouped on the basis of the similarity of branch structure. Also the changes in the period 2000–2009 are examined. Finally, discriminant analysis is applied to determine the latent indicators that distinguish the branch structure of the OECD countries. Then, the typology of countries and its dynamics, including the process of convergence of income levels, can be viewed in a more general space of discriminant functions.

2. The data of empirical analysis

Sectoral structure of each of the countries can be described as the shares of the sectors in total employment and/or gross value added. In the current paper the economy is divided into nine sectors in accordance with the OECD STAN database classification. The acronyms and the content of the branches is shown in Table 1 (in parentheses are the short names used later in the text).

Table 1: Classification of economic sectors

AGR	Agriculture, hunting, forestry and fishing (agriculture)
MIN	Mining and quarrying
MAN	Manufacturing
ELE	Electricity, gas and water supply (energy)
CON	Construction
WHO	Wholesale and retail trade – restaurants and hotels (commerce)
TRA	Transport, storage and communications
BUS	Finance, insurance, real estate and business services (business services)
SOC	Public administration and defense – compulsory social security; education, health and social work, other community, social and personal services (public services)

Source: OECD 2001; authors' explanations.

Prior to the comparative analysis of the countries, we review the average structural parameters of the OECD countries and their dynamics in the years 2000–2009 (Table 2). By far the **highest employment rate** in the OECD countries is in the public service sector, followed by trade and manufacturing sector. The business services sector is not far behind from the latter. We can also point out an overall shrinkage of manufacturing-related branches (AGR, MIN, MAN and ELE). On account of this, the share of employment in business services industry and public services (BUS and SOC) has increased considerably, which indicates continuing tertiarization in OECD countries. The share of traditional trade services has also slightly increased. Reallocation of employment from manufacturing industries to services has affected approximately 5% of the employees during 2000–2009.

However, the structural shifts in employment do not automatically change the structure of gross value added. Additional considerable factors are the **relative productivities** of the sectors. The relative productivity in this paper is defined as the ratio of the sectoral shares in gross value added and employment. Relative productivity is particularly high in the extractive and the energy industries, which are the smallest branches in terms of employment share and where the market is often dominated by few capital-intensive conglomerates. The productivity of business services, transport and also manufacturing to some extent, is also above the average level. The average relative productivity has increased particularly in branches with decreasing employment share and this also stands the other way round. The average relative productivity in extractive industries was already four and a half times higher than the average level in 2000, and the discrepancy has been growing. The same tendency is evident in the energy industry. The relative productivity has decreased in the business service sector, that is the sector with the most considerable employment growth. Nevertheless, the productivity of the sector has remained 80% higher than the average. Public service sector has shown a slight increase in employment as well as increase in the relative productivity, but the latter is still substantially below the average level. Altogether, we can talk about productivity divergence between the sectors as the differences have deepened.

Table 2: Shares of sectors in total employment and gross value added in OECD countries and relative productivities, in percent

	Employment		Relative productivity		Gross value added	
	2000	2009	2000	2009	2000	2009
AGR	6,84	5,03	49	46	3,38	2,29
MIN	0,45	0,41	457	502	2,05	2,05
MAN	17,99	15,02	108	107	19,42	16,01
ELE	0,86	0,74	268	361	2,32	2,66
CON	7,33	7,74	82	79	6,03	6,08
WHO	19,98	20,41	73	69	14,67	14,09
TRA	6,44	6,17	122	115	7,85	7,06
BUS	12,94	15,20	186	179	24,06	27,15
SOC	27,16	29,29	74	77	20,22	22,61

Source: OECD STAN database; authors' calculations.

The previously observed two factors shape the branch structure of the **gross value added**. Business service industry is the largest sector in terms of gross value added. It exceeds the public service industry due to the larger relative productivity. The manufacturing industry and trade are also important in creating gross value added, but their importance in total value added still remains about 5–10 percentage points less than business and public service sectors. Agriculture has the smallest share in total value added, and despite the extremely high productivity, the share of the extractive industry and the energy sector is also not considerable. The results reflect that in creating gross value added, the decrease in the share of manufacturing and increase in the share of services is the main trend. This confirms the process of tertiarization (exceptions here are trading, transport and communication services).

3. Cluster analysis of the branch structure of employment

We applied cluster analysis in order to identify the groups of OECD countries with similar employment branch structure. Cluster analysis is a helpful tool in order to later highlight the differences between groups using discriminant analysis. We admit that cluster analysis is a somewhat subjective method as there is no single accepted rule to determine the number and the size of the clusters. Thus the results of different studies might somewhat vary. In the current paper, one of the objectives was to form equally sized groups as much as possible, so that the number of clusters would enable to analyze the differences between the branch structures from various aspects. After analyzing both a three- and a five-cluster distribution, we chose the four-cluster distribution is the most fitting (Table 3).

Table 3: Results of the cluster analysis

Cluster	1	2	3	4
Number of observations	9	15	13	25
Average distance from the center of the cluster	6,5	5,3	6,5	5,5
The nearest object to the center	HUN 2000	ITA 2000	NZL 2000	ISR 2009

Source: OECD, authors' calculations.

The average variance of the distances within all clusters remained between 1.5 to 2.0 standard deviations. Since the cluster analysis is sensitive to the initial order of indicators, control-clustering was performed. The resulting groups were not much different from the previous results, thus the analysis will be based on the clusters described above. Let us underscore that the main objective of cluster analysis in this paper was to group initial data prior the discriminant analysis, and this goal was achieved: all of the objects were grouped to the expected clusters during the discriminant analysis.

Table 4 illustrates the average employment shares of sectors in four clusters. This allows us to assess the employment of objects belonging to a cluster and interpret the structural forms.

Table 4: Average shares of employment of sectors in four clusters, in percent

Sector	Cluster			
	1 Production economy	2 Industrial	3 Trading	4 Service economy
AGR	**11,79**	5,71	8,60	2,93
MIN	**0,95**	0,34	0,32	0,38
MAN	**23,20**	**19,58**	15,08	13,41
ELE	**1,52**	0,92	0,58	0,61
CON	7,79	8,07	7,74	6,79
WHO	17,67	19,3	**25,07**	19,25
TRA	6,58	6,45	5,72	6,30
BUS	7,87	12,86	11,98	**17,01**
SOC	22,64	26,77	24,9	**33,32**

Source: OECD, authors' calculations.

The **first cluster** is distinct from the rest by the largest share of employment in agriculture, energy, extractive and manufacturing industries. It is a cluster of **production economy**, in which the employment structure is the farthest from the service economy. This is also confirmed by the smallest share of employment in business services compared to other clusters.

The **second cluster** is characterized by a large share of employment in the **manufacturing industry**. Compared to the previous cluster, the share of employment is smaller in agriculture and higher in business services. The countries in the cluster also have higher share of employment in public sector, which indicates that according to the theory those countries have a more advanced employment structure.

The **third cluster** is characterized by a large share of employment in the trading sector. The share of manufacturing industry is somewhat smaller; such a structure of employment could be regarded as predecessor of the service economy. However, it should be noted that the share of employment in business and public services is smaller and in agriculture larger compared to the industrial cluster, which does not allow this structure of employment to be regarded as more advanced compared to the previous cluster.

The **fourth cluster** combines countries with an already relatively well established **service economy** employment structure. The share of employment in the manufacturing industry and agriculture is the smallest and the share of employment in business and public services is significantly larger compared to other clusters.

Interesting trends emerge while analyzing the countries' allocation to the clusters and the **dynamics of the countries from one cluster to another** during the years 2000–2009 (Table 5). In theory, the nature of the evolution of employment structure should be from an agrarian economy towards a service economy.

According to the results of this analysis, 16 countries out of 31 have not changed their position in the cluster. It has to be taken into account that 9 of them were already in the service economy cluster in 2000. 15 countries have shifted, in general towards the service economy cluster. The transition countries have shifted from production economies to industrial countries (except Poland), that means they have risen next to Austria and Italy, who have retained their position. The rest of the initially industrialized countries have moved to the service economy, while Spain is the only one that has shifted towards the trading cluster. This is the only example of development where industrial stage is followed by trading. The initial agricultural-industrial countries Mexico and Portugal have also taken the direction towards trading. Thus, the industrial or trading stage of the employment structure could be considered as two alternative trajectories of moving towards a service economy. Canada and Australia have moved from the trading cluster to countries with a developed service economy. Together with additional 7 countries, 16 of them have moved to the service economy employment structure by the end of the period. Thus, we can conclude that changes in the employment structure among the considered sample of countries have been consistent with the theoretical considerations, but on the other hand different paths of development have been identified.

Table 5: Distribution of countries into four clusters according to the sectoral structure of employment in 2000 and 2009

2009 2000	1. Production economy	2. Industrial	3. Trading	4. Service economy	Number of countries
Production economy	POL	CZE, EST, HUN, SLK, SLV	MEX, POR		8
Industrial economy		AUT, ITA	SPA	FIN, GER, ICE, IRL, SWI	8
Trading			GRE, NZL, KOR, JAP	CAN, AUS	6
Service economy				BEL, FRA, ISR, NET, UK, USA, DEN, NOR, SWE	9
Number of countries	1	7	7	16	31

Source: OECD, authors' calculations.

Figure 1: Differentiation of the service economy countries by the shares of employment in business and public service sectors in 2009

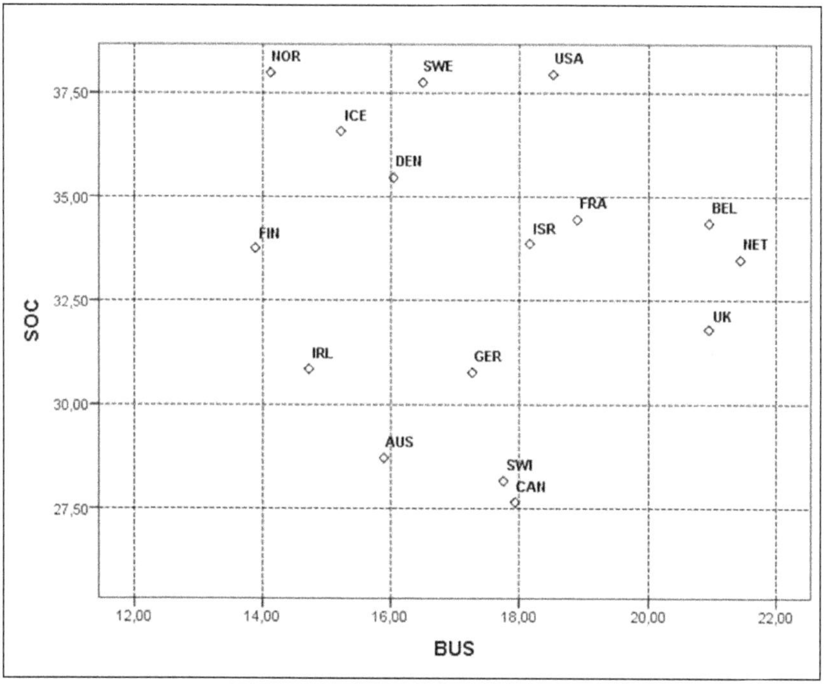

Source: OECD, authors' calculations.

While considering more closely the 16-member-group of the service economy countries in 2009 (Figure 1) regarding the business and public service employment ratio, interesting insights are possible. It turns out that this is not a homogenous group. On the one hand, the previous industrial and trading countries (as Switzerland, Ireland and Germany; Australia and Canada) differ from the others by a smaller share of employment in the public sector. The tertiarization here has mainly occurred from the expansion of the business services. However, Finland and Iceland are the opposite cases, as they have joined the service economy cluster while belonging to the Nordic group of countries in which the employment structure is characterized by a larger share of public services. In business services, Great Britain and the Benelux countries form the leading group.

4. Discriminant analysis of the branch structure of employment

Discriminant analysis provides a general possibility to distinguish countries. It replaces the initial sectoral shares of the countries with a linear combination, i.e. discriminant function (DF), in a way that the differentiation of countries on the basis of clusters is the most distinct. While using four clusters, the discriminant analysis provides three DF-s. The relations between the initial indicators and discriminant functions are shown in the Table 6. The correlations that are best to distinguish the groups of objects (clusters) are marked with an asterisk. According to the relations, it is possible to deduce relevant aspects that distinguish clusters (distinctive features of economic structure).

Table 6: Correlations between discriminant functions and the employment shares of sectors by four clusters (structural matrix)

Sectors	Discriminant function		
	1. Tertiary	2. Trade	3. Industry
SOC	0,582*	–0,353	–0,284
BUS	0,551*	–0,114	0,021
AGR	–0,482*	0,208	–0,408
WHO	0,014	0,872*	–0,194
ELE	–0,366	–0,394*	–0,006
TRA	–0,023	–0,210*	0,131
MAN	–0,511	–0,323	0,658*
MIN	–0,160	–0,205	–0,419*
CON	–0,133	0,088	0,405*

* Strongest correlation between relative importance of the sector and discriminant function.

Source: OECD, authors' calculations.

The first "**tertiary**" discriminant function directly reflects the level of modern tertiarization – the relative importance of business and public services and sectors of industrial production. The share of public and business services has the strongest positive correlation with the discriminant function, whereas the share of agriculture and manufacturing has the strongest negative correlation. The higher the value of a function, the more service economy-like employment structure the country has. The first discriminant function describes 73% of the variation of initial variables.

The second discriminant function distinguishes traditional service-oriented economies and countries with significant share of employment in energy-related and transportation sectors. For simplicity, we consider this as a "**trade**" function. This function describes the 23% of initial variability. The third function proves to be useful to distinguish manufacturing- and construction-oriented economies from others, mostly countries with large share of employment in the primary sector (AGR, MIN). Hence, we are calling this "**industrial**" function. The generalizability of the third discriminant function is, however, rather low, due to its small share in overall explanatory power (only 4%).

Discriminant analysis demonstrated that, based on the initial clusters, it is possible to find discriminant functions in a way that the composition of all clusters remains unchanged. Therefore, the mean values of DF-s could be used to assess to what extent the clusters are distinguishable from each other (see Table 7). In the first place, it can been seen that each of the DF-s is positive in only one cluster, where countries have a similar employment structure, making them well-distinguishable. For the first DF, trading and industrial clusters show a negative average value, but are still located somewhat closer to a service economy cluster rather than the production economy cluster. Whereas the mean values of the DF that illustrates tertiarization key trends are roughly equal for the industrial and trading clusters, it is not possible to give advantage to neither of them in terms of the level of development. The second discriminant function illustrates that countries with trading employment structure have already distanced themselves from countries oriented towards a production economy. However, development of a modern service-based economic structure will still take some time. Also, in accordance with the mean values of the first DF, this cluster is the closest to the group of countries in the industrial cluster. Both industrial and trading clusters are roughly at the same stage of development towards a service economy employment structure. However, in that process they have preserved industrial or trading specifics, respectively.

Table 7: Mean values for the discriminant functions in four cluster

Clusters	Discriminant function		
	1. Tertiary	2. Trade	3. Industry
1 Production economy	**–4,366**	–1,337	–0,548
2. Industrial	–0,634	–0,254	**0,940**
3 Trading	–0,677	**2,359**	–0,220
4 Service economy	**2,304**	–0,593	–0,252

Source: OECD, authors' calculations.

On the basis of the values of the three discriminant functions, OECD countries are then placed in a three-dimensional space, which can be used to create two-dimensional projections (Figures 2, 3 and 4).

Figure 2: Location of countries in a "trade" and "tertiary" discriminant plain

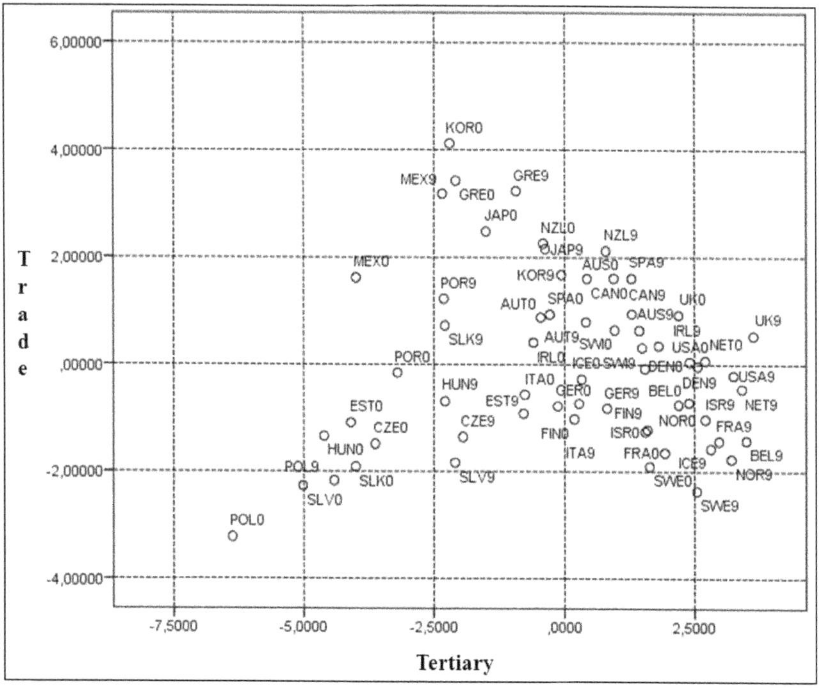

Figure 2 shows that "trade" employment structure can be specifically attributed to Korea, Japan, Greece, Mexico and New Zealand, whereas during the last decade, this peculiarity has diminished the most in the case of Korea and increased in the case of Mexico. Transition economies belong to the so-called non-trade group of countries. However, since 2000, transition countries have managed to significantly reduce the discrepancies in employment structure compared to "trade" countries. Nevertheless, both of these groups are still far from advanced service economies. Some countries among the transition economies are more and some are less trade-oriented. The relatively small employment share in the trading sector is a characteristic feature for the Nordic countries.

The negative values of the tertiarization discriminant function indicate the dominance of production economy, and as shown in the figure, there are more significant differences between those countries than between developed countries. Eastern European transition economies are clearly distinguishable as characterized by a high share of employment in sectors related to production economy, the most representative case being the agrarian Poland. It may, however, be noted that countries in this particular group have most rapidly developed their employment structure towards the service economy, while it has also accompanied by a slight shift in the direction of trading.

Figure 3 shows in particular that the "trade" countries are not a homogeneous group. Korea and Japan are distinguished from Greece and Mexico (all trade-oriented countries) with a substantially more developed industry. Generally non-trading transition economies are also dispersed over the figure. Some interesting insights can be still drawn. For example, the location of Poland and the Czech Republic is rather diametrical in the figure. Countries which are not characterized neither by an industrial nor a trade-intensive employment structure, are either service economies like the United States or Norway, or agrarian countries like Poland.

Figure 3: Location of countries in an "industry" and "trade" discriminant plain

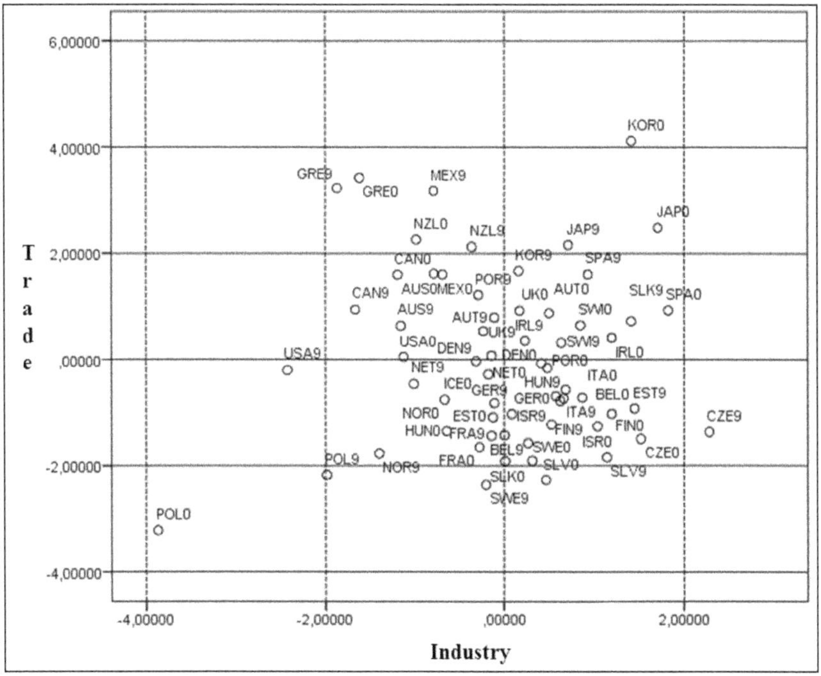

Figure 4 illustrates that the most industrialized country by employment structure is the Czech Republic. Transition economies have generally shifted further in both dimensions, increasing both tertiary and industry DFs. However, in several trade- and service-oriented economies, the industrial employment has decreased as the service sector has gained employment.

Figure 4: Location of countries in a "tertiary" and "industry" discriminant plain

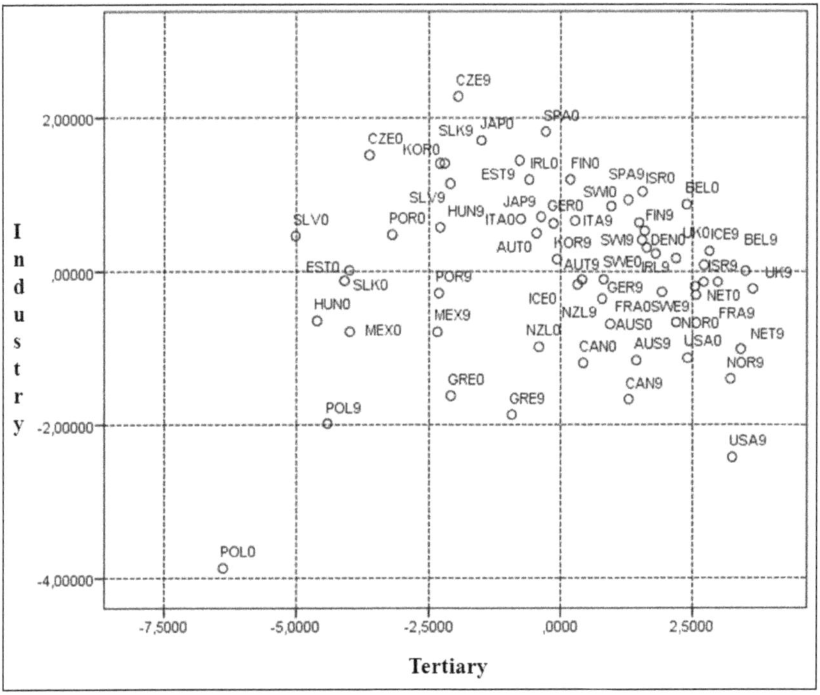

Discriminant analysis also provides a remarkable opportunity to calculate **the probability for one or another country to be in a particular cluster**. If this probability is significantly less than one, then the country also has substantial similarities with other clusters. Interestingly, the lack of clarity in the distribution of countries has increased over the years. In 2000, there were only three countries with an uncertain positioning (Table 8). Iceland and Switzerland were still industrialized countries by two-thirds of probability, whereas one-third of probability of belonging to the service cluster already indicated the development towards the service economy structure. In contrast, Austria with two-thirds of probability for being in an industrial cluster also had one third of probability for being in a trading cluster.

Table 8: Probabilities of countries belonging to the clusters

	2000				2009			
	Production economy	Industrial	Trading	Service economy	Production economy	Industrial	Trading	Service economy
AUS		0.06	0.80	0.14		0.04	0.07	0.90
AUT		**0.65**	**0.34**	0.01		**0.46**	**0.39**	**0.15**
BEL		0.02		0.98				1.00
CAN		0.04	0.93	0.04		0.03	0.21	0.76
CZE	0.95	0.05			0.01	0.99		
DEN		0.13	0.01	0.86				1.00
EST	1.00					1.00		
FIN		0.94		0.06		0.09		0.91
FRA		0.01		0.99				1.00
GER		**0.95**	0.01	0.04		**0.35**		**0.64**
GRE			1.00				1.00	
HUN	1.00				0.18	0.81	0.01	
ICE		**0.69**	0.04	**0.27**				1.00
IRL		0.93	0.07			0.06	0.01	0.93
ISR		0.17		0.83				1.00
ITA		0.98	0.01	0.01		0.87	0.01	0.13
JAP		0.10	0.90			0.08	0.92	
KOR			1.00			0.14	0.86	0.01
MEX	0.80	0.01	0.19				1.00	
NET				1.00				1.00
NZL		0.01	0.99			0.03	0.95	0.02
NOR				0.99				1.00
POL	1.00				1.00			
POR	0.81	0.18	0.01		0.02	0.22	0.76	
SLK	1.00				0.01	0.87	0.12	
SLV	1.00				0.14	0.86		
SPA		**0.88**	0.11			**0.25**	**0.51**	**0.24**
SWE		0.05		0.95				1.00
SWI		**0.58**	0.11	**0.32**		0.21	0.02	0.77
UK		0.02	0.02	0.96				1.00
USA				1.00				1.00

Source: OECD, authors' calculations.

In 2009, the number of countries with uncertain placement in clusters has doubled compared to 2000. According to the probabilities, the position of Austria, Germany and Spain was the most blurred. For Austria, the probability for being in an industrial cluster is less than 0.5, however it is still higher compared to the corresponding probabilities for other clusters. The probability of being in a trading cluster was left unchanged, but in contrast to 2000 there is 15% of probability for belonging to the service cluster. In Spain, the initial orientation towards the industrial cluster has dispersed, but unlike many other countries, in favor of trading. However, there is also a certain shift towards a service economy. In 2000, Germany was still an industrial country by our definition, but by 2009 the probability for belonging to the industrial cluster has decreased to 35%, because with 64% of probability the country belonged to the service cluster.

Estonia demonstrated a rapid transition from the production economy cluster to the industrial cluster. In 2009, Estonia could be considered the most genuine or authentic representative of the cluster. In 2000, Hungary, Poland, Slovakia and Slovenia could be also considered as pure production economy countries. However, the Czech Republic already had some signs of an industrial country. In 2009, only Poland with its strong agrarian sector remained in the production economy cluster. All the others had transferred to the industrial cluster – the Czech Republic with 99% probability, the remaining with 81–87% probability. In addition to Estonia and Poland, also Greece (trading) and the US and the Netherlands (financial services) could be considered as the "genuine" representatives of their clusters in both 2000 and 2009.

The values of discriminant functions are instrumental in **analyzing the overall dynamics of structural shifts** (Table 9). Remarkably, the dynamics of all of the DF values over the period 2000–2009 confirm the general shift of employment structure towards a modern service economy with dominant business and public service sectors (BUS + SOC). If in 2000 the mean value for service orientation was below the average, in 2009 it is already higher than the average: the value has increased by 1.42 units. This is the result of the significantly decreased mean values of discriminant functions of "trade" and "industrial", which also confirms the assertion above.

The descriptive statistics of discriminant functions also refer to a **beta-convergence**. The standard deviation of the first function has decreased from 2.57 to 2.20 during the period observed. This indicates diminishing transnational discrepancies. The convergence of branch structure is also seen in the trade and industrial aspect, but on a smaller scale.

Table 9: Descriptive statistics of discriminant functions

	2000.a.			2009.a.		
	1. Tertiary	2. Trade	3. Industry	1. Tertiary	2. Trade	3. Industry
Mean	–0,71	0,02	0,10	0,71	–0,02	–0,10
Standard deviation	2,57	1,69	1,17	2,20	1,53	1,08

Source: OECD, authors' calculations.

The theory suggests that a service economy-like employment structure refers to the overall development level of the country. Hence, it is interesting to identify the **relations of DF values and income levels of respective countries** (Table 10). We use gross domestic product (GDP) per capita in purchasing power parity as a base measure for income levels. In 2009, the correlation of the linear relationship between GDP and the first DF (tertiary function) is as high as 0.75, the correlation for the second DF (trade function) is -0.22, and it is -0.24 for the third DF (industry function). A statistically significant correlation exists only between the tertiary DF function and income levels. The increasing share of trade and manufacturing employment is more likely related to some, albeit statistically insignificant, loss in national welfare. The latter is explained in particular by the fact that a larger share of employment in manufacturing industry (mainly in the transition countries) is generally associated with lower level of productivity.

Table 10: Values of discriminant functions and income levels in OECD countries, 2009

Country	Tertiary	Trade	Industry	GDP	Prediction	Difference
AUS	1,44	0,64	-1,16	42702	40574	2128
AUT	0,41	0,79	-0,11	47526	34677	12849
BEL	3,50	-1,42	0,01	44997	52405	-7408
CAN	1,29	0,94	-1,67	40764	39757	1007
CZE	-1,95	-1,36	2,28	19699	21214	-1515
DEN	2,56	-0,03	-0,31	57896	46997	10899
EST	-0,79	-0,92	1,45	14717	27835	-13118
FIN	1,59	-1,22	0,53	47104	41478	5626
FRA	2,97	-1,43	-0,14	41631	49382	-7751
GER	0,81	-0,82	-0,11	41669	37009	4660
GRE	-0,93	3,23	-1,87	29484	27000	2484
HUN	-2,29	-0,69	0,57	12907	19264	-6357
ICE	2,82	-1,57	0,26	40263	48484	-8221

Country	Tertiary	Trade	Industry	GDP	Prediction	Difference
IRL	1,81	0,35	0,23	51494	42690	8804
ISR	2,71	-1,03	0,08	27583	47878	-20295
ITA	0,27	-0,73	0,66	36993	33923	3070
JAP	-0,38	2,16	0,71	39473	30200	9273
KOR	-0,07	1,67	0,16	18339	31963	-13624
MEX	-2,34	3,18	-0,79	7690	18958	-11268
NET	3,42	-0,46	-1,01	51907	51913	-6
NZL	0,79	2,12	-0,36	27562	36849	-9287
NOR	3,22	-1,77	-1,40	78457	50763	27694
POL	-4,41	-2,17	-1,99	11441	7111	4330
POR	-2,31	1,22	-0,29	23063	19125	3938
SLK	-2,29	0,72	1,41	16455	19242	-2787
SLV	-2,09	-1,84	1,14	24634	20362	4272
SPA	1,29	1,61	0,93	32332	39709	-7377
SWE	2,54	-2,36	-0,20	46207	46907	-700
SWI	1,49	0,32	0,64	69669	40878	28791
UK	3,64	0,54	-0,23	37076	53202	-16126
USA	3,25	-0,20	-2,43	47001	50975	-3974

Source: OECD, authors' calculations.

According to the previous calculations, the regression equation describing the relation between the income level (GDP) and tertiary function at DF1 is as follows: $GDP = 32351 + 5726DF1$. The regression equation describes 56% of the variation of the income levels (see Figure 5).

There is also a tendency that the higher the tertiarization level of the country is, the more the actual income level differs from the predicted value of the GDP. For example, Estonia, Korea and Israel represent a group of countries where the actual levels of income and productivity do not yet meet the opportunities that should result from the sectoral structure of the employment. The largest positive deviations from the predicted income levels are particularly significant for Norway and Switzerland.

Figure 5: Relationship between the level of tertiarization of employment structure and GDP

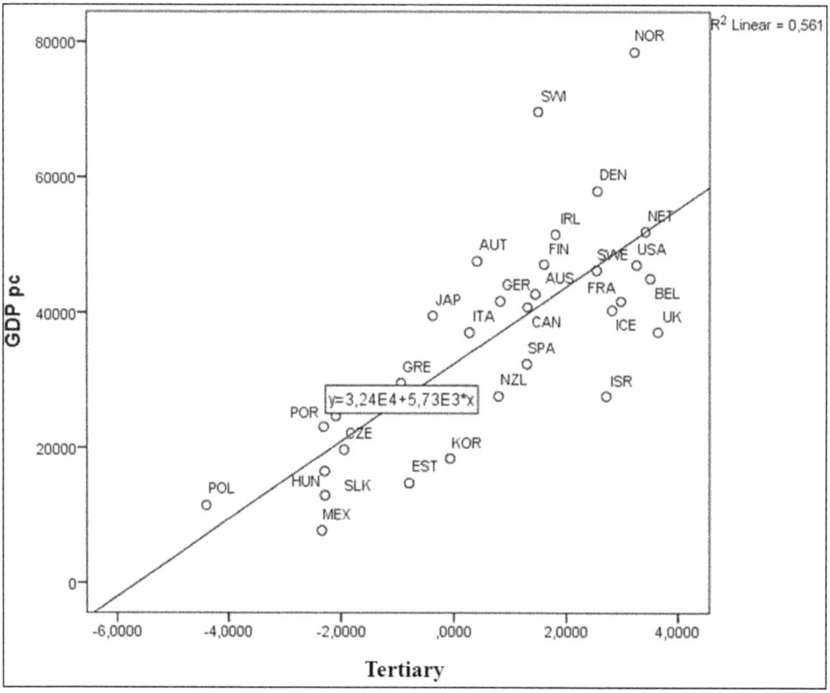

Source: OECD, authors' calculations.

5. Conclusion

In this paper, we analyzed the changes in the sectoral structure of the economy, primarily the tertiarization of OECD countries during the previous decade (2000–2009). The main focus was identifying the typology of countries by comparing both developed and developing OECD countries, which can be considered a novel approach in the literature, especially in empirical papers.

With regard to the common trends in OECD countries, tertiarization clearly continues. Sectors such as business and public services are constantly increasing the share in both employment and value added. The employment share of trade, transport and communication employment have not changed significantly, but their share in value added has declined. As expected, the percentage of people employed in manufacturing and in primary sector has decreased. Altogether, during the years 2000–2009, there was a structural shift of 5 percentage points towards the service economy (mostly on account of the manufacturing industry).

The analysis of differences between countries in the extent and dynamics of tertiarization provided interesting results. We first applied cluster analysis to identify the groups of countries with similar employment structure. Four clusters were identified:

1. The first cluster is distinct from the rest with its high share of employment in agriculture, energy and other extractive industries. It is a cluster of production economy, with an employment structure most distinct from the service economy.
2. The second cluster is characterized by a large share of people employed in manufacturing. Employment in agriculture is smaller compared to the previous cluster, and a somewhat larger share is employed in business services and in the public sector. In accordance with the theory, countries in this cluster represent a more developed employment structure.
3. The third cluster is characterized by the dominant trade sector, as the share of manufacturing is already lower compared to the previous cluster. This kind of employment structure could be considered as a predecessor of the service economy.
4. The fourth cluster represents the relatively well established service economy, as the share of employment in manufacturing is even smaller, but business services and the provision of public services is significantly more relevant compared to the rest of the clusters.

Interesting trends emerge while analyzing the dynamics of the countries from one cluster to another during the years 2000–2009. In theory, the nature of the evolution of employment structures should be from an agrarian economy towards a service economy. According to the results of this analysis, around half of the countries (16 out of 31) have remained in the same cluster, with 9 of them already in the service economy cluster in 2000. The general shift for the rest was towards a service economy, although specific trajectories illustrate the role of path dependency.

For presenting a more generalized picture and increasing the clarity of the results of the cluster analysis, discriminant analysis was applied as the method that replaces the initial intensities of the sectors with a discriminant function (DF). Using four cluster, the discriminant analysis provided three DF-s:

The first DF that describes 73% of the initial variation directly reflects **the level of modern tertiarization**, as the share of business and public services have the strongest positive correlations with the function and, on the contrary, the share of agriculture and manufacturing the strongest negative correlations.

The second DF distinguishes **trade-oriented** economies from the countries, whose economies are more energy and transport-oriented.

The third DF helps to distinguish countries with a large share of employment in **manufacturing industry**. This is considered an industry function.

The values of discriminant functions further indicate:

- **The probability of the country to be in a particular cluster.** If this probability is less than one, the country also has strong commonalities with other clusters. Interestingly, this lack of clarity in the distribution of countries has increased over the years. In 2000, there were only three countries with an uncertain cluster. In 2009, the countries with blurred employment structure had doubled.
- **General trends of tertiarization.** The average values of the tertiarization function, illustrating the overall economic balance of the service and manufacturing branches in the country, have increased over the observed decade. This could be considered as the evidence for **beta-convergence**. The standard deviation of the first DF decreased significantly over the period. Thus, transnational discrepancies in tertiarization are generally decreasing. The trends are not so obvious among the other DF-s, and the specificity of the countries is maintained.
- **The values of DF were also compared with the respective national income levels**, using gross domestic product (GDP) per capita as the proxy. The results show statistically significant correlations between the levels of income and tertiarization in 2009. Increased employment in trade and industry, however, is more closely related to some, albeit statistically insignificant loss in welfare. Apparently, increased trade and manufacturing employment is generally associated with lower productivity.

Although tertiarization explains more than half of the variation in income levels between countries, significant fluctuations around the expected income levels occur.

References

Baumol, W., Bowen, W. (1966) Performing Arts, the Economic Dilemma: A Study of Problems Common to Theater, Opera, and Dance, New York: Twentieth Century Fund.

Chenery, H. B., Taylor, L. (1968) Development Patterns: Among Countries and over Time, in: Review of Economics and Statistics, 50, pp. 391–416.

Clark, C. G. (1940) The Conditions of Economic Progress, 3rd edition, London: Macmillan.

Clark, C. G. (1949) The Measurement of National Wealth: Discussion, in: Econometrica, 17, pp. 255–272.

Ehrlich, E. M. (1996) Service Industries and Economic Performance, US Department of Commerce.

Eichengreen, B., Gupta, P. (2009) The Two Waves of Service Sector Growth, Working Paper 14968, National Bureau of Economic Research.

Fisher, A. G. B. (1939) Primary, Secondary and Tertiary Production, in: Economic Record, 15, pp. 24–38.

Fourastié, J. (1954) Die große Hoffnung des zwanzigsten Jahrhunderts, Köln: Bund-Verlag.

Dzhain, N. (2012) Development of the Tertiary Sector. A Competative Analysis between BRIC Countries and Select Development Economies, Helsinki Metropolia Univesity of Applied Sciences. Available at: https://www.theseus.fi/bitstream/handle/10024/46284/Dzhain.Nikita.pdf?sequence=1

Fuchs, V. R. (1968) The Service Economy, New York: Colombia University Press.

Heilbrun, J. (2011) Baumol's Cost Disease, in: Towse, R. (ed.), A Handbook of Cultural Economics, 2nd edition, Cheltenham: Edward Elgar, pp. 91–101.

Gershuny, J. I., Miles, I. D. (1983) The New Service Economy: The Transformation of Employment in Industrial Societies, London: Pinter.

Gregory, M., Salverda, W., Schettkat, R. (2007) Services and Employment. Explaining the US-European Gap, Princeton: Princeton University Press.

Grodzicki M. (2014) Structural Similarities of the Economies of the European Union Equilibrium, in: Quarterly Journal of Economics and Economic Policy, 9 (1), pp. 93–117.

Gürbüz, A. A. (2011) Comparing Trajectories of Structural Change, in: Cambridge Journal of Economics, 35 (6), pp. 1061–1085.

Janger, J. et al. (2011) Structural Change and the Competitiveness of EU Member States Final Report. Available at: https://pdfs.semanticscholar.org/8d31/b1e78450a29ab24d6fd5fa314db6066ae1c4.pdf.

Jorgenson, D. W., Timmer, M. P. (2011) Structural Change in Advanced Nations: A New Set of Stylised Facts, in: Scandinavian Journal of Economics, 113(1), pp. 1–29.

Krüger, J. J. (2008) Productivity and Structural Change: A Review of the Literature, in: Journal of Economic Surveys, 2008, 22(2), pp. 330–363.

Kuznets, S. (1966) Modern Economic Growth: Rate, Structure, and Spread, New Haven: Yale University Press.

Maroto-Sanchez, A. (2010) Growth and Productivity in the Service Sector: The State of the Art. Working Paper 6, Instituto Universitario de Analisis Economico y Social, Universidad de Alcalá.

Melihovs, A., Kasjanovs, I. (2011) The Convergence Processes in Europe and Latvia, Discussion Paper 2011/01, Latvijas Banka.

Memedovic, O., Lapadre, L. (2010) Structural Change in the World Economy: Main Features and Trends, Working Paper 24/2009, United Nations Industrial Development Organization.

Olczyk, M., Lechman, E. (2011) Structural Convergence among Selected European Countries. Multidimensional Analysis, MPRA Paper 33656, Gdansk University of Technology.

Paas, T., Sepp, J., Scanell, N. (2010) Sectoral Structure and Productivity in the EU: New Member States' Adjustment to Structural Transformation, in: Marelli, E.; Signorelli, S. (eds.): Economic Growth and Structural Features of Transition, London: Palgrave Macmillan, pp 131–149.

Schettkat, R., Yocarini, L. (2003) The Shift to Services: A Review of the Literature, Discussion Paper 964, IZA Institute for the Study of Labor Bonn.

Sepp, J., Kaldaru, H., Joamets, J. (2014) The Characteristics and Position of the Economic Structures of Estonia and Korea among the OECD Countries, Diskurs 2014-04, Ordnungspolitische Diskurse / Discourses in Social Market Economy Zwickau.

Sepp, J.; Kaldaru, H.; Eerma, D. (2009) Comparative Analysis of Employment Sectoral Structure in European Union Countries, in: International Review of Business Research Papers, 5 (2), pp 76–88.

Szirmai, A. (2012) Industrialisation as an Engine of Growth in Developing Countries, 1950–2005, in: Structural Change and Economic Dynamics, 23 (4), pp. 406–20.

Wacziarg, R. (2001) Structural Convergence, Mimeo, Stanford University.

Wacziarg, R.; Imbs, J. (2000) Stages of Diversification, Research Papers 1653, Graduate School of Business, Stanford University.

Seo Byung-Chul und Bernhard Seliger[1]

Der Arbeitsmarkt in Nordkorea am Beispiel des Industriekomplexes in Kaesong

1. Einführung

Seit je her sind die Umweltbedingungen auf der koreanischen Halbinsel alles andere als ideal für ein einfaches Überleben. Während es in der ersten Jahreshälfte viel zu kalt ist für den ertragreichen Nahrungsmittelanbau, erschwert die feuchte Hitze diesen in der zweiten Jahreshälfte ebenfalls erheblich. Landwirtschaftliche Produktion erfordert sehr viel Mühe, wodurch das koreanische Volk Beflissenheit und eine starke Arbeitsmoral entwickelte. Obwohl sie im Lauf ihrer Geschichte schwere Zeiten durchstehen mussten, konnten die Südkoreaner, nach Erlangung ihrer politischen Freiheit, somit der Welt binnen weniger Jahrzehnte zeigen, zu welchen Leistungen sie fähig sind. An dieser Stelle ist es wohl nicht nötig, näher auf bestimmte Produkte oder Wirtschaftsbereiche einzugehen, in denen Korea heute Weltmarktführer ist.[2] Ebenso wenig bedarf es einer Erläuterung der Wohlstandbedingungen unter welchen die Menschen im Süden der Halbinsel leben.

Auch Nordkoreaner gelten im Allgemeinen als fleißig und belastbar. Deshalb sind sie z.B. in China beliebte Arbeitskräfte, deren Beschäftigung allerdings im Zuge der politischen Sanktionen gegen Nordkorea und wegen der teilweise unmenschlichen Arbeitsbedingungen im Ausland zunehmend in die Kritik geraten ist. Sie teilen, bis auf die letzten 70 Jahre, die tausendjährige Geschichte des Südens – auch wenn in ihrem Landesteil bereits seit mehreren hundert Jahren ein größeres Gewicht auf bestimmten Wirtschaftssektoren, wie Bergbau und verarbeitender Industrie liegt. Die Frage ist also naheliegend, warum Nordkorea seit Jahrzehnten zu den ärmsten Ländern der Welt gehört, während der Süden, die Republik Korea, heute zu den führenden OECD Staaten zählt.[3]

---

1 Besonderer Dank gilt Magdalene Wahl für Hilfe bei der Überarbeitung des Artikels.

2 Vgl. Fazlic, Esad: Der heimliche Marktführer. Local Global GmbH (Hrsg.), Stuttgart, 2010; Vgl. auch: Statista.de: Marktanteile der führenden Mobiltelefonhersteller am Absatz weltweit in den Jahren 2009 bis 2014. Hamburg, 2014.

3 Vgl. OECD.org: OECD Data. Korea 2016; Vgl. auch: OECDbetterlifeindex.org: Education. OECD Better Life Index. Paris, 2016.

Zur Beantwortung dieser Frage wird man sicher vor allem auf das politische System eingehen müssen, doch dazu wurde und wird an anderer Stelle intensiv berichtet und geforscht. Das Thema dieser Abhandlung ist indes spezieller, nämlich die Entwicklung und Qualität der Arbeitskraft, des Ausbildungsniveaus und der Berufsdisziplin sowie die Auswirkungen letzterer auf die Produktivität u.a. am Beispiel des Kaesong Industriekomplexes.

2. Charakter der Arbeit und Ausbildung der Arbeitskräfte

Nordkoreanische Kinder werden früh eingeschult und sind verpflichtet, bis zum Abschluss der gymnasialen Mittelstufe an einer Ausbildung teilzunehmen. Rein formal erreichen sie damit vor ihrem Eintritt ins Arbeitsleben ein recht hohes Bildungsniveau. Trotzdem ermöglicht das Niveau ihrer schulischen Ausbildung, aufgrund der allgemeinen Bedingungen des nordkoreanischen Sozialsystems und wegen des niedrigeren Technisierungsniveaus, im Endeffekt lediglich eine erheblich geringere Produktivität im späteren Beruf als jenes der Absolventen aus dem Süden.[4]

Die Chancengleichheit junger Menschen für eine gute Berufsausbildung wird durch äußere Umstände ebenfalls deutlich eingeschränkt: vom 17. bis zum 30. Lebensjahr sind alle Männer zum allgemeinen Wehrdienst verpflichtet. Während dieser Zeit erhalten die Rekruten eine ideologisch indoktrinierte Erziehung, mit dem Ziel sie zu „revolutionären kommunistischen neuen Menschen“[5] zu machen. Nach der „sozialistischen Erziehungsthese”[6] ist das primäre Ziel die Ausbildung zum treuen Revolutionskämpfer. Durch die Vernachlässigung der Ausbildung in Technologie und die Schwerpunktsetzung auf Aktionen zur Demonstration der Loyalität gegenüber der Partei und dem Staat, ist die Qualität wertschöpfender Arbeit deshalb im Allgemeinen sehr dürftig. Darüber hinaus sind alle Schüler, Soldaten und Büroarbeiter vom 14. bis zum 30. Lebensjahr verpflichtet an regelmäßigen Gruppenaktivitäten des „Sozialistischen Arbeiterbundes” teilzunehmen. Loyalität gegenüber dem politischen System hat immer Priorität vor

---

4 Vgl. Cho, Jeong-Ah: North Korean Human Resource Development System. Korea Institute for National Unification (Hrsg.), Seoul, 2006, S. 41.

5 Vgl. Verlag für Fremdsprachliche Literatur (Hrsg.): Sozialistische Verfassung der Demokratischen Volksrepublik Korea. Artikel 43. Pyongyang, Juche 103 (2014), S. 12.

6 Proklamiert am 5. September 1977 von der kommunistischen Partei. Vgl. Kim Il-Sung (Hrsg.): Theses on Socialist Education: Revolution and Education in Peoples Korea. New York, 1977.

der Steigerung der Arbeitsleistung und -qualität. Dennoch haben nordkoreanische Ingenieure eine hohe Motivation sowie eine schnelle Auffassungsgabe für Basiswissen im Studium der Technologie. Sie bemühen sich, auch nach ihrem Arbeitstag durch eigenständiges Training zusätzliches Wissen zu erlangen. Wirkliche Fortschritte können sie aus Mangel an Übungsmaterialien und Lehrbüchern jedoch nur langsam erzielen.

Die nordkoreanische Regierung hebt stets stolz hervor, das der „Arbeiter der erste Sohn des Landes" sei. Diese Wortwahl bezieht sich auf die herausragende Rolle der Erstgeborenen in der koreanischen Kultur. In der Realität sind normale Arbeitnehmer hingegen sehr arm, da sie von der Partei vernachlässigt werden. Nichts desto trotz gelten billige Arbeitskräfte weiterhin als wichtige potentielle Quelle für den wirtschaftlichen Erfolg Nordkoreas.

Die Richtlinien der Erziehung sind, wie bereits erwähnt, durch die „Thesen der sozialistischen Erziehung" vom 5. September 1977, durch eine Rede Kim Il-Sungs zu diesem Thema und seinen dazugehörigen „Befehl und Wegweiser" vorgegeben. Revolution, Arbeit, und Kommunismus sind als Grundprinzipien der Erziehung durch Artikel 43 der Verfassung vom 5. September 1988 – später umbenannt in die „Kim Il-Sung Verfassung" – verankert.[7] Die auf dem Gedanken von Selbstbestimmung in Autarkie basierende Staatsideologie „Juche" ist dabei maßgebend. Laut Anweisung von Kim Il-Sung und der nordkoreanischen Arbeiterpartei gilt der Erziehung von Technikern und Facharbeitern besondere Aufmerksamkeit. Dabei sind „Ideologie, Technologie und Kultur" die drei Basiskonzepte für das Vorantreiben der kommunistischen Revolution.[8] Nominell wird der einzelne Mensch als Hauptantrieb ebendieser dargestellt, obwohl es tatsächlich die Partei allein ist, welche Entscheidungen trifft.

Mit dem Ziel, die Produktivität des einzelnen Arbeiters zu erhöhen, muss jeder Schüler und Student mindestens eine technologische Ausbildung absolvieren. Um technische Standards und verschiedene Technologien an sich zu verbessern, sind Forschungsgruppen auf unterschiedlichen Ebenen organisiert. Dabei wird diese Mobilisierung der Bevölkerung im selben Stil wie beim Revolutionskampf und dem Wirtschaftsaufbau inszeniert.

7 Vgl. Verlag für Fremdsprachliche Literatur (Hrsg.): Sozialistische Verfassung der Demokratischen Volksrepublik Korea. Artikel 43, S. 12.

8 Vgl. ebd. Artikel 39–54, S. 11–13.

3. Ausbildung und Entwicklung des Humankapitals

Das nordkoreanische Schulsystem besteht aus vier Jahren Volksschule, sechs Jahren Sekundarstufe sowie aus vier bis sechs Jahren Universität. Darunter sind elf Schuljahre, inklusive der Kindergartenzeit, verpflichtend. Das Ausbildungssystem für technologische Berufe hat sowohl Theorie- als auch Praxisbezug, ist also eine Kombination aus Studium und Arbeit.[9]

Die Entwicklung von Humankapital erfolgt in Nordkorea folgendermaßen: in der Erwachsenbildung wird lediglich eine ergänzende theoretische Ausbildung, aufbauend auf die praktischen Vorkenntnisse der Arbeiter, absolviert. Der Produktionsort, bzw. der bisherige Arbeitsplatz, wird somit gleichzeitig zum Ausbildungsort, wodurch die Aggregation von Ausbildungsstätten in Großstädten vermieden werden kann. Nicht nur während der schulischen Ausbildung, sondern auch im Berufstraining haben die politische Ideologie und Loyalität gegenüber der Kim Familie höchste Priorität. Dies prägt von der Kindheit bis ins hohe Alter die Erziehung eines jeden Nordkoreaners.[10]

Seit 1980 wurde die Wichtigkeit der Ausbildung qualifizierter Ingenieure und Techniker häufig betont. Am 1. September 1984 wurden in Großstädten wie Pjöngjang, Chongjin, Wonsan und Kaesong insgesamt 12 Fachschulen gegründet.[11] Dabei haben Ingenieurswesen und Technologie als Hauptfächer einen besonderen Stellenwert. Auch bei der Ausbildung technischer Fachkräfte ist stets das Prinzip der sozialistischen Erziehung maßgebend. Dabei spielt die kommunistische Ideologie von Marx und Engels eine zentrale Rolle. Kim Jong-Un kontrolliert darüber hinaus als alleiniger Befehlshaber die Ausbildung und den persönlichen Charakter der Schüler. Die Entwicklung eigener Ideen und die Entfaltung individueller Fähigkeiten der Arbeiter werden dabei vernachlässigt. Artikel 31 der nordkoreanischen Verfassung legt fest: *„Bürger im Alter von 16 Jahren bis 60 Jahren (Männer) bzw. bis 55 Jahren (Frauen) müssen eine Beschäftigung ausüben und Jugendliche unter 16 Jahren sind verpflichtet die Schule zu besuchen."*[12]

---

9 Vgl. Verlag für Fremdsprachliche Literatur (Hrsg.): Sozialistische Verfassung der Demokratischen Volksrepublik Korea. Artikel 43, S. 12.

10 Vgl. Cho, Jeong-Ah: North Korean Human Resouce Development System. Korea Institute for National Unification (Hrsg.), Seoul, 2006, S. 26.

11 Vgl. Republic of Korea's Ministry of Unification (Hrsg.): Understanding North Korea 2014, Seoul, 2014, S. 295.

12 Verlag für Fremdsprachliche Literatur (Hrsg.): Sozialistische Verfassung der Demokratischen Volksrepublik Korea. Artikel 31, S. 9.

Die erste Skala zur Einstufung des Arbeitslohnes wurde 1949 nach Kabinettbeschluss Nr. 196 entschieden. Am 1. Juli 2002 wurde sie von *„Arbeitslohn“* in *„Lebenshaltungskosten“* umbenannt. Ziel war es, das Arbeitsverhältnis nicht über seinen Wert als Verkauf von Arbeitskraft, sondern als Garantie des Staates zur Finanzierung des Lebens zu definieren. Ein Arbeitstag geht im Allgemeinen von 8:00 bis 12:00 Uhr, und von 14:00 bis 18:00 Uhr.[13] Nach Feierabend wird eine Stunde der *„Manöverkritik“* und einmal in der Woche eine Stunde der Selbstkritik, der Kritik an Kollegen und gegenseitiger Kritik gewidmet. Zunächst sollte dazu jeweils ein zentraler Punkt aus Reden Kim Il-Sungs, Kim Jong-Ils und Kim Jong-Uns zitiert werden, auf den sich die Kritik selbst dann bezieht.[14]

Landwirtschaftliche Arbeit wird grundsätzlich in *„gemeinsamen Farmen“* von 500 bis 600, manchmal von bis zu 1000 Arbeitern geleistet. Obwohl von staatlicher Seite als *„beispielhafte noble kommunistische Menschen“* betitelt, haben *„Arbeiter“* und *„Bauern“* in der Realität die meisten Schwierigkeiten zu überleben. Sie werden von Staat und Partei vernachlässigt und fristen ein armseliges Dasein. Hinsichtlich der Arbeitsteilung besteht eine grundsätzliche Unterscheidung zwischen Funktionären und Arbeitern: der Lebensweg letzterer ist determiniert und unveränderbar und unterliegt der Entscheidungsmacht des Staates und der Partei. Die besten Bedingungen herrschen für die Kerngruppe (Revolutionäre, Militärs und sogenannte Helden), welche staatstragende oder administrative Positionen innehaben.

Interessanterweise gibt es zwischen den beiden oben genannten Schichten noch die Gruppe der ehemaligen Landbesitzer, der reichen Bauern und Kapitaleigentümer. Sie besetzen auch heute noch die unterschiedlichsten beruflichen Positionen.

Nordkoreaner haben eine festgelegte Arbeitskultur und strikte Regeln: Sozialistische Kollektivität und Gleichgesinntheit, die Vernachlässigung individueller Impulse oder Ideen, Befehlsstrukturen, kollektiver Aktivismus und extreme Ideologisierung sind beherrschende Elemente.[15] Unter diesen Bedingungen ist sowohl die – ohnehin nicht realisierbare – Systemkritik, als auch jede Art von

13 Verlag für Fremdsprachliche Literatur (Hrsg.): Sozialistische Verfassung der Demokratischen Volksrepublik Korea, Artikel 30: „Der durchschnittliche Arbeitstag beträgt acht Stunden.“

14 Vgl. Asahi.com: Horrors of North Korea. Skipping Ideology Sessions led to 'Counter-Revolutionary' Label Asahi Shimbun Online (01/01/2015), Tokyo, 2015.

15 Vgl. Vgl. Cho, Jeong-Ah: North Korean Human Resouce Development System. Korea Institute for National Unification (Hrsg.), Seoul, 2006, S. 30–31.

konstruktiver Kritik am Arbeitsplatz seitens der Arbeitnehmer unmöglich. Die kommunistische Ideologie ist unantastbar.

4. Der Kaesong Industriekomplex

Der Kaesong Industriekomplex war bis 2016 eine südkoreanische Industrieinsel in Nordkorea. Man kann seine Lage vielleicht mit Westberlin vor der deutschen Wiedervereinigung vergleichen. Er war sowohl Produktionsstandort, als auch ein Barometer der Beziehungen zwischen Süd- und Nordkorea. Zudem war er ein Tor für wirtschaftliche Unterstützung von Süd nach Nord, ein wichtiger Ort für Nordkoreas Deviseneinnahmen und gleichzeitig ein Schlupfloch für Konzepte wie Freiheit und Demokratie aus der westlichen Welt.[16]

Der Industriekomplex war damit auch ein Risikopunkt für den Norden, denn er blieb nicht ganz ohne Einfluss auf die Gesinnung der Bevölkerung. Darüber hinaus war er ein richtungsweisendes Modell für Kooperation und Zusammenarbeit zwischen dem Süden und dem Norden. Die schon früher eingestellten „Kumgangsan Tourismus Touren" waren ein weiteres Beispiel für die Zusammenarbeit beider Länder.[17] Trotz seiner zwölfjährigen und insgesamt erfolgreichen Laufzeit, wurde der Industriekomplex im Februar 2016 in Folge eines nordkoreanischen Atomwaffentestes von südkoreanischer Seite geschlossen. Nordkorea verstaatlichte daraufhin die im Komplex verbliebenen südkoreanischen Produktionsmittel.[18]

Unter der staatlichen Garantie für Investitionen, In-, Ausreise- und Aufenthaltsgenehmigungen im Gebiet des Industrieparks, wurde im Juni 2003 von Hyundai Asan (Südkorea) und der nordkoreanischen Regierung die industrielle Sonderzone gegründet. Nach zehn Jahren (im April 2013) war die Produktion aufgrund nordkoreanischer Maßnahmen temporär ausgesetzt worden, wobei sie schon nach fünf Monaten (im September 2013) wieder aufgenommen werden konnte.[19] Von 15 Firmen (2004) hat sich die Zahl auf 123 (Dez. 2014) vergrößert. Die Produktion ist innerhalb von sieben Jahren (2005–2012) von umgerechnet

16 Vgl. Nam, Sung-wook: Theory and Practice: Kaesong and Inter-Korean Economic Cooperation. East Asian Review, 13 (1), S. 67–69.

17 Vgl. Yonhapnews.co.kr: Hyundai Asan faces 1 tln won loss on North Korea tour suspension. Yonhap News Agency (18/11/2014), Seoul 2014.

18 Vgl. ORF: Seoul stoppte Stromversorgung für Fabrikpark in Kaesong (12/02/2016), Wien 2016.

19 Vgl. Yonhapnews.co.kr: Kaesong committee secretariat opens for business. Yonhap News Agency (30/09/2013), Seoul 2013.

etwa 15 Millionen US-Dollar Umsatz auf den 31-fachen Wert gewachsen. Die Zahl der nordkoreanischen Arbeitnehmer ist von 55 (Nov. 2004) auf 53.000 gestiegen. 79% waren junge Leute zwischen 20 und 30 Jahren, während über 40-jährige nur 20% der Arbeitnehmer ausmachten. Dagegen arbeiteten nur etwa 815 (2015) Südkoreaner in Kaesong. Das durchschnittliche Monatseinkommen der nordkoreanischen Angestellten betrug 2015 umgerechnet etwa 155,40 US-Dollar. Das ist 2,3 Mal mehr als noch 2006 (Monatlich 68,10 US-Dollar).[20]

Der Industriepark Kaesong hatte in vielerlei Hinsicht eine wichtige Bedeutung. Kapital und Technologie des Südens wurden mit der Arbeitskraft und dem Fabrikgelände des Nordens für wirtschaftliche Zusammenarbeit und zum gegenseitigen Vorteil kombiniert. Nordkorea profitierte dabei von der Schaffung von Arbeitsplätzen, von Lohneinnahmen, Technologie, Marktentfaltung und Know-how im Technik-Management. Für Südkorea war die Bedeutung unter wirtschaftlichen Aspekten verhältnismäßig gering. Dahingegen waren militärische, und soziokulturelle Aspekte sowie die Einleitung eines erwarteten Wandels in Nordkorea wichtiger. Nordkorea verzichtete mit der Industriezone auf einen Teil des militärisch wichtigen Gebietes an der Grenze zu Südkorea.

Die Stadt Kaesong, am Rande des Industriekomplexes, ist durch das gestiegene Einkommen ihrer Bewohner inzwischen wirtschaftlich entwickelt und wohlhabender als andere Städte in Nordkorea. Darüber hinaus haben 53.000 nordkoreanische Arbeitnehmer und über 800 südkoreanische Manager und Verwaltungskräfte durch tägliche Kontakte freundlich-kollegiale Beziehungen entwickelt – wenngleich nicht ohne Hürden. Schokoladenkekse als Geschenk aus dem Süden erlangten beispielsweise so große Beliebtheit, dass Nordkorea ihre Verteilung im November 2013 stoppte.[21] Der positive Eindruck Südkoreas der dadurch hinterlassen wurde war politisch nicht willkommen. Dies ist ein Beispiel für die Bedachtheit nordkoreanischer Behörden, die Verbreitung eines positiven Bildes von Südkorea unter allen Umständen zu verhindern. Aus diesen Grund waren freie Bewegung, private Kommunikation und zollfreier Warenaustausch (als wäre Nordkorea kein Ausland für den Süden) immer noch streng verboten. Südkorea bezeichnete diese „Drei Verbote“ als Hindernis, welches in Zukunft dringend zu lösen sei.

---

20 Vgl. Yonhapnews.co.kr: Kaesong complex's output tops US$500 mln mark in 2015. Yonhap News Agency (31/01/2016), Seoul, 2016.

21 Vgl. Dailymail.co.uk: The chocolate treat so popular in North Korea that workers are buying it for up to a day's wages on the black market from South. (28/01/2014), London, 2014; Vgl. auch: Rfa.org: North Korea Replaces "Choco Pies" With Domestic Snacks at Kaesong Industrial Complex. Radio Free Asia (15/06/2015), Washington, 2015.

5. Fazit

Der Industriekomplex Kaesong wurde 2016 nach dem vierten Atomtest Nordkoreas geschlossen. Damit war praktisch die letzte mehr oder weniger funktionierende Schnittfläche von Nord- und Südkorea beseitigt. Die Schließung wurde (aus Sicht Südkoreas) unumgänglich, da Südkorea gleichzeitig versuchte, China und andere Nationen zu einer Reduktion des Handels mit Nordkorea zu drängen, um so wirtschaftlichen Druck auf das Land auszuüben, seine Politik zu ändern. Bisher ist diese Strategie nicht aufgegangen und im beginnenden Präsidentschaftswahlkampf des von einer schweren politischen Krise erschütterten Südkoreas drängen nicht wenige Kandidaten auf eine neuerliche Öffnung von Kaesong. Ob dies aber angesichts inzwischen beschlossener weitreichender internationaler Sanktionen möglich ist, ist umstritten, da letztlich Finanzgeschäfte mit Nordkorea nur dann erlaubt sind, wenn eindeutig nachweisbar ist, dass das Geld nicht in die Entwicklung von Nuklearwaffen oder Raketentechnik fließt. Das ist insofern tragisch, als dass Kaesong bisher das bei weitem größte und auch einflussreichste „Fenster in den Norden" war und möglicherweise dadurch einmal eine ähnliche Funktion hätte übernehmen können, wie dies West-Berlin für die DDR hatte. Letztlich ist die Schließung aber nur ein Zeichen dafür, dass – unterschiedlich zum Fall der deutschen Teilung – in Korea niemals eine Sphäre des rein humanitären, des persönlichen oder auch des wirtschaftlichen, unpolitischen, Miteinanders bestanden hat, wie sie in den innerdeutschen Beziehungen zumindest teilweise vorhanden war. Für die weitere Ausbildung des Humankapitals und die Einübung der kapitalistischen Wirtschaftsweise in Nordkorea sind damit weitaus weniger Chancen vorhanden als bisher.

Literaturverzeichnis

Asahi.com Horrors of North Korea. Skipping Ideology Sessions led to 'Counter Revolutionary' Label. Asahi Shimbun Online (01/01/2015), The Asahi Shimbun Company (Hrsg.), Tokyo, 2015; URL: http://ajw.asahi.com/article/asia/korean_peninsula/AJ201501100007 (Online: 25.02.2016).

Cho, Jeong-Ah North Korean Human Resource Development System. Korea Institute for National Unification (Hrsg.), Seoul, 2006; URL: http://116.67.50.138/WebBook_data4/ kinu/79505.pdf (Online: 25.02.2016).

Dailymail.co.uk The chocolate treat so popular in North Korea that workers are buying it for up to a day's wages on the black market from South. Associated Newspapers Ltd (28/01/2014), London, 2014; URL:http://www.dailymail.co.uk/news/article-2547061/The-chocolate-treat-popular-North-Korea-workers-buying-days-wages-black-market.html (Online: 25.02.2016).

Fazlic, Esad Der heimliche Marktführer. Local Global GmbH (Hrsg.), Stuttgart, 2010; URL: http://localglobal.de/der-heimliche-marktfuhrer/ (Online: 25.02.2016).

Kim Il-Sung (Hrsg.) Theses on Socialist Education: Revolution and Education in Peoples Korea. World View Publishers, New York, 1977.

Nam, Sung-wook Theory and Practice: Kaesong and Inter-Korean Economic Cooperation. East Asian Review, 13 (1), pp. 67–88.

OECD.org OECD Data. Korea. OECD, Paris, Stand 2016; URL: https://data.oecd.org/korea.htm (Online: 25.02.2016).

OECDbetterlifeindex.org Education. OECD Better Life Index, Paris, Stand 2016; URL: http://www.oecdbetterlifeindex.org/#/00005000000 (Online: 25.02.2016).

ORF Seoul stoppte Stromversorgung für Fabrikpark in Kaesong (http://orf.at//stories/2324247/).

Republic of Korea's Ministry of Unification (Hrsg.) Understanding North Korea 2014, Seoul, 2014, URL: http://eng.unikorea.go.kr/content.do?cmsid=1817 (Online: 25.02.2016).

Rfa.org North Korea Replaces "Choco Pies" With Domestic Snacks at Kaesong Industrial Complex. Radio Free Asia (15/06/2015), Washington, 2015; URL: http://www.rfa.org/english/news/korea/north-korea-replaces-choco-pies-with-domestic-snacks-at-kaesong-industrial-complex-06152015154656.html (Online: 25.02.2016).

Statista.de Marktanteile der führenden Mobiltelefonhersteller am Absatz weltweit in den Jahren 2009 bis 2014. Statista GmbH, Hamburg, 2014; URL:http://de.statista.com/statistik/daten/studie/173662/umfrage/weltweite-marktanteile-der-mobiltelefonhersteller-seit-2009 / (Online: 25.02.2016).

Verlag für Fremdsprachliche Literatur (Hrsg.) Sozialistische Verfassung der Demokratischen Volksrepublik Korea. Pyongyang, Juche 103 (2014).

Yonhapnews.co.kr Hyundai Asan faces 1 tln won loss on North Korea tour suspension. Yonhap News Agency (18/11/2014), Seoul 2014; URL:http://english.yonhapnews.co.kr/northkorea/2014/11/18/73/0401000000AEN20141118002100320F.html (Online: 25.02.2016).

Yonhapnews.co.kr Kaesong committee secretariat opens for business. Yonhap News Agency (30/09/2013), Seoul 2013; URL:http://english.yonhapnews.co.kr/northkorea/2013/09/30/60/0401000000AEN20130930002000315F.html (Online: 25.02.2016).

Yonhapnews.co.kr Kaesong complex's output tops US$500 mln mark in 2015. Yonhap News Agency (31/01/2016), Seoul, 2016; URL:http://english.yonhapnews.co.kr/news/2016/01/31/0200000000AEN20160131000500315.html (Online: 25.02.2016).

Autorenverzeichnis

Bartniczak, Bartosz, Wrocław University of Economics, Poland
bartosz.bartniczak@ue.wroc.pl

Behr, Michael, Thüringer Ministerium für Arbeit, Soziales, Gesundheit, Frauen und Familie; Honorarprofessor an der Westsächsischen Hochschule Zwickau
michael.behr@tmwat.thueringen.de

Freudenberg, Sandro, NCCM Dresden
info@nccm.de

Kaldaru, Helje, University of Tartu, Estonia
helje.kaldaru@ut.ee

Kauf, Sabina, University of Opole, Poland
skauf@uni.opole.pl

Kolev, Stefan, Westsächsische Hochschule Zwickau
stefan.kolev@fh-zwickau.de

Komulainen, Ruey, Kajaani University of Applied Sciences, Finland
ruey.komulainen@kamk.fi

Paradowska, Monika, University of Opole, Poland
mparadowska@uni.opole.pl

Platje, Joost, Wrocław School of Banking, Poland
johannes.platje@wsb.wroclaw.pl

Ptak, Michał, Wrocław University of Economics, Poland
michal.ptak@ue.wroc.pl

Schneider, Clemens, Prometheus – Das Freiheitsinstitut Berlin
clemensschneider@prometheusinstitut.de

Sepp, Jüri, University of Tartu, Estonia
juri.sepp@ut.ee

Stephan, Sandra, NCCM Dresden
info@nccm.de

Varblane, Uku, University of Tartu, Estonia
uku.varblane@ut.ee

Walter, Angela, Westsächsische Hochschule Zwickau
angela.walter@fh-zwickau.de

Wrobel, Ralph, Westsächsische Hochschule Zwickau
ralph.wrobel@fh-zwickau.de

Ordnungspolitische Dialoge

Herausgegeben von Bernhard Seliger, Jüri Sepp und Ralph Wrobel

Band 1 Bernhard Seliger / Jüri Sepp / Ralph Wrobel (Hrsg.): Das Konzept der Sozialen Marktwirtschaft und seine Anwendung. Deutschland im internationalen Vergleich. 2009.

Band 2 Bernhard Seliger / Jüri Sepp / Ralph Wrobel (Hrsg.): Chancen und Risiken für die Soziale Marktwirtschaft im internationalen Wettbewerb der Wirtschaftssysteme. 2010.

Band 3 Bernhard Seliger / Jüri Sepp / Ralph Wrobel (Hrsg.): Die Soziale Marktwirtschaft als Vorbild in internationalen Krisen. Ökonomischer und technologischer Wandel zwischen 1989 und 2009. 2012.

Band 4 Bernhard Seliger / Jüri Sepp / Ralph Wrobel (Hrsg.): Innovationssysteme und Wohlstandsentwicklung in der Welt. 2014.

Band 5 Bernhard Seliger / Jüri Sepp / Ralph Wrobel (eds.): East Asia and Eastern Europe in a Globalized Perspective. Lessons from Korea and Estonia. 2015.

Band 6 Stefan Kolev / Bernhard Seliger / Jüri Sepp / Ralph Wrobel (Hrsg.): Arbeitsmarktentwicklung und -regulierung. 2018.

www.peterlang.com

www.ingramcontent.com/pod-product-compliance
Ingram Content Group UK Ltd.
Pitfield, Milton Keynes, MK11 3LW, UK
UKHW021844290926
8980IPUK00005B/644

9 783631 738108